KB180029

이제는 대학이 아니라 직업이다

3rd Edition

이제는
대학이 아니라
직업이다

손영배 지음

인공지능 시대에 맞춰
'진학'이 아닌 '진로'를 모색하자

초고를 완성했을 때만 해도 개정판을 내놓게 될 줄은 꿈에
도 생각하지 못했다. 이렇게 3판을 내게 될 줄은 더더욱 몰랐다. 학
교 현장을 지키는 일선의 교사로서 학생과 학부모들이 대학 입학만
을 외치며 좋은 기회를 보지 못하는 모습이 안타까워 진로상담 경험
을 공유하고자 내놓은 책이었는데, 과분한 사랑을 받으니 쑥스럽기
만 하다. 초판을 낼 당시 조심스러운 마음으로 주장하던 내용에 이
제는 확신이 생겼다.

　이 책의 개정판은 초판 발행 이후 4년의 시간이 흘러 제자들이
보내온 연락에서 시작되었다. 안부를 묻는 제자들에게 나 역시 그
들의 근황이 궁금해 이것저것 물으면서 4년이 지난 시점에 과연 그
들의 삶이 어떻게 변했을지 독자들 또한 궁금하게 여길 수 있겠다
싶었다. 진로탐색의 다양한 예시로 책에 소개한 제자들이 사회인으

로 당당히 자리매김하여 잘 살고 있는 모습을 보면서《이제는 대학이 아니라 직업이다》에서 내놓은 주장이 틀리지 않았음을 재차 증명받은 느낌이다.

이번 개정 3판은 인공지능 시대에 본격적으로 진입해 하루가 다르게 바뀌는 세상에 적응해야 하는 취업 환경에 초점을 맞췄다. 향후 우리가 선택할 수 있는 직업은 많이, 그리고 급속히 변할 것이다. 직업과 관련된 분야의 전문성을 키우기 위한 학습이 본격적으로 평생에 걸쳐 필요해질 것이다. 인공지능 시대의 흐름에 발맞추기 위해서는 자기주도적 학습 능력과 진로의 적합성을 찾는 능력이 매우 중요하다. 학습 격차를 좁히는 데 중요한 요인이 되기 때문이다. 자기주도적인 아이들은 알아서 필요한 내용을 찾아 학습하지만, 교사의 도움이 필요한 아이들은 조력을 받지 못해 점차 뒤처지게 된다.

인공지능 시대가 열리다 보니 교사로서 걱정이 적지 않다. 학생들 사이에서 학습 수준의 격차가 점점 커지고 있다는 사실을 실감하기 때문이다. 자기주도적 학습 능력을 갖춘 아이들은 더 많은 직업 선택 기회를 얻게 될 테지만, 그렇지 못한 아이들은 주어진 기회마저 빼앗기게 될까 봐 두렵다. 안타깝게도 이런 변화는 이미 시작되었다.

인공지능의 시대를 살아가는 학생들은 과연 어떤 직업, 어떤 진로를 택해야 할까? 급변하는 상황이라 정답을 이야기할 수는 없다. 하지만 한 가지는 분명하다.

앞으로의 세상에서는 자기 적성대로 하고 싶은 일을 선택하는 것이 최선이고, 대학보다 취업이 우선인 세상이 열리고 있다는 사실이다. 그런데도 수많은 부모와 자녀들, 청년들이 진로를 두고 고민하고 방황한다. 대학에서 뽑는 신입생 수가 입학 가능한 학생 수보다 많아져서 이제는 원하면 누구라도 대학에 들어갈 수 있다. 이런 상황에서 여전히 대학을 향해서만 질주한다는 건 모두에게 바람직하지 않다. 무조건 대학부터 가고 보자는 생각은 제발 깨졌으면 좋겠다.

나는 학생들에게 대학 간판을 따려는 공부가 아니라 '진짜 공부'가 필요하다는 다양한 근거를 제시하며 증명하기 위해 이 책을 썼다. 인공지능과 로봇으로 대변되는 4차 산업혁명 시대에 스펙과 고학력으로 취업하던 시대는 지나갔다. 능력이 우선인 시대가 도래했다. 그러므로 자기 적성과 능력에 맞추어 직업을 찾고, 그 직업의 전문성을 높이기 위한 진짜 공부를 시작할 때다.

이 책에는 취업과 진학이라는 두 마리 토끼를 다 움켜잡은 제자들의 실제 사례가 여럿 수록되어 있다. 첫 출간 후 5년 반이라는 시간이 지난 지금까지 그들의 의지대로 행복한 삶을 꾸려가고 있는 모습을 보니 시대의 흐름에 맞춰 각자 적성을 발휘할 수 있도록 진로 상담을 해준 보람이 있다는 마음에 뿌듯할 따름이다. 그들의 삶을 근거로 나는 다시 한번 다가오는 미래의 직업 세계에 대한 준비는 '진학'이 아니라 '진로'라고 말하고 싶다. 대한민국의 미래를 짊어질 청소년들을 위해 크게 외친다. '이제는 대학이 아니라 직업이 우선'이라고!

독자가 자신의 진로를 찾아가는 데 이 책이 조금이나마 도움이 되면 좋겠다. 첫 출간 이후 5년 반 동안 독자의 사랑을 받으며 3판으로 거듭나기까지 같은 방향을 바라보며 비전을 함께한 생각비행 출판사의 노고에 감사드린다.

영종도 은골 서재에서
손영배

차례

CHAPTER
3 / 직업시대를 준비하는 힘

CHAPTER
4 / 직업시대를 아는 대학생, 이미 변화는 시작됐다

CHAPTER 5 / 특성화고 학생들의 선택, 이미 변화는 시작됐다

CHAPTER
6 / 직업의 시대, 이렇게 준비하자

이제는
대학이 아니라
직업이다

취업 진학

1

명문대를 졸업한 백수들이
넘쳐나는 사회의 등장

은행원이 된 지 2년이 된 김 군에게 대학 4년 차인 누나가 학
자금 대출을 받으러 왔다. 김 군은 내가 특성화고등학교에서 진로
상담교사로 재직하던 당시 3학년이었다. 성적이 좋은 학생들은 대
부분 대학 진학을 목표로 하고 있었고, 김 군도 대학 진학을 염두에
두고 있었다. 그때만 해도 학부모나 학생들은 성적에 맞춰 대학에
진학하는 것을 당연하게 여기는 분위기에 젖어 있었다.

그러던 중 상업계 고교에서 배운 전공을 살려 은행에 취업할 기회가 김 군에게 찾아왔다. 정부 정책에 부응하여 은행권에서 대대적인 고졸채용의 길을 열어놓고 설명회를 개최한 것이다. 진로상담교사로 재직하던 나로서는 학생들에게 새로운 출구 전략이 필요하다고 생각하던 터라 좋은 기회가 왔음을 직감했다. 하지만 공부 잘하는 아이들은 대학 진학을 당연하게 여겼기에 그들의 마음을 돌리기에는 어려움이 따랐다. 그런데 취업보다 대학을 선호하는 고정관념을 깨는 데 채용설명회가 예상외의 역할을 해주었다.

그렇다곤 하나 대학 진학에 대한 꿈을 접고 취업에 도전하는 것은 결코 쉬운 과정이 아니었다. 고등학교 전 과정을 통해 진학만을 생각하던 성적 우수자들이 어린 나이에 취업으로 진로를 바꾸고 취업을 준비한다는 것이 만만한 일은 아니었던 것이다. 하지만 진학준비보다 더 어려운 고난의 취업 훈련 과정을 극복하고 마침내 취업에 성공하는 학생들이 나왔다.

취업 훈련 과정이란 이력서 쓰기, 자기소개서 쓰기, 1차 면접, 그리고 2차 면접에 이르기까지 취업에 필요한 실질적인 교육을 말한다. 어린 학생들이 소화하기에는 험난하다고까지 할 수 있는 과정이었으나 선생님들의 지도에 따라 학생 스스로 피나는 노력을 기울인 끝에 마침내 극복했다. 상업계 고등학교이긴 하나 학생 대부분이 대학 진학에 초점을 두었기 때문에 교육과정이나 취업에 꼭 필요한 자격증을 취득하는 일에 소홀했다. 상업계 고등학교 출신으로서는 필수적인 스펙이라 할 수 있는 자격증이 전무하다시피 한 상태에서 취업으로 진로를 설정한 학생들은 오로지 자신의 실력으로 위기를 극복해야만 했다.

이런 와중에 다행스럽게도 학력보다는 능력이라는 공감대가 사회에서 형성되면서 고졸채용이라는 새로운 바람이 불어왔다. 여기에 몸을 실은 김 군은 졸업을 하기도 전인 3학년 2학기 무렵 은행 공채에 합격했다. 남들이 수능시험과 대학 진학에 스트레스를 받을 때 그는 남은 학창 시절 동안 즐겁게 은행원으로서의 준비를 한 뒤 당당히 입사할 수 있었다. 또한 은행에 몸담고 있는 가운데 군복무를 무사히 마치고 복직하여 지금은 어엿한 정규직 은행원으로 일하고 있다. 알뜰한 김 군은 은행에서 받은 월급을 차곡차곡 모아 다음 달이면 만기가 되는 2000만 원짜리 적금을 예금으로 옮길 예정이다. 이처럼 경제적 능력까지 생기면서 김 군은 사회생활에 자신감이 붙었다. 현재 김 군은 고교 시절 스스로 선택한 취업의 길에 매우 만족해한다. 그런 충족감이 은행을 찾는 고객을 대할 때 편안하고 환한 미소로 표현되어 직장생활에 더 없는 활력이 되고 있다.

하지만 김 군은 자신보다 3살 위인 누나의 그늘진 얼굴을 생각하면 마음이 무거워진다. 누나는 대학에 진학한 이후 벌써 세 번째 학자금 대출을 받았다. 그동안 받은 은행대출 때문에 졸업 후 취업도 하기 전에 빚 갚을 걱정부터 해야 하는 무척 난감한 처지가 되었다. 김 군은 취업 걱정에 빚 문제까지 겹쳐 얼굴마저 핼쑥해진 누나가 안쓰럽기까지 하다. 돕고 싶지만 과연 어떻게 하는 것이 누나를 위하는 일인지 고민스럽다.

일반적으로 부모의 입장에서는 나이 어린 동생이지만 먼저 취업해 자신의 길을 찾아가고 있는 김 군이 더 믿음직스러울 것이다. 어려운 가정 형편 속에서 대학을 보낸 딸이 취업을 못 하자 괜히 대학 진학을 고집했나 싶은 부모의 마음은 이해하고도 남음이 있다.

우리 사회에서 이런 이야기는 그저 남의 이야기가 아니다. '명문대 백수'라는 단어를 인터넷에서 검색하면 주르륵 뜨는 뉴스의 양이 상당하다. 어쩌다 우리 사회가 이렇게 되었을까?

무조건 대학은 나와야 한다는 부모들의 요구와 대학 설립 자율화 정책에 부응하여 20여 년 전부터 대학의 수가 늘었다. 그런데 고등학교 3학년 학생 수가 2023년 처음으로 40만 명 아래로 떨어졌다. 2023년 1월 11일 교육부가 집계한 〈2023~2029년 초·중·고 학생 수 추계〉에 따르면 올해 고3 학생은 39만 8271명으로 지난해(43만 1118명)보다 3만 2847명(7.6%) 줄었다. 2024학년도 대입 선발 인원이 총 51만 명(4년제 34만 4000명, 전문대 16만 6000명)이므로 수치로

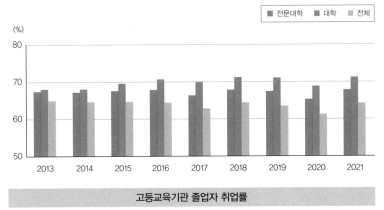

고등교육기관 졸업자 취업률

자료: e—나라지표

만 따지면 고3 재학생 기준으로 11만 명이 부족한 셈이다. 이런 상황 때문에 대학 입학생 수가 정원에 비해 턱없이 모자라 퇴출 위기에 놓인 대학들마저 생기게 되었다.

2023년 3월에 발표된 e-나라지표 자료를 보면 2021년도에 일반 대학생은 64.1퍼센트(전문대학은 71%, 전체로는 67.7%)가 취업했다고 한다. 여기서 고등교육기관 전체 67.7퍼센트는 전문대학, 대학, 산업대학, 교육대학, 각종 학교, 기능대학, 일반 대학원이 포함된 수치다. 2010년부터는 취업률이 '건강보험DB연계취업률'로 바뀌었다. 건강보험데이터상에 나와 있는 건강보험직장가입자에 해외취업자, 농림어업종사자, 개인창작활동 종사자에 1인 사업자와 프리랜서까지 모두 합한 수를 대학졸업자로 나눈 후 100을 곱해서 취업률을 산정한다. 이때 대학졸업자 수는 대학원 진학자, 입대자, 취업불가능자, 외국인유학생과 제외인정자를 모두 뺀 수치다.

2022년도 전국 192개 4년제 대학의 취업률과 진학률은 56.4퍼센트와 6.6퍼센트로 집계됐다. 한국대학교육협의회 대학정보공시센터인 '대학알리미'에 공시한 〈졸업생의 진로 현황〉[2022보기] 자료를 보면 목포가톨릭대와 예수대가 77.3퍼센트로 가장 높은 취업률을 보였다. 서울 소재 상위권 15개 대학의 취업률을 보면, 홍익대가 61.4퍼센트로 가장 높았다. 이어 서울시립대 61.0퍼센트, 중앙대 59.6퍼센트, 숙명여대 59.0퍼센트, 경희대 56.3퍼센트, 한국외대 56.1퍼센트, 동국대 55.7퍼센트, 성균관대 55.3퍼센트, 건국대 55.1퍼센트, 한양대 54.9퍼센트, 연세대 53.2퍼센트, 서강대 50.4퍼센트, 이화여대 49.7퍼센트, 서울대 48.8퍼센트, 고려대 47.6퍼센트 순이었다.

이를 보면 명문대라고 특별히 취업에 유리하다고 말할 수 없는 셈이다. 취업 플랫폼 잡코리아가 2022년 2월 4년제 대학 졸업자 766명을 대상으로 '2월 졸업생 취업 현황'을 조사했다. 자료에 따르면 2월 졸업생 중 정규직 취업에 성공한 사람은 5명 중 1명(22.7%)에 그쳤고, 비정규직(체험형 인턴, 파견직, 계약직 등) 취업에 성공한 사람은 17.4퍼센트였으며 59.9퍼센트는 '미취업' 상태로 조사됐다. 이런 사실을 보면 양질의 취업처를 구하기가 얼마나 어려운 일인지 알 수 있다. 신입사원으로 어렵게 취업했더라도 연봉 수준이 불만족스럽다는 의견이 51.6퍼센트로 가장 많았다. 불만족스러운 점을 어떻게 극복할 것인지에 관한 질문에 대해 근무하면서 경력을 쌓아 더 좋은 곳으로 이직하겠다(43.8%)고 답한 이들이 가장 많았고, 곧 퇴사하고 재취업을 준비하겠다(35.9%)는 이들도 아주 많았다. 이런 상황이니 대학 졸업자라는 자격의 가치가 사실상 무의미하다고 봐야 하지 않을까?

명문대를 나와도 백수가 되는 현실을 인식한 고교생과 재수생들이 대학 진학보다 공무원이 되는 길을 택하면서 노량진의 학원가에서는 '공딩'이라는 신조어까지 등장하여 회자되고 있다고 한다.

2

특성화고 출신의
고졸 사장들이 늘어나고 있다

1975년 공고를 졸업하고 LG전자에 입사하여 36년 만에 사장에 취임한 뒤 LG그룹 부회장으로 승진한 후 2019년 말에 명예롭게 퇴임한 '가전 신화'의 주인공인 조성진 전前 부회장을 비롯해, 금성하이텍(전 금성정밀공업) 박홍석 사장, BMW코리아 김효준 사장 등 소위 잘나가는 고졸 사장들이 사회 곳곳에서 두각을 나타내면서 '고졸 리더십'이 화두로 떠올랐다. 예전에는 대학을 나온 경우가 아니면 뉴스에 오르기도 쉽지 않았다.

그러나 이제 우리 사회는 학력보다 실력을 강조하는 추세로 변모하고 있다. 산업 현장도 학력 중심에서 능력 중심으로 직업에 대한 인식이 선진국형으로 변화하고 있다. 한국에서 '고졸 신화'를 만들어가는 그들이 있기에 능력 우선의 사회로 흘러가는 긍정적 변화를 기대해본다. 이제부터 고졸 신화의 주역들을 소개해보겠다.

처음으로 소개할 인물은 LG전자 조성진 전 부회장이다. 나는 '세탁기'란 단어를 생각하면 거의 언제나 '조성진'이라는 이름이 아이콘처럼 떠오른다. 우리나라에서 세탁기라는 가전제품의 탄생에 크게 기여한 인물이기 때문이다. 그는 1975년 지금의 특성화고인 용산공고를 졸업한 후 금성사에 엔지니어로 입사해 현재까지 40여 년간을 한 회사에 몸담았다. 금성사는 LG전자의 전신 기업이다.

세탁기가 없는 세상을 지금은 상상하기 힘들지만, 그가 입사했을 때는 세탁기란 단어조차 낯설던 시절이었다. 그 당시 우리나라는 박정희 대통령이 경제부흥을 위해 새마을운동을 본격적으로 추진하던 때이기도 했다. 그 시절의 빨래란 커다란 고무대야에 나무로 된 빨래판을 걸쳐놓고 쪼그리고 앉아 네모난 두부같이 생긴 비누를 박박 문질러 빠는 것이 전부였다. 가전제품이라고 해봐야 선풍기 정도이던 시절이었다. 그 시절에 세탁기를 탄생시킨 장본인이 바로 조성진 부회장이었다.

우리나라는 가전제품과 관련된 모든 기술이 일본만 못했다. 그 시절 엔지니어였던 그는 세탁기 개발에 열정을 쏟았다. 세탁기연구실에 근무하면서 150여 차례나 일본을 드나들며 세탁기 연구에 몰두했다 하니 열정과 노력이 어느 정도였을지 미루어 짐작할 수 있다. 결국 그의 끈기와 열정이 빛을 보면서 세탁기 100퍼센트 국산화가 이루어졌다. 1999년도에는 '트롬'이라는 드럼세탁기를 개발하면서 전 세계 세탁기 시장에도 우수성이 알려지기 시작했다. 미국에서 최고로 권위 있는 소비자 가이드 잡지인 《컨슈머 리포트》에서 최우수 세탁기로 선정되는 영예도 누렸다. 이런 공로로 2002년에 그는 신지식인 특허인상을 받았고, 2005년에는 국산신기술 KT마크를 획득했다. 2006년에는 대한민국 10대 신기술상을 받기도 했다. 또한 2007년 '발명의 날'에는 세탁기 산업 발전과 국가경쟁력 제고에 기여한 공로를 인정받아 '동탑산업훈장'을 받았다.

인생을 세탁기 개발에 던진 그는 2007년 세탁기 사업부장을 맡게 되었고, 2013년 HA사업본부장을 거쳐 지금은 LG전자 부회장으로 승진했다. 현재까지 그가 취득한 세탁기 관련 특허가 국내외를 합쳐 4000여 건이라고 알려져 있다. 경험과 안목, 화수분처럼 샘솟는 창의적인 아이디어와 함께 끝을 모르는 도전정신을 가진 그는 인공지능을 활용한 스마트홈과 생활로봇 등의 분야까지 사업을 넓혀가고 있다. 고졸 출신 기업가로서 학력이 아닌 실력의 중요성을 몸소 보여준 그의 성공 이야기는 비단 특성화고등학교 학생들에게만이 아니라 창업이나 취업을 꿈꾸는 여타 직장인에게도 롤모델로 부족함이 없다.

두 번째로 소개할 인물은 금성하이텍의 박홍석 사장이다. 어느 분야에서 성공한 사람의 이야기를 살펴보면 성공한 분야에 어린 시절부터 관심과 재능을 보인다는 공통점이 많이 보인다. 박홍석 사장의 경우도 마찬가지였다.

그는 13살 어린 나이에 시계가 돌아가는 원리가 궁금해 집에 있는 시계란 시계는 모조리 분해하고 재조립해봤다고 한다. 어쩌면 집에서 악동 내지는 말썽꾸러기 취급을 받지 않았을까 싶다. 오늘날과 달리 그 당시엔 시계가 가구의 하나로 인식될 정도로 가치 있는 물건이었다. 초침과 분침이 부지런히 움직이는 시계는 집안사람들 모두에게 시간을 알려주는 아주 소중한 물건 중 하나였을 것이다. 내가 어릴 때도 벽시계가 정시만 되면 댕댕 거리며 시간을 알리는 종소리를 냈던 기억이 난다. 신기해서 열어보려면 엄한 얼굴로 주의를 주시던 어른들의 모습도 새삼 떠오른다.

한편으로 생각해보면 움직이는 기계라는 것이 집에 흔하지 않던 시절이었다. 그러니 또깍 또깍 초침이 한 바퀴를 돌 때마다 분침이 아주 살짝 절도 있게 움직이는 모습을 보며 신기해하지 않은 아이들이 있을까? 하지만 거기까지다. 약간의 호기심으로 잠시 들여다볼 뿐 그걸 분해해봐야겠다는 생각을 하는 어린아이는 많지 않을 것이다. 분해하다가 집안 어른에게 걸리면 회초리질을 감내해야 하는 시절이었으니 감히 엄두를 못 냈던 것이다. 그러나 어린 박홍석은 호기심을 그냥 두지 못하는 에디슨과 비슷한 심성의 소유자였던 듯하다. 집 안에 있는 시계란 시계를 모조리 열어봤으니 그다음은 안 봐도 뻔하다.

나는 그런 깊은 호기심과 말썽스러운 행동들이 오늘의 박홍석 사장을 만든 원동력이지 않았을까 추측해본다. 기계의 움직임과 작동 원리는 겉으로 봐서는 알 수가 없다. 뜯어보고 재조립하는 경험을 쌓아야만 체득할 수 있다. 서로 다른 시계를 분해하고 차이점을 눈여겨본 그는 기계에 관한 한 남들과는 다른 관찰력이 생겼을 것이고 손재주도 일취월장했을 것이다. 시간이 지나면서 시계에 대한 관심은 기계 일반에 관한 관심으로 확장되었을 것이다. 어린 시절 박홍석 사장의 모습은 요즘 컴퓨터 게임에 빠진 우리 아이들의 모습과 별반 다르지 않았을지도 모르겠다.

그런 그에게 시련이 닥쳤다. 고등학교만 졸업하고는 대학 진학을 포기해야 했다. 대신 직업훈련원에서 1년간 기술을 배우면서 적성을 찾았고, 기계 분야가 그의 진로가 되었다. 그는 현대양행(현 만도: 자동차 부품 생산 업체)과 동양기계(현 S&T중공업)에서 일하는 동안 자동차 부품에서 방산 물자까지 다양한 기계를 다루면서 전문적인 기술과 폭넓은 경험을 쌓았다. 결국 1984년에 금성정밀공업이라는 회사를 세워 대기업에 부품을 납품하기 시작했고, 1995년에는 자동화 설비에 반드시 필요한 압축공기용 에어드라이어를 개발하면서 현재의 금성하이텍을 만들었다.

금성하이텍이란 기업은 전 직원의 60퍼센트 이상이 박홍석 사장처럼 고졸 출신이라는 특징이 있다. 실력만 뒤따르면 석·박사급 직원과 동등한 대우를 받는다. 능력으로 평가받는 회사 분위기 덕분에 이직률도 매우 낮다.

박홍석 사장은 "고졸이라도 석·박사급과 비슷한 8000만 원 이상의 연봉을 받는 직원들이 많다. 실력 외에 아무것도 신경 쓰지 않도록 철저히 대우해주고 있다"며 좋은 일터를 만들기 위해서 차별적인 요소를 없애는 데 노력을 기울이고 있다. 학력이나 스펙이 아닌 자신의 능력으로 인정받는 조직 문화를 만들기 위한 그의 노력이 우리 사회에서 빛을 발하고 있는 셈이다.

세 번째로 소개할 인물은 BMW코리아의 김효준 사장이다. 그는 덕수상업고등학교와 방송통신대학을 졸업했다. 고교 졸업(1975년) 후 방통대를 22년 만에 졸업한 그는 그야말로 선취업 후진학, 평생교육의 롤모델이라고 할 수 있다. 김효준 사장은 중학교 시절 학급 반장을 도맡을 정도로 성실하고 총명했으나 중학교 시절 부친이 교통사고를 당하면서 인문계 고등학교 진학을 포기했다. 대신 덕수상고를 다니면서 중학생을 지도하고 동생 뒷바라지와 집안 살림을 도왔다고 한다.

고3이던 1974년 여름부터 삼보증권(현 대우증권)에 취직하여 재무와 경리를 담당했고, 1979년 군복무를 마친 후 삼보증권 시절 학력에 대한 보이지 않는 장벽이 부담스러워 '하트포드'라는 외국계 화재보험사로 이직했다. 1986년 유명 제약회사인 미국 신텍스 한국 법인 창설 당시 재경부 차장으로 입사해 1994년 대표이사 부사장이 되었으나, 신텍스 본사가 스위스 로슈에 매각되면서 100여 명의 직원과 함께 회사를 떠날 처지가 되었다.

이때 그는 직원들에게 한 푼이라도 더 많은 퇴직금을 주기 위해 자신에게 배정된 수억 원의 인센티브를 포기했다고 한다. 그런데 그 일로 오히려 업계에서 평판이 좋아졌다. 신텍스 직원들의 재취업을 위해 고용된 헤드헌터는 이런 김 사장의 금융·제조회사 근무경험과 신텍스 시절의 업적을 눈여겨보았다. 비록 약간의 논란은 있었으나 그는 현재 BMW코리아 사장으로 활동 중이다.

당시 김 사장을 뽑는 데 장애가 된 부분은 공부를 더 하겠다는 그의 고집이었다. 그들이 김사장을 뽑은 이유는 앞서 말한 금융과 제조회사 근무경험, 그리고 신텍스에서 한 여러 가지 업적 때문이지 학력 때문은 아니었기 때문이다.

네 번째로 소개할 인물은 2017년 7월에 취임한 김동연 경제부총리 겸 기획재정부 장관이다. 그는 덕수상업고등학교를 졸업도 하기 전에 은행에 입사했다. 일하면서 야간대학인 국제대학을 다녔고, 대학을 졸업하던 1982년도에 제6회 입법고시와 제26회 행정고시를 동시에 합격해 '고졸 신화'로 세간에 이름을 알렸다.

은행에 취업한 뒤 대학을 다녔다는 사실에서 선취업 후진학의 사례로 소개해도 좋을 것 같다. 물론 그 당시에 선취업 후진학이란 용어 자체가 없었지만, 오늘날과 같이 대학 진학에 목매는 학생들과 학부모들에게 좋은 롤모델이 될 수 있다고 생각한다. 김동연 장관은 끊임없이 자신을 갈고닦는 노력으로 1983년 경제기획원에서 공직을 시작했다. 이후 경제부처 요직을 두루 거쳐 이명박 정부 시절 경제금융비서관을 지냈다. 2013년 박근혜 정부 시절에는 초대 국무조정실장을 지냈다. 이어서 2015년부터는 아주대학교 총장직을 맡아오다가 2017년 7월 그 능력을 인정받아 문재인 정부에서 경제부총리 겸 기획재정부 장관을 맡게 되었다. 그의 경우 역시 고졸 성공 신화에 큰 획을 그은 사례임에 틀림없다. 이제 중요한 건 간판이 아니라 능력이다.

마지막으로 소개할 인물은 김재교 전 KT링커스 대표다. 그는 샐러리맨 사이에서는 유명한 인물로 널리 알려져 있다. KT는 알아도 KT링커스는 어떤 회사인지 모르는 사람이 많을 듯하다. 휴대폰이 생기면서 지금은 많이 없어졌지만 아직도 공중전화는 우리에게 낯설지 않은 물건이다. 그 공중전화사업으로 유명한 회사가 바로 KT링커스다.

스마트폰이 대세인 시대의 변화에 발맞춰 KT링커스는 공중전화사업만이 아니라 Multi공중전화부스와 안심부스, KT 관련 휴대폰, 인터넷, IoT(사물인터넷) 상품 등과 이에 더해 AED 자동심장충격기와 전기자동차 충전부스처럼 다양한 생활편의사업 관련 서비스를 제공하는 회사로 변모하고 있다.

김재교 전 KT링커스 대표는 KT에서 40년 가까이 밑바닥부터 시작해 임원까지 올라간 입지전적인 인물이다. 성악가를 꿈꿨던 소년 김재교는 가정형편 때문에 성악을 포기하고 돈 없이도 다닐 수 있는 공립학교인 철도고등학교로 진학했다. 꿈이었던 성악을 포기했으니 공부에 관심이 갔을 리 만무하다. 당시 철도고등학교를 졸업하면 성적순으로 발령이 났는데, 상위권 동기들은 서울로 발령을 받았다. 그러나 성적이 좋지 않았던 그는 탄광인 도계촌으로 발령을 받았다. 처음 시작한 철도청 생활에서 다양한 경험을 하던 중 탄

광노동자에 대한 멸시를 경험하면서 충격을 받은 그는 결국 KT로 직장을 옮겼다고 한다.

처음에는 현장의 전기 업무부터 시작해 원효전화국에서 전기통신 등 인프라 시설을 담당했다. 사무직이 아니었기에 당시에는 부장까지가 승진의 한계였다고 한다. 현장직인 그로서는 할 수 있는 영역에 한계가 많아 일하는 과정에서 갈등도 많았다. 그러나 37살이 되던 때 IMF 사태가 터지면서 많은 사람들이 직장을 잃고 거리에 나앉는 상황을 접하게 된다. 이런 사회적 위기는 당시 젊은 그에게 퇴직을 생각하게 하는 계기가 되었다. 그리고 미래를 대비하는 동기로 삼아 공부에 매진했고, 결국 박사과정을 마쳤다.

때마침 시대가 변하면서 제1회 사내 공모 지사장 제도 도입이라는 기회가 주어졌다. 평소 임원을 꿈꾸었던 그는 23：1이라는 경쟁을 뚫고 공모 지사장으로 발탁되었다. 평소 스스로를 갈고닦는 노력이 없었다면 기회가 왔다 한들 그가 지사장이 될 수는 없었을 것이다. 하지만 그는 부단한 노력을 경주한 끝에 마침 주어진 소중한 기회를 자기 것으로 만들 수 있었다. 공모 지사장 제도 1차 면접에서 면접관이 그에게 경영철학을 묻자, 그는 "사람을 중요하게 쓰는 경영을 하겠다. 사람의 가치를 높여주면, 가치가 높아진 사람들이 더욱 성과를 낼 수 있다"며 당당히 자신의 주장을 펼쳤다고 한다. 그런 그의 도전정신이 높이 평가되면서 마침내 합격할 수 있었다. 이후 부산의 동부산 지사에서 업무 성과를 보이면서 승진을 계속했다.

그는 안정된 직업이라 할 수 있는 철도청에서 KT로 직장을 옮기면서 밑바닥부터 다시 시작한 인물이다. 사무직이 아닌 현장 근무자였던 그에게 임원이란 자리는 아마도 유리천장이었을 것이다. 든든한 배경이 되어줄 학연이나 지연 등 기댈 수 있는 조건이 없었고, 학벌로도 남들과는 비교가 되지 않았다. 그러나 그는 실패를 두려워하지 않았다. 극복하고 나면 그것이 오히려 디딤돌이 된다는 사실을 경험으로 체득한 사람이다. 그는 말한다. 사람은 우선 정직해야 그가 하는 업무에도 정당성이 부여된다고…. 지사장 면접 당시 사람의 가치를 높여야 하고 사람 중심의 조직이 더욱 높은 성과를 낸다고 했던 그의 주장대로 KT링커스는 여전히 사람의 가치를 높이는 사업에 관심을 두고 있다.

3

평생직장이 사라진 시대,
직職이 아니라 업業을 선택하라

2017년 6월 모 진로캠프 컨설팅업체에서 특강 강사를
모집한다는 공고를 내고 몇 사람의 이력서를 접수했다. 그중 한 명
은 비교적 잘나가는 방송국의 아나운서였다. 얼굴이 낯설지 않을
정도로 경력이 있는 아나운서가 큰 벌이도 되지 않는 특강 강사라는
단기 일자리에 지원한 이유가 있었을까 싶어 컨설팅업체 관계자들
은 매우 의아했다고 한다. 그러나 면접에 임한 본인의 생각은 달랐
다. 우리 사회에 벌써 2개 이상의 직업을 가진 사람들이 많이 늘었

다는 것이다. 이런 사례는 한 가지 직업에 몰두하기만 해도 되는 시대가 서서히 지나가고 있다는 방증傍證이다. 앞으로 시대에 적응하기 위해서는 꾸준한 경력 관리를 통한 자기계발이 요구된다.

2016년 1월 열린 다보스포럼에서 '4차 산업혁명'이 화두로 제시되었다. 우리나라 언론과 방송도 이를 중요하게 다뤘다. 4차 산업혁명 시대에 상당히 많은 직종이 사라지게 될 것이란 예측이 더해지면서, 그렇지 않아도 50대 초반이면 직장에서 떠밀리듯 사회로 나와 자영업으로 퇴직금을 날리는 사례가 빈번한 우리 사회의 전망을 더욱 어둡게 하고 있다.

특성화고등학교에서는 15~6년 전부터 3D프린터를 사용하고 있고, 이제는 중학교에서조차 소형 3D프린터를 구매해 수업에 도입했다. 그동안 운전면허증과 경력만 있으면 충분했던 택시기사나 버스기사 같은 일자리가 앞으로 무인자동차에 의해 사라지게 될지 모른다. 택배업도 드론 때문에 존립이 위험한 직군으로 분류되는 추세다.

교직이나 공무원, 기업들도 50대에 이르기도 전에 명예퇴직 내지는 희망퇴직을 받아서 인원을 감축할 뿐 아니라 신규 채용 규모를 급격히 줄여가는 추세다. 이젠 누구든 퇴직 후의 삶을 걱정해야 한다. '평생직장'이란 말이 유효하지 않은 시대다. 이로 인해 파생되는 문제는 10년, 20년, 운이 좋은 경우 30년 이상을 한 직장에 몸담았던 사람이 일정한 수입이 보장된 새로운 직장을 구하기가 하늘의 별따기만큼이나 어렵다는 사실이다. 그러니 직장을 나오면 이내 생활고에 빠지게 된다. 세상이 이렇게 변하니 이제부터라도 자기만의

'평생직업'을 가져야 한다. 앞으로는 한 사람이 갖게 될 직업의 수가 1개일 확률이 별로 없다. 사회가 변하는 시간이 짧아질수록 그에 맞춰 직업의 수명도 단기적으로 변할 확률이 높다. 그렇게 되면 본인만의 직업능력과 직업노하우를 가지고 1인 기업가로 등록되는 사람들의 수도 급속히 늘 것이다. 이런 변화는 통계청의 2010년도 이후 취업률에서 취업자 항목에 1인 창업자(또는 1인 사업자)가 항목의 하나로 들어간 것만 봐도 이미 시작되었음을 알 수 있다.

코로나19 3차 대유행으로 사회적 거리두기 단계가 격상된 2020년 12월에는 취업자가 62만 8000명 줄어 1999년 2월(-65만 8000명) 이후 가장 큰 감소세를 보였다. 하지만 2020년 4.0퍼센트의 실업률에 비해 2021년 3.7퍼센트, 2022년 2.9퍼센트로 실업률이 줄어드는 긍정적인 변화가 있었다.

2023년 4월 10일 통계청은 〈2023년 4월 고용동향〉을 발표했다. 4월 취업자 수는 2843만 2000명으로 1년 전보다 35만 4000명 늘었다고 한다. 하지만 청년층과 제조업 취업자의 감소세가 두드러졌다. 청년층(15~29세) 취업자는 13만 7000명 줄어 6개월 연속, 40대 취업자는 2만 2000명 줄어 10개월 연속 감소했기 때문이다. 특히 제조업 취업자가 4개월 연속으로 줄며 28개월 만에 가장 큰 폭으로 감소했다. 이는 코로나19 대유행으로 제조업 분야의 고용률이 일시적으로 늘었다가 서서히 일상을 회복하면서 제조업 일자리가 구조적으로 감소하는 과거의 흐름으로 돌아가고 있기 때문이다.

코로나 상황은 극복했지만 젊은이들의 삶이 이들의 부모 세대에

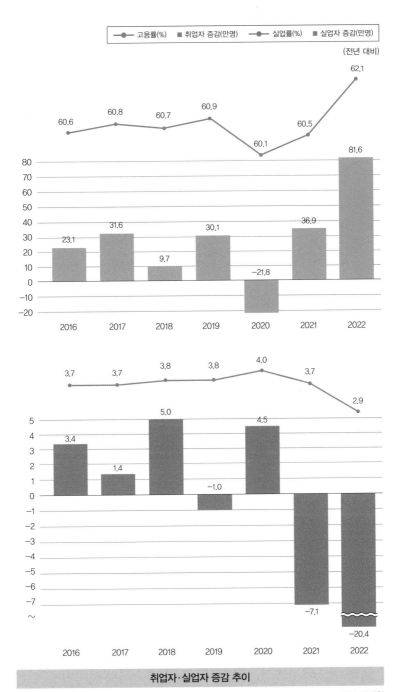

고용률(%) ■ **취업자 증감(만명)** **실업률(%)** ■ **실업자 증감(만명)**

(전년 대비)

취업자·실업자 증감 추이

자료: 통계청

게 뼛속까지 아픈 기억으로 남아 있는 IMF 외환위기 때보다 더 힘들어진 게 사실이다. 열정페이, 취업난, 삼포세대로 대변되는 청년들이 희망이 없는 현실을 자조적으로 일컫는 '헬조선'Hell Chosun이란 표현이 지나치지 않은 현실이다. 이렇게 청년실업률이 고공행진을 하고 있는데도 부모들은 자식만큼은 명문대를 나와 대기업에 들어가기를 바라는 마음이 적지 않다. 실제로는 대기업에서 뽑는 인원보다 중소기업에서 채용하는 인원이 훨씬 많은데도 기성세대는 자신이 보던 시각대로만 세상을 보려 한다.

2022년 6월 7일부터 7월 20일까지 전국 초·중·고생 2만 2702명을 대상으로 희망직업을 조사한 결과가 흥미롭다. 초등학생의 희망직업은 운동선수, 교사, 크리에이터, 의사, 경찰관·수사관 순이었다. 중학생은 교사, 의사, 운동선수, 경찰관·수사관, 컴퓨터공학자·소프트웨어 개발자 순이었다. 고등학생의 경우 교사, 간호사, 군인, 경찰관·수사관, 컴퓨터공학자·소프트웨어 개발자 순이었다. 코로나19의 영향으로 의료진에 대한 관심이 반영되었고, AI 등 신산업 분야에 대한 선호도를 엿볼 수 있다.

2015년 《메이커의 시대 — 유엔미래보고서 미래일자리》라는 책에서 박영숙 유엔미래포럼 대표는 '지금 유치원에 다니는 아이들 중 65퍼센트는 아직 존재하지 않는 직업을 갖게 된다'고 했다. 2016년 다보스포럼에서도 그해 초등학교에 입학한 전 세계 7살 어린이의 65퍼센트가 지금은 존재하지 않는 일자리에서 일하게 될 것이라고 말하고 있다. 즉 앞으로 다가올 세상에서는 우리에게 익숙한 직업의 상당수가 사라지고 전혀 새로운 직업을 갖게 된다는 이야기다.

과연 우리는 자라나는 아이들에게 어떻게 진로의 방향을 제시해 줄 수 있을까? 우리가 경험하지 못한 길인데? 이제는 대기업도 안전한 직장이 못 된다. 유수의 기업조차 미래에 살아남기 위해서는 〈트랜스포머〉의 오토봇들처럼 끊임없이 자기변신을 해야 한다. 하물며 그 기업을 이끌어가는 사람들이라면 더 말할 필요도 없다. 이렇게 빨리 변모하는 세상을 대비하는 길은 좋은 '직장'이 아니라 좋은 '직업'이어야 한다.

교육에 대한 사고 또한 직선에서 순환식으로 바뀔 필요가 있다고 본다. 고등학교 졸업-대학교 졸업-취업-정년퇴직으로 이어지던 시대는 이미 끝났다. 미국인들은 오래전부터 순환식 사고에 익숙하다. 고교 졸업 후 취업이나 창업을 했다가 나중에 필요를 느끼게 되면 대학에 진학했다가 재취업이나 창업을 하는 식이다. 그러나 이것도 끝이 아니다. 궁극적으로는 평생 해야 할 업業을 찾는 것이 중요하다. 이른바 창직創職이다.

이를 독려하려면 사고의 전환이 요구된다. 공무원, 대기업 같은 안정적인 직장이 최고라는 고정관념에서 벗어나 창업과 창직을 하는 젊은이에게 장하다고 격려해줄 때 다음 세대가 용기 있게 새로운 도전을 할 수 있다. 이를 위해 사회의 행정시스템이 바뀌어야 하고 정부 고위직의 생각도 바뀌어야 한다. 그러나 앞으로 사회를 이끌어갈 새로운 직업의 주체가 되는 자녀, 그리고 그들의 가장 근접한 지지자이자 협력자인 부모의 생각이 가장 먼저 바뀌어야 한다.

4

박사 학위가 주는
지식의 유효기간도 5년 이내

2007년 지인의 남동생이 결혼을 앞두고 새 보금자리에 들여
놓을 침대를 보려고 백화점으로 갔다. 신부가 시어머니가 될 분과
함께 부지런히 발품을 파는 와중에 다른 손님과 잠시 말을 섞게 되
었다. 모르는 사이인데도 신랑이 될 사람의 학력을 묻더란다. 그래
서 모 대학 박사라고 했더니 지나가며 "요즘은 개나 소나 다 박사
래." 해서 황당했다던 얘기가 기억난다.

　사람들은 직장을 다니면서 자신의 직업에 대한 능력을 높이고 싶다거나 좀 더 공부하고 싶은 욕구가 있다거나 보다 괜찮은 직장으로 몸값(?)을 높여 들어가고 싶다는 등의 여러 가지 이유로 박사과정을 밟을 생각을 한다. 박사학위를 취득하려는 사람은 기본적으로 대학을 마치고 석사과정을 거쳐 다시 대학원에서 요구하는 박사과정에서 필요한 학점을 이수해야 한다. 자신의 연구 분야에서 남들과 차별화된 지식과 능력을 인정받기 위해 수십, 수백 편의 논문을 읽고, 참신한 연구를 진행하여 국내뿐만 아니라 해외의 학술지에 자신의 논문을 발표해야 한다. 우리가 '간판'이라는 속어로도 부르는 공식적인 마지막 관문인 박사학위를 받기 위해서는 어려운 '논문심사'라는 관문에서 '통通'을 받아야만 한다.

몇 년간 어려운 과정을 밟고 온 교육생들에게 학위를 부여할 것인지 아닌지 여부는 해당 대학교와 지도교수가 자신들의 이름과 명예를 걸고 일정 기간의 엄중한 심사를 거쳐 가려내게 된다. 따라서 박사과정을 밟는 교육생의 입장에서는 나이를 불문하고 논문계획서 심사부터 시작해서 제1차, 제2차 논문심사라는 과정을 거치는 짧지 않은 시간을 꽤 긴장된 상태로 보내게 된다.

논문을 쓰는 과정도 다사다난하지만 논문심사를 받기 위해 심사위원들에게 논문의 핵심을 설명하는 프레젠테이션 제작과 발표 또한 여간 까다로운 일이 아니다. 적어도 몇 개월을 고심해서 수정하고 보완한 논문인데도 심사를 받는 자리에 서서 심사위원들의 날카로운 질문을 받게 되면 평소 흘리지 않던 식은땀마저 흘리곤 한다. 박사과정을 마치고 논문이 통과되고 학위를 받기까지 5년 정도의 시간이 소요되는 것은 기본이다.

또한 박사과정을 밟는 기간에 들어가는 학비와 책값, 교통비, 교육생들끼리 스터디그룹을 만들어 모일 때 사용할 회비, 밥값을 생각하면 대략 수천만 원 정도 쓰는 것을 각오해야 한다. 그런데 문제는 엄청난 시간과 돈을 쓰며 고생을 하고도 마지막 관문인 박사학위 논문심사를 통과하지 못하는 사람도 적지 않다는 것이다. 그렇게 되면 최종 학력에 '박사과정 수료'로만 표시하게 된다. '○○ 박사'와 '박사과정 수료'는 비슷하게 보일 수도 있으나 학위를 받은 당사자들에게는 너무나 다른 의미를 지닌다. 박사학위를 받은 사람들로서는 '제가 그 어려운 걸 해냈지 말입니다!' 하고 마치 에베레스트라도 정복한 사람처럼 가슴을 내밀고 한번쯤 남들 앞에 자랑하고 싶을 만큼의 성취이기 때문이다.

그런데 이젠 학력의 성취로 사회에서 인정받는 시대가 저물어가고 있다. 그렇게 어렵게 받은 박사학위 논문임에도 그 소비기한이 점점 짧아지고 있는 것이다. 내가 논문을 쓰던 2010년도 전후에는 그나마 논문의 소비기한이 10년 정도는 되었던 것으로 기억한다. 연구 내용을 참조하기 위해 찾아본 다른 이의 박사과정 논문이 대략 그 정도 기간 내의 것이었다. 차별화된 논문을 쓰기 위해 국회도서관 등으로 발품을 팔며 찾아서 참조했었다.

참조논문은 최근 것일수록 좋다. 이를 보면 박사논문도 식품처럼 소비기한이 있다. 마트에서 파는 채소, 우유, 라면 같은 식품은 모두 일정한 소비기한을 표시한다. 가공식품 중 오래가는 것이 3년이다.

쉬 상하는 식자재는 3일도 못 간다. 소비기한을 넘긴 상품은 폐기될 뿐이다. 논문도 이런 운명이라는 점을 박사과정을 밟으면서 참 많이 느꼈다. 요즘 논문의 소비기한은 예전보다 줄어들어 5년 내외라고 보면 된다. 거의 빛의 속도로 발전하다시피 하는 IT 분야의 경우 훨씬 짧다. 석사나 박사학위를 따려는 사람들은 보통 국회도서관이나 인터넷의 논문정보 사이트를 통해 관련 논문을 찾아 참고하게 되는데, 최근 1~2년 내의 논문을 우선적으로 찾게 된다. 이제는 아무리 길어도 5년을 넘는 경우가 많지 않다.

문제는 또 있다. 전직을 하거나 새로운 연구를 위한 프로젝트에 참여할 제안서와 관련해서 이력을 제시해야 할 때, '5년 이내의 연구 실적'을 쓰라고 하는 경우가 있는 것이다. 나도 국내외 학술지에 논문을 게재한 적이 있다. 하지만 발표된 지 5년이 지난 논문은 프로젝트 제안서를 낼 때 그저 한 줄 채우는 용도일 뿐 실질적 평가에 도움이 되지 않는 연구 실적이다.

이런 흐름은 그만큼 우리 사회의 변화 속도가 엄청나게 빨라졌다는 방증일 것이다. 고학력자가 늘고 취업문이 좁아지면서 학력의 시대가 저물고 있음을 확인시켜 주는 뉴스가 몇 년 전부터 심심치 않게 나오고 있다. 그런데 최근 반전이 생겼다. 2021년 6월 21일자 《매일경제》에 지난해 박사학위를 취득한 고학력자가 1만 6139명으로 사상 최대치를 기록했다는 기사가 실린 것이다. 2000년 박사학위 취득자가 6141명이었던 것과 비교하면 20년 사이에 세 배 가까이 늘어난 셈이다. 학령인구 감소로 최근 수년간 대학이나 전문대

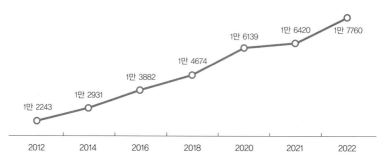

국내 대학 박사 배출 현황

(단위: 명)

1만 2243 (2012)
1만 2931 (2014)
1만 3882 (2016)
1만 4674 (2018)
1만 6139 (2020)
1만 6420 (2021)
1만 7760 (2022)

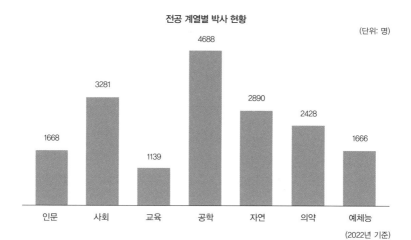

전공 계열별 박사 현황

(단위: 명)

인문	사회	교육	공학	자연	의약	예체능
1668	3281	1139	4688	2890	2428	1666

(2022년 기준)

박사도 백수가 되는 시대다.

자료: 교육통계연보(교육개발원)

학 졸업자가 줄어든 추세를 고려할 때 최근 박사급 인력의 가파른 증가세는 분명 심상치 않은 조짐이다.

이런 추세는 현재까지 이어지고 있다. 2023년 3월 16일자 《뉴스 1》에 국내 석·박사 학위 취득자 수가 역대 최다를 기록했다는 기사가 실린 것이다. 한국교육개발원 교육통계서비스를 통해 분석한 결과 2022년 국내 석사학위 취득자는 8만 3869명, 박사학위 취득자는 1만 7760명으로 석·박사 학위 취득자가 처음으로 10만 명을 넘었다고 한다. 점점 어려워지는 취업 시장에 대비하기 위해 스펙을 쌓으려는 학생들이 다수를 이루는 현실을 엿볼 수 있다. 여기에 더해 일자리 불안으로 학력 스펙을 쌓으려는 직장인들까지 가세하며 생긴 기이한 사회 현상이 아닌가 싶다.

박사학위 취득자가 급격히 늘고 있는 반면 실제 일자리 찾기는 쉽지 않은 상황이다. 한국직업능력연구원이 2020년에 발표한 《국내 신규 박사학위 취득자 실태조사》 보고서를 보면 학업에 전념하여 박사학위를 취득한 2020년 졸업자 중 시간 강사, 박사후연구원, 민간 기업 등에 취업한 비율은 26.7퍼센트에 불과했다. 취업에 성공한 경우를 분석하면 대학에서 일자리를 찾은 경우가 그나마 46.1퍼센트로 가장 높았다.

2022년 11월 16일자 《매일경제》기사를 보면 기업 내 연구소나 연구전담 부서를 보유한 국내 전체 대·중견·중소기업 7만 6565곳 중에 박사 이상의 연구원을 한 명이라도 보유하고 있는 기업은 10.9퍼센트에 불과하다고 한다. 국내 기업 10곳 중 9곳의 연구소에 박사 연구원이 없다는 얘기다. 4차 산업혁명 시대에 전문가의 중요성은 두말할 필요가 없다. 하지만 박사급 전문 인력 수요가 많을 것으로 판단되는 과학·기술 서비스업 관련 기업 7262곳 중 75퍼센트(5448곳)이 박사 연구원을 보유하지 못한 실정이다.

국내 기업에 박사가 부족한 가장 큰 이유는 박사들이 민간기업 취업을 기피하기 때문이라고 한다. 구직자와 이직 희망자를 대상으로 선호 직장 유형을 조사해본 결과 응답자의 53.9퍼센트가 대학이라고 응답했다. 그다음으로 선호하는 직장은 공공연구소(10.2%)였으며 민간기업을 선호한다고 응답한 박사는 6.2퍼센트에 불과했다고 한다. 아무래도 민간기업은 기초연구보다는 상용화에 초점을 맞추기 때문에 성과에 대한 압박감에 시달리기 쉽기 때문이 아닌가 한다.

최근 코로나19라는 예상치 못한 상황이 발생하긴 했지만, 세상은 분명 학력보다 능력이 중요한 방향으로 변하고 있다. 이제 코로나 상황을 극복하고 서서히 사회가 안정을 되찾고 있으니 박사학위라는 간판을 취득하려는 목적이 아니라 순수한 공부와 연구 목적으로 박사과정을 밟는 쪽으로 흐름이 바뀌길 기대한다. 이론만이 아니라 경험과 체험, 그리고 공감과 협동이 더 요구되는 세상이 될 테니까.

5

대학졸업장을 받기 위해
4년의 시간, 1억 원의 돈을 쓴다

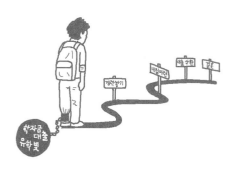

아직도 대학만 마치면 모든 것이 해결된다고 믿는 학부모들
께 드리고 싶은 질문이 있다. 자녀 한 명이 대학을 마칠 때까지 양육
에 들어가는 비용을 계산해보신 적이 있느냐고. 소중한 자식을 위
한 일인데 뭘 그런 걸 계산하면서 키우느냐며 거부감을 가질 수도
있겠다. 하지만 현대사회를 살면서 계획적으로 가계살림을 꾸려나
가기 위해 한번쯤은 생각해볼 필요가 있는 문제다. 이제는 노후를
자녀들에게만 의존해서는 살기 어려운 시대다.

2017년 3월 12일자《연합뉴스》기사에 따르면 2017년도 우리나라 중산층의 평균 월 소득이 374만 원이었다. 이 돈을 10년간 한 푼도 안 쓰고 저축하면서 애한테 쏟아 부어야 겨우 평범한 대학생 한 명을 키울 수 있다. 그런데 놀랍게도 2019년 10월 10일자《동아일보》에 실린 기사 제목이 〈아이 낳아 대학까지 보내려면 직장인 10년치 연봉 쏟아부어야〉였다. 임산부의 날을 맞이해 당시《동아일보》가 구축한 인터랙티브 사이트 '요람에서 대학까지: 2019년 대한민국 양육비 계산기'baby.donga.com는 모든 소득 구간의 평균에 해당하는 한 가구가 아이 한 명을 낳아 대학을 졸업시킬 때까지 필요한 돈을 약 3억 8198만 원으로 집계했다.

흥미로운 점은 소득 수준에 따라 8억 원 이상의 양육비용 차이가 났다는 사실이다. 월평균 소득이 300만 원 미만의 가정은 자녀를 대학까지 보내는 데 평균 1억 7534만 원을 쓰는 것으로 조사된 반면 월평균 소득이 600만 원 이상의 가정은 무려 9억 9479만 원을 지출하는 것으로 드러났다. 이처럼 경제적인 부담이 출산을 기피하게 하는 요인 1순위로 꼽히는 만큼 자녀의 생애 주기별 맞춤형 보육정책이 필요하다는 전문가의 의견도 제시했다.

명문대에 진학하기 위해서는 재수가 필수라는 말이 당연시되는 요즘이니 대기업이나 공공기관에 취업하기 위해 들어가는 어학연수비와 유학비를 포함한다면 실로 어마어마한 돈을 써야 한다는 얘기가 된다. 그런 엄청난 돈을 들여서 종이쪽지에 불과한 대학졸업장을 받더라도 비정규직을 포함하여 10명 중 5명만 겨우 취업에 성

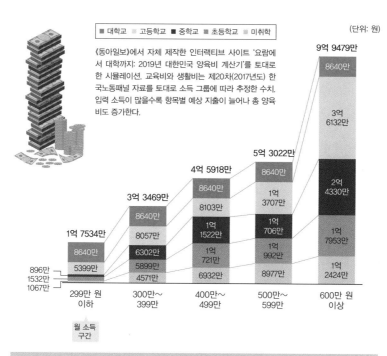

■ 대학교 ■ 고등학교 ■ 중학교 ■ 초등학교 ■ 미취학

(단위: 원)

《동아일보》에서 자체 제작한 인터랙티브 사이트 '요람에서 대학까지: 2019년 대한민국 양육비 계산기'를 토대로 한 시뮬레이션. 교육비와 생활비는 제20차(2017년도) 한국노동패널 자료를 토대로 소득 그룹에 따라 추정한 수치. 입력 소득이 많을수록 항목별 예상 지출이 늘어나 총 양육비도 증가한다.

가구 소득구간별 자녀 양육비용

자료:《동아일보》2019년 10월 10일자

공하는 현실이 기다리고 있다. 게다가 학력과 수입은 비례하지 않는다. 고졸보다는 대졸이, 대졸보다는 대학원졸업자의 수입이 더 많다는 등식은 깨졌다. 10년이면 강산도 변한다는 속담이 무색하게 4년이면 강산이 휙휙 변하는 시대를 살고 있다. IT 업계는 유난히 그러하다. 그래서인지 미국의 실리콘밸리에서는 '성공하려면 일단 대학을 중퇴해야 한다'는 말이 있다. 하루가 다르게 변하는 분야이다 보니 대학 공부를 마치는 데 드는 시간이 아까운 것이다. 4년이라는 시간을 대학 다니느라 소비하는 것은 그 시간만큼 새로운 기회를 놓친다는 의미가 된다. 이 말을 증명이라도 하듯 마이크로소프트의 빌 게이츠, 애플의 스티브 잡스, 페이스북의 마크 저커버그, 우버의 트래비스 칼라닉 등 IT 분야에서 성공한 사업가의 절반이 대학 중퇴자다.

나는 자신이 궁극적으로 원하는 일을 하는 것이 행복한 삶이라고 생각한다. 인생의 의미를 단순히 돈으로 치환할 수는 없다고 본다. 돈을 벌고자 하는 이유도 그 자체가 목적이어서가 아니라 그것을 수단으로 삼아 자신과 주변 사람들을 행복하게 만들고 싶어서가 아닌가?

20대는 인생의 황금기다. 사회의 한 구성원으로서 부모로부터 자립하기 위하여 자신의 삶에서 중요하다 여기는 것을 준비하는 시간과 기회를 포착할 시간이다. 이때 취업을 통한 경제적 자립은 독립적인 삶을 유지하는 데 매우 중요하다. 남보다 이른 취업으로 경제적인 자립을 이루었을 때의 성취감과 행복감이란 돈으로 환산하기 어렵다.

아니라고? 대학은 무조건 나오고 봐야 한다고? 과연 그럴까? 한국고용정보원의 자료를 재구성해서 20대 시절에 남보다 이른 취업이 가져다주는 이점을 설명해보겠다. 내용을 단순화해서 비교해보기 위해 부모로부터 물려받은 유산 같은 변수는 제외하겠다.

29살이 된 세 명의 친구가 9년 만에 중학교 동창회에서 만났다. 세 친구의 이름은 김유학, 김대학, 김특성이다.

김유학 군은 대학을 졸업하고 대학원도 마쳤고 유학까지 다녀온 친구다. 그는 이제야 취업을 했다. 김대학 군은 대학을 졸업하고 3년 전에 취업해서 열심히 직장을 다니고 있다. 마지막으로 김특성 군은 특성화 고등학교를 졸업하면서 바로 취업해 9년 이상 직장생활을 하고 있는 전문인이다.

세 친구는 오랜만에 만나 기쁨을 나누며 이런저런 이야기들을 나눴다. 직장 이야기와 자신의 월급에 대한 이야기까지 이어졌다.

김유학 군이 월 300만 원을 받는다고 하자 다른 두 친구는 몹시 부러워했다. 그런데 과연 부러워할 일일까? 제대로 살펴보자. 과연 9년이라는 시간 동안 이 세 사람에게 어떤 일들이 있었을까?

김유학 군은 이제 막 신입사원으로 첫 출발을 한 상태다. 그동안은 학자금 대출을 받아 대학과 대학원을 졸업했다. 유학까지 마치느라 대출로 짊어진 빚이 1억 7850만 원이나 된다. 모아놓은 돈은 전혀 없다. 이제 겨우 취업했는데 취업의 기쁨은 잠시일 뿐, 앞으로 10년 이상 한 달에 150만 원씩 부채를 갚아야 한다. 그런 이유로 수중에 남는 돈은 겨우 150만 원이다. 결혼도 하고 집도 마련하려면 저축도 해야 하는데 어느 세월에 부채를 다 갚을지 한숨부터 나온다. 마음을 단단히 먹고 월 90만 원짜리 적금을 들었다. 그리고 남은 60만 원으로 매달 어렵게 생활을 끌어나가고 있다.

김대학 군은 26살이 되어서야 겨우 취업을 했다. 직장생활을 한 지 3년이 넘어간다. 처음에는 월급으로 200만 원을 받았는데, 지금은 경력이 쌓여 240만 원을 받고 있다. 김대학 군 역시 대학을 마치기 위해 학자금 대출을 받은 탓에 부채가 5900만 원이나 있었다. 지난 3년 동안 매달 100만 원씩 36회에 걸쳐 상환했더니 부채가 2300만 원으로 줄었다. 앞으로 2년만 더 갚으면 된다는 사실이 그나마 위로가 된다. 월급에서 부채 갚느라 떼어낸 돈을 제외하고 남는 140만 원 중에서 월 60만 원씩을 저금하고 있다. 만기가 되려면 1년 정도 남았지만 그때가 되면 약 2000만 원 정도를 모을 수 있다. 하지만 지금 사귀고 있는 여자 친구와 결혼을 하려면 어쩔 수 없이 부모님께 도움을 요청할 수밖에 없다는 사실에 의기소침해진다.

김특성 군은 특성화고등학교를 나와서 일찌감치 취업했다. 처음에는 월급이 150만 원 정도로 낮은 편이었으나 경력이 쌓이면서 월급도 점점 올라 이제는 대학 나온 친구랑 차이가 없다. 학자금 대출 같은 빚이 없어서 매달 240만 원 중에 90만 원을 저축한다. 다른 친구들보다 넉넉하게 150만 원 정도를 생활비로 사용하면서 부모님께 용돈도 드리고 있다. 통장에는 이자까지 포함해서 1억 원이 넘는 돈이 모여 있다.

29살 세 친구	김유학(대학원/유학)	김대학(대졸)	김특성(고졸)
직장생활기간	29세에 시작	26~29세	20~29세
현재 수입	300만 원	240만 원 (취업 당시 200만 원)	240만 원 (취업 당시 150만 원)
상환	150만 원	100만 원씩 36회	0원
생활	60만 원	80만 원	150만 원
저축	90만 원	매달 60만 원 (1년 뒤 만기: 2000만 원)	매달 90만 원 (예금 총액: 1억 500만 원)
부채	1억 7850만 원	2300만원	0원

20대 시절에 남보다 빠른 취업이 가져다주는 이점 비교하기(2015년 기준)

단순화된 위의 이야기에 이의를 제기하고 싶은 사람도 있을 것이라 생각한다. 그러나 어엿한 사회인으로서 한 사람의 몫을 다하고 있는 제자들을 학교 현장에서 꾸준히 만나본 결과, 이제는 무조건 대학은 나오고 봐야 한다는 고정관념에서 벗어날 때가 됐다는 이야기를 하고 싶다. 생각을 바꾸면 취업의 문이 열린다.

6

명문대를 졸업한 무능인 VS 실력을 갖춘 인재

일본의 모 대기업에서 사원을 뽑았다. 많은 사람들이 면접을 보겠다고 몰려들었다. 그중 한 사람이 면접관 앞에 나섰다. 면접관이 물었다.

> 면접관: 우리 회사에 입사하려는 이유가 뭔가요?
>
> 응시자: 저는 동경대에서 경영학을 전공했습니다.
>
> 면접관: 그러니까 우리 회사에 들어오려는 이유가 있을 거 아닙니까?

응시자: 저는 동.경.대. 경영학과를 전공했단 말입니다.

면접관: 흠, 그럼 우리 회사에서 어떤 일을 하고 싶나요?

응시자: 저는 동경대 경영학과를 나왔단 말입니다.

면접관: …….

이 응시자는 합격했을까? 여러분은 어떻게 생각하는지 궁금하다. 이 이야기는 잘 만들어진 유머일 것이다. 그렇다고 아무런 근거 없이 만들어진 이야기는 아닐 것이다. 어쩐지 우리 현실과도 어느 정도 맞아떨어지는 이야기라 참 씁쓸하게 느껴진다.

회사에 입사하겠다며 응시하는 사람들 중에 그 회사가 어떤 회사인지조차 모르고 가는 경우가 있을까 싶지만, 면접관들의 이야기를 들어 보면 그런 사람들도 있다고 한다. 그러나 자신이 가진 학벌이면 어디든 들어갈 수 있다는 자신감은 이제는 구시대의 유물과 같은 것이라고 말해주고 싶다.

2010년 3월 10일 고려대학교에 대자보가 붙었다. 고대 경영학과 김예슬 양이 학교를 자퇴하며 붙인 글 속에는 본인의 심정과 현 세대의 아픔이 녹아 있다. 피를 토하는 심정으로 썼겠구나 싶어 읽는 내 마음도 참 많이 안타까웠다.

한창 피어나는 젊음으로 자신의 꿈을 펼칠 기회의 장인 대학, 우리 시절의 대학이란 꿈의 집합체라고 할 수 있었다. 청춘이 있고, 토론이 있고, 자유가 있고, 의지할 친구가 있고, 그 안에 진정한 삶이 있었다. 물론 오늘날 젊은이들도 그런 심정으로 대학에 들어갈 것이다. 그런데 사회가 급변하면서 교육열이 과열되고 왜곡되어 대학에서 꿈도 친구도 삶도 찾지 못하는 청춘들이 늘어가는 느낌이다. 여기 그 청춘의 절망을 속 깊이 보여준 김예슬 양의 대자보 내용의 일부를 느린걸음이 정리한 《김예슬 선언》의 내용을 참고해 소개한다.

오늘 나는 대학을 그만 둔다. 아니, 거부한다!

G세대로 '빛나거나' 88만원 세대로 '빛내거나',

그 양극화의 틈새에서 불안한 줄타기를 하는 20대.

그저 무언가 잘못된 것 같지만 어쩔 수 없다는 불안과 좌절감에

앞만 보고 달려야 하는 20대.

그 20대의 한 가운데에서

다른 길은 이것밖에 없다는 마지막 남은 믿음으로.

…

교육이 문제다, 대학이 문제다 라고 말하는

생각 있는 이들조차 우리에게 이렇게 말한다.

"성공해서 세상을 바꾸는 '룰러'가 되어라",

"네가 하고 싶은 것을 해. 나는 너를 응원한다",

"너희의 권리를 주장해. 짱돌이라도 들고 나서!"

그리고 칼날처럼 덧붙여지는 한 줄,

"그래도 대학은 나와야지"

그 결과가 무엇인지는 모두가 알고 있으면서도.

...

자유의 대가로 나는 길을 잃을 것이고

도전에 부딪힐 것이고 상처 받을 것이다.

그러나 그것만이 삶이기에, 삶의 목적인 삶 그 자체를

지금 바로 살기 위해 나는 탈주하고 저항하련다.

생각한 대로 말하고, 말한 대로 행동하고,

행동한 대로 살아내겠다는 용기를 내련다.

학비 마련을 위해 고된 노동을 하고 계신 부모님이 눈앞을 가린다.

'죄송합니다, 이때를 잃어버리면 평생 나를 찾지 못하고 살 것만 같습니다.' 많은 말들을 눈물로 삼키며 봄이 오는 하늘을 향해 깊고 크게 숨을 쉰다.

이제 대학과 자본의 이 거대한 탑에서 내 몫의 돌멩이 하나가 빠진다.

탑은 끄덕없을 것이다. 그러나 작지만 균열은 시작되었다. 동시에 대학을 버리고 진정한 大學生의 첫 발을 내딛는 한 인간이 태어난다. 이제 내가 거부한 것들과의 다음 싸움을 앞에 두고 나는 말한다.

그래, "누가 더 강한지는 두고 볼 일이다."

2010년 3월 10일 김예슬

여러분은 김예슬 양의 글에서 무엇을 보았는가? 나는 뒤늦게 자신의 진로를 고민하는 아픈 청춘을 보았다. 그리고 생각한 대로 말하고, 말한 대로 행동하고, 행동한 대로 살아낼 용기를 가진 당찬 영혼도 보았다.

　전국의 수많은 인재들이 각고의 노력 끝에 들어가는 명문대, 그곳에 들어가기까지 참으로 많은 학생들이 엄청난 경쟁을 한다. 명문대에 들어간 사람들은 인재임에 분명하다. 그러나 지금의 사회 시스템을 만든 우리의 고정관념과 왜곡된 교육열이 이들을 창의성도 없고, 협력도 모르고, 스스로 인생도 결정하지 못하는 무능한 사람으로 만들고 있는 것은 아닌지 점검해보아야 할 시기다. 이런 온당하지 않은 시스템과 국민의 인식, 그리고 학생 자신이 바뀌지 않는 한, 무능한 명문대생은 계속 수를 늘려갈 것이다.

7

대2병, 성적에 맞춰 대학에 가고 대학에서 방황하는 학생들

질풍노도의 시기라서 럭비공처럼 어디로 튈지 모르고 한편으로는 예전보다 더 과격해지고 허세도 부리는 10대 사춘기 청소년들의 심리적 상태를 지칭하는 '중2병'이라는 표현이 있다. 한동안 중2병에 대한 농담이 유행하기도 했다. 북한에서 남침을 못 하는 이유가 중학교 2학년생을 무서워하기 때문이라는 것이다. 그런데 이제는 '대2병'이란다. 적성과 희망을 접고 타의에 따라 무조건 대학을 가야 한다는 생각으로 입시에만 매달려 겨우겨우 대학을 들어갔는

당신은 대2병인가요?

네 64.6%

43.3% 1학년
74.7% 2학년
75.3% 3학년
69.7% 4학년

'대2병'을 앓는 대학생들이 속출하고 있다.

자료: 잡코리아×알바몬 설문조사(2019)

데, 고등학교 시절과 별 다를 바 없는 생활을 하다 전공이 시작되는 2학년이 되면 과연 이 전공으로 사회에 나가 직업을 가질 수 있을까 하는 고민에 빠지는 것이다. 더불어 선배 졸업생들이 겪는 취업의 어려움을 간접적으로 체험하면서 우울함을 느끼기도 한다.

자기 인생과 진로에 대해 고민하고 방황하는 과정 자체가 의미 있는 시절이 있다. 바로 중·고교 시절이다. 이때는 어린이가 사춘기로 들어가면서 정체성과 자기 미래에 관해 충분히 고민해야 할 시기다. 그러나 예전과 달리 아이들에겐 그러한 고민을 할 여유가 없다. 부모들도 괜히 마음만 급해져서 아이에게 일단 대학에 붙은 다음 나중에 생각하라며 공부를 독촉한다. 대학 진학을 목표로 세우고 마치 성지순례 하듯 온종일 학원을 돌며 '바쁘다 바빠'를 연발한다. 그렇게 수년을 보내고 운이 좋으면 원하는 대학에 들어간다. 처음엔 세상을 다 얻은 기분을 느낄지도 모르겠다.

그런데 막상 입시라는 목표를 통과하고 들어선 대학생활은 상상과는 전혀 다르게 다가온다. 그럴 수밖에 없다. 자기 생각 없이 점수에 맞춰 혹은 부모가 가라고 해서 선택한 학과가 적성에 맞으면 다행이지만, 그렇지 않은 경우에는 자신이 왜 이걸 공부해야 하는지에 대한 고민과 방황이 시작되기 때문이다. 무조건 대학부터 붙고 보자며 제대로 조언해주지 않았던 선배나 형, 누나 등에 대한 원망도 시작된다. 그러면서 던지게 되는 불만 섞인 질문 하나가 바로 이것이다.

"도대체 내가 하고 싶은 건 언제 할 수 있는 거야? 그리고 이제 도대체 뭘 해야 하는데?"

그런데 돌아오는 대답은 이제 너도 대학생이니 알아서 하라는 것이다. 그야말로 황당하기 짝이 없는 대답이다. 갑자기 뭘 어떻게 알아서 하라는 걸까? 해본 적이 없는데?

내게 이런 질문을 하는 학생들에게 나는 묻고 싶다.

"도대체 뭘 하고 싶은데?"

내가 고등학교 3학년이던 시절의 일이 기억난다. 우리 학교는 고3이 되어 진로에 대한 고민이 절정에 달하는 시기에 선배들이 후배들을 보러 와주곤 했다. 내가 고3일 때에도 역시 선배들이 와주었고 길지는 않지만 교실에서 만남이 이뤄졌다.

후배와의 만남에 선뜻 와준 선배들은 이미 대학에 진학했거나 아니면 진학했다가 그만두고 재수를 선택해 대학을 다시 들어간 이들이다. 내가 특별히 기억하는 조언이 있다. 경희대 의대를 들어갔던 선배로 기억한다. 선배는 2년도 안 돼 학교를 그만두었다. 학교에 들어가 보니 자기가 생각했던 학과가 아니었다고 했다. 막연하게 생각했던 것과는 공부할 내용도 대학생활도 많이 달라서 1학년 내내 고민하다가 결국 재수해서 전혀 다른 대학, 다른 학과에 진학했다고 한다.

어른들의 조언대로 무조건 의대를 들어간 탓이었다. 그러나 인생이란 누가 대신 살아주는 것이 아니라는 사실을 뒤늦게 깨닫고는 거의 1년을 방황하다가 과감히 새로 시작했다고 한다. 그러면서 선배가 한 말이 있다.

"대학 간판? 그거 '학과'만큼 중요한 거 아니다. 학과를 잘 선택해야 해."

아마도 선배도 대2병을 앓은 것 같다. 시행착오를 하는 사이 약 2년을 허비했지만 그래도 멋지게 극복했고, 그 경험을 후배들을 위해 아낌없이 나누어준 것이다. 덕분에 나는 진학할 과를 아주 신중하게 선택할 수 있었다.

중학교와 고등학교를 거치는 동안 자기 인생과 진로에 대한 고민과 방황을 비켜간 사람들은 나중에 한 번쯤은 그 시간을 마주할 수밖에는 없을 것이다. 특히 대학 시절 전공에 따라 취업을 하고 평생 그 기술이나 업※을 가지고 생활을 엮어가야 한다는 각성이 생기는 대학교 2학년이 되면 취업에 대한 고민과 더불어 인생고민이라는 이자까지 붙여서 하게 될지도 모른다.

중학교 시절 펑펑 놀다가 특성화고에 간 친구가 대2병으로 괴로움에 빠져 있는 자신을 찾아와 취업했다며 선뜻 밥값도 내면서 같이 걱정이라도 해주면 때늦은 후회로 더는 친구를 만나기가 어려워진다. 내가 얘보다 못한 게 하나도 없었는데 왜 지금은 밥값조차 줄여가며 영문 모를 스펙을 쌓아야 하는지, 매달 월세 때문에 부모님 눈치를 봐야 하는지, 공부하기도 바쁜데 아르바이트 하느라 왜 정신없이 지내야 하는지 생각하게 되면 은근히 울화가 터지기 시작한다. 친구가 연봉이 3500이 되네, 못 되네 할 때면 속으로 내 인생은 왜 이리 꼬였나 생각하며 이를 앙다물게 된다. 과연 어디서부터 잘못된 것일까? 도움을 받을 수 있는 곳이 정말 없는 걸까?

적절한 진로의 선택에 어려움을 겪는 청소년의 고민을 덜어주고자 2012년부터 전국의 고등학교와 중학교에 진로교사가 배치되었다. 진로에 대한 고민만큼은 전문가에게 털어놓고 자신의 인생을 행복하게 해줄 길을 찾기 위해 진지하게 탐색하는 시간을 가지라고 권하고 싶다. 학교에 진로교사가 있는 이유는 위의 예처럼 학생들이 때늦게 고민하는 걸 조금이라도 줄여보고자 함이요, 학생들이 적성에 맞게 진로를 선택하고 꿈을 향해 잘 나아갈 수 있도록 도와주기 위함이다.

그러나 현장에서 진로교사로 활동하다 보면 학부모와 학생들의 고정관념을 깨기가 쉽지 않다는 사실을 절감한다. 나는 지금 대학을 가지 말라고 얘기하는 게 아니다. 부모라면 누구나 자식만큼은 남부럽지 않게 가르치고 싶어 한다. 그런 욕구를 충분히 이해한다. 하지만 대학만을 고집하는 좁은 선택이 오히려 자식에게 독毒이 되는 경우가 많은 시대에 살고 있음을 인지해야 한다는 얘기를 하고 싶은 것이다.

아이들이 행복한 삶을 살 수 있도록 어른들이 큰 방향을 제시하는 역할을 적절히 해주어야 한다. 망망대해 같은 세상일지라도 인생이라는 배를 저어나가는 것은 전적으로 사공이 되어야 하는 자식의 몫이다. 부모, 교사, 그리고 주변인이 할 수 있는 역할은 노를 대신 저어주는 것이 아니다. 북극성처럼 때로는 등대처럼 방향을 제시해주는 역할이다.

학부모로서 아이에게 방향을 제대로 제시해주고 싶다면? 주변에서 활용할 수 있는 진로 전문가에게 도움을 청하는 것도 아주 좋은 방법이다. 이미 학교에 배치된 진로진학상담교사가 있다. 자주 만나서 소통하기 바란다.

8

사회가 직업의 시대로 바뀌었음을 뒤늦게 깨닫는 루저들!

대학만 나오면 취업이 되던 시절이 있었다. 1980년대와 1990년대 초까지 그랬던 것으로 기억한다. 그 시절엔 대학도 많지 않고 들어가기도 참 어려웠다. 지금은? 물론 수도권 중에서도 '인IN서울'은 쉽지 않다. 그러나 전국적으로는 고교 꼴찌도 대학을 갈 수 있는 세상이다. 그렇기에 1990년대 초까지 대학생들에 대한 인식과 지금 대학생들에 대한 사회적 인식도 많이 변했다. 이처럼 세상이 변했다는 것을 학부모도 인정해야 한다.

과거 조선시대 때 의원이라는 직업은 중인들이 많이 했다. 양반은 아니었다. 당연히 대접은 양반만 못했을 것이다. 그런데 현대사회에서 의사란 직업이 어떻게 바뀌었는가? 어디어디 병원장이라고 명함을 내밀거나 소개를 하면 "오~ 대단한 분이시네요." 하고 조금은 우러러보는 경향마저 없지 않다.

신분으로 대접받던 세상에서 직업으로 평가받는 세상으로 변한 것이다. 시간이 가면 세상도 변한다. 그러니 학부모와 학생들의 생각도 바뀌어야 할 때다. 미래는 늘 그래왔듯이 변화를 인정하고 받아들이는 사람이 만든다.

2017년 3월 13일부터 3월 21일까지 EBS〈다큐프라임〉이라는 프로그램이 '글로벌 인재전쟁'에 대한 내용을 5부에 걸쳐 시리즈로 내보냈다. 특히 중국의 성장에 주목하면서 중국의 1인 창업에 관한 내용에 많은 시간을 할애한 것을 보았다. 창업에 실패할 기회를 부여하는 중국이 무섭게 미국을 따라잡고 있었다. 반면 지금 한국에서는 청년창업이란 패자부활전이 없는 전쟁터로 청년들을 내몰고만 있다.

세상엔 3차 산업혁명 내지는 4차 산업혁명처럼 아주 커다란 흐름이란 것이 있다. 우리나라도 거기서 비켜갈 방법은 없다. 이런 흐름을 반영하는 객관적 자료 중의 하나가 바로 통계자료다. 우리나라 졸업생 취업현황에 대한 교육통계서비스의 자료를 찾아보면 창업을 중시하는 분위기가 조금씩 보인다. 2010년도까지 인문계열, 사회계열, 교육계열, 공학계열, 자연계열, 의약계열, 예체능계열 졸업자, 취업대상자, 취업자, 취업률로만 뭉뚱그려 제시하던 취업통계를, 2011년도부터는 대계열 취업현황에서 계열별로 직장건보가입자, 교내취업자, 해외취업자, 영농업종사자, 개인창작활동 종사자, 1인 창(사)업자, 프리랜서로 구분해서 통계를 내고 있다. 앞으로의 세계는 이처럼 창의성과 도전의식을 가진 1인 창업, 창작이 대세임을 알아야 한다.

그런데 우리나라의 경우 개인창작활동 종사자와 1인 창(사)업자, 그리고 프리랜서 수의 증가를 2011년도와 2015년도의 통계자료를 놓고 비교해보면 취업률은 비슷한데, 개인창작활동 종사자는 3배 정도 늘어난 반면 1인 창(사)업자는 오히려 줄어든 사실을 확인할 수 있다. 그만큼 창업이 쉽지 않음을 방증한다.

한국의 경우 창업이란 실패를 전제로 하는 도전이라 말해도 과언이 아닐 정도로 쉽지 않다. 중국의 경우에는 창업에 실패해도 세 번의 재도전 기회가 주어지는 반면 한국의 경우엔 단 한 번만 실패해도 다시 도전할 엄두를 낼 수 없는 현실이다.

2021년 2월 9일자 《아시아경제》에 〈코로나19에 '2030' 치킨 창업 몰렸다…bhc, 창업자 절반 '2030'〉이라는 깜짝 놀랄 제목의 기사가 실렸다. bhc치킨이 지난해 신규 매장을 오픈하기 위해 교육과정 수료자를 분석했더니 2030세대 비중이 48퍼센트를 차지했다는 내용이다. 2014년 전체 교육 수료자 중 2030세대 비중은 21퍼센트였는데, 2016년엔 30퍼센트, 2018년엔 35퍼센트로 청년 창업이 꾸준히 증가하는 추세를 보였다고 한다. 그러다 2020년에 처음으로

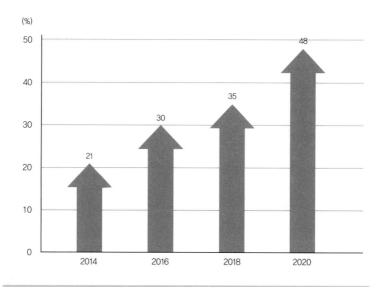

(%)

2020년 bhc치킨 창업자의 절반이 2030세대였다.

자료: bhc, 《뉴스1》

48퍼센트를 차지해 최고치를 기록했단다.

20대와 30대를 구분해보면 2020년 교육 수료자 중 30대 비중이 26퍼센트, 20대 비중이 22퍼센트로 30대가 조금 더 많은 편이다. 하지만 좀 더 긴 시간의 흐름 속에서 통계를 살펴볼 필요가 있다. 2014년과 비교할 경우 30대 비중은 약 7퍼센트 증가해 완만한 증가세를 보인 반면 2014년 당시 2.4퍼센트에 불과했던 20대 비중은 7년 사이에 무려 열 배 가까이 증가했다. 기사는 상대적으로 창업에 관심이 없었던 20대가 급격히 늘어나면서 청년 창업을 주도한 것으로 해석하고 있다.

전통적으로 치킨집은 은퇴자인 중장년층이 주로 선택하는 창업 아이템이었다. 자극적인 기사 제목만 보면 코로나 불황 때문에 치킨 창업에 갑자기 젊은이가 몰린 것처럼 오해할 수 있으나 사실 2030세대의 치킨 창업은 2014년부터 꾸준히 늘어난 사회적 흐름임을 알 수 있다. 2014년 농림축산식품부와 통계청 자료를 봐도 이를 확인할 수 있다. 특별한 기술이 없어도 비교적 창업이 쉬운 외식업으로 취업난에 시달린 2030세대가 가세하면서 인구 79명당 한 개 꼴로 외식업체가 늘어났기 때문이다. 외식업체가 인구에 비해 너무 많아지니 수익률은 당연히 떨어지고 버틸 수 없는 외식업체가 망하는 악순환이 반복될 수밖에 없다.

이런 암울한 상황을 이야기하면 "그래서 결국 우리나라에서 '창업'은 안 된다는 이야기잖아?" 하고 반문하는 분도 있을 수 있겠다. 하지만 내 생각은 다르다. 요즘 청년 취업률이 그다지 좋지 않다는 것은 누구나 아는 사실이다. 대학졸업자의 경우 정규직과 비정규직을 모두 포함해도 취업률 60퍼센트 달성이 어려운 현실이다.

대학생들도 잘 안다. 졸업과 동시에 취업하기란 정말 어렵고, 보통 2년은 준비하며 기다려야 취업이 된다는 사실을. 하지만 2년이나 취업처를 찾으면 후배들한테 또 밀려나게 된다. 그렇게 시간이 지날수록 자신이 설 자리가 없다는 것을 절감하게 된다. 남학생의 경우 군복무와 통상 1~2년의 휴학 기간 등을 합하면 나이 서른을 향해 가는데 할 줄 아는 게 책 보는 것 외엔 없다는 사실을 그제야 깨닫게 된다.

부모 눈치 보면서 백수로 생활하는 것도 한계가 있다. 그때가 되면 다들 하는 생각이 있다. '나가서 장사라도 해야 하나?' 하지만 수중에 모아놓은 돈이 없다는 사실을 깨닫는다. 그러면 이런 생각에 도달한다. '에이, 대학 가느니 그 돈을 모아두었으면 지금 장사라도 할 텐데.'

이처럼 끝까지 몰린 상황에서 결국 선택하는 게 대부분 알바다. 그런데 그 알바조차 쉽지 않다는 게 문제다. 알바를 하면서 얻는 수입만으로 살기에 우리나라의 상황은 여의치 않다. 때문에 알바를 하면서 국가가 지원한다는 각종 교육 관련 정보들도 찾아보게 된다. 혹시 내가 아직 할 수 있는 게 있나 해서. 더 나이가 들면 알바마저 하기 힘든 때가 온다는 것을 누구보다 잘 알기 때문이다.

너무 부정적인 이야기만 한다고 생각할 수도 있겠다. 하지만 아직 진로를 선택하지 않은 학생이라면 앞으로 자신의 인생에 일어날 수 있는 일을 한번쯤은 깊이 생각해보고 판단해야 한다고 생각한다. 우리가 독서를 하고 신문과 방송을 보고 각종 미디어를 들여다보면서 끊임없이 시대의 흐름을 살펴야 하는 이유도 여기에 있다.

9

명문대를 들어가는 이유가
졸업 후 직업 때문이라지만

동창회에 참석하면 가끔 듣게 되는 뉴스 중 하나는 누구
네 자식이 어느 대학에 들어갔네, 누구네 큰아들이 대기업에 입사했
네 하는 것이다. 그럴 때 누구네 자식이 '인서울' 했다는 이야기가 나
오면 "아휴, 그러니 얼마나 좋아?" 하면서 이 사람 저 사람이 축하의
인사말을 던지면 축하받는 학부모는 미소가 양쪽 귀에까지 걸리는
모습을 보곤 한다. 특히 서울대나 카이스트, 포항공대 등에 합격한
자녀를 둔 학부모는 한동안 입을 다물질 못한다.

자녀를 명문대에 보내고 싶어 하는 이유가 대체 뭘까? 남보다 잘 먹고 잘 살고 싶은 마음이 앞서기 때문인 경우가 대부분일 것이다. 나이 지긋한 분들은 대학을 목표로 책상 앞에 붙어 앉아 '필승'을 다지며 공부한 시절이 있었음을 추억처럼 말하곤 한다. 돌아보면 나도 남들보다 잘나 보이고 싶다는 이유로 명문대에 가고 싶어 했다. 속담에 '이왕이면 다홍치마'라는 말도 있듯이 기회가 온다면 당연히 그런 생각을 할 수 있다고 본다.

내가 학창 시절일 때 학생들이 명문대를 고집했던 이유는 하나다. 삼성이나 현대 같은 대기업이나 외국계 회사, 대형증권사나 은행 같은 금융업 계통, 그리고 의사나 변호사 같은 고소득의 전문직에 취업하기 쉽다는 생각 때문이었다. 1990년대 초까지는 그런 이유로 대학에 참 많이들 갔다. 그러나 이제는 그것도 지나간 추억일 뿐이다.

2015년 12월 20일자 '내일신문'이라는 네이버 블로그에 일산 고등부 수학전문학원인 베리타스룩스메의 최재용 원장의 글이 실렸다. 최 원장은 서울대를 졸업하고 25년간 대입 수학 지도를 맡고 있는 그 분야 전문가다. 그는 우리가 선호하는 대기업이나 공기업, 금융업 그리고 고소득 전문직같이 좋은 직장에 신규로 취업하는 인원이 매년 2만 명 정도라고 말한다. 매년 대학졸업자가 54만 명 정도인데(2012년 전국 대학의 신입생 충원율은 92.1퍼센트였으나 2022년에는 87.6퍼센트로 낮아졌다. 2022년 전국 대학은 모집인원 57만 9314명 중 7만 1667명을 선발하지 못했다. 학령인구 감소가 주요한 원인이다.) 그중 4퍼센트도 채 안 되는 약 3.7퍼센트 정도만이 이런 꿈의 직장에 취업이 된다는 얘기다. 여러분은 이 3.7퍼센트가 다 명문대 출신이라고 생각하는가?

최재용 원장은 명문대에 입학하는 재수생과 과학고, 외국어고 등 특목고를 제외하면 대략 1개의 일반 고등학교 졸업생 가운데 7명만이 명문대를 가고, 중학교부터 따져보면 1개의 중학교 중 전교에서 6명만이 명문대에 입학하는 꼴이라고 밝혔다. 여기서 명문대는 서울에 있는 11개 명문대 인기학과와 카이스트, 포항공대 등 특수목적 대학과 전국의 의대, 치대 그리고 한의대를 말한다.

나는 이 자료에 한 가지를 보태어 말하고 싶다. 1개 중학교에서 6명, 1개 일반 고등학교에서 7명이 명문대에 입학한다 한들, 꿈의 직장으로 취업할 확률은 거기서 절반 수준에 불과하다고 말이다.

이렇게 좁은 문으로 굳이 들어가야 하는 이유가 뭘까? 공부에 절실한 이유가 있는 학생이라면 말릴 이유는 없다. 하지만 명문대를 그저 취업을 위한 일종의 관문으로 생각하는 학생이라면 다음 표를 보고 자신을 점검해보라고 권하고 싶다.

단계를 따라 점검하면서 선택한 진로가 과연 자신에게 맞는 것인지 그리고 훗날 어떤 결과를 맞이하더라도 부모나 주변인을 원망하거나 후회를 남기게 되지는 않겠는지 고심해보는 시간이 필요하다.

살다 보면 자신의 새로운 면을 발견해 진로를 바꾸게 되는 경우가 있다. 그렇지만 그조차도 본인의 의지로 이루어져야 후회가 없고 남을 원망하는 일도 없게 된다. 우리 인생에서 중요한 선택은 결국 자신의 몫이다. 그리고 어떤 결정을 하든 과연 자신이 행복할 수 있는지가 기준이 되어야 할 것이다.

단계	점검 사항	고민 사례
1	내가 왜 이렇게까지 공부를 하지?	하루 10시간씩 학교와 학원을 다니면서 수학과 영어 점수를 높이려 애쓴 이유가 뭐더라?
2	이렇게 공부해서 내가 이루고 싶은 목표는 뭐지?	아, 의대를 가려고 했지. 그래 서울대 의대, 그게 내 목표였어…. 아니다, 부모님이 원하는 거지.
3	나는 내가 이루려는 목표를 제대로 알고 있는 걸까?	그런데 지금 내 실력으로 될까? 전혀 안 되잖아? 자료를 찾아보자. 지금의 내 실력으로는 ○○대 의대는 가능한데, 서울 쪽은 어림도 없어.
4	목표로 다가갈 수 있는 방법은 확인했나?	이제 몇 개월 안 남았잖아? 서울은 일단 보류하자. ○○대 아니면 ○○대 ○○ 캠퍼스를 목표로 조정해보자.
5	그 목표를 이룬 다음에 뭘 할 건데?	근데 일단 의대를 들어가도 6년간 대학을 다녀야 하고, 나와도 인턴 1년에 레지던트 4년, 그리고 바로 전문의를 따면 몇 살이지? 그러고 나면 요즘 같은 세상에 개업이 가능할까? 부모님도 그만한 재산은 없으시잖아? 그럼, 대학병원에 남아야 하는데, 대인관계 능력이 좋은 것도 아닌데, 그 긴 기간 동안 잘 지낼 수 있을까? 대학병원에 과연 남을 수 있을까? 의사들 세계는 선후배 관계가 무섭다던데, 어쩌지?
6	과연 이 목표를 이룬 후에 나는 행복할까?	가만, 그런데 나는 피 보는 거 싫은데. 진료실 의자에만 앉아서 계속 환자를 봐야 한다고? 난 로봇 조립이 정말 좋은데…. 이거 정말 후회할 선택을 하는 건 아닐까?

목표 점검 방법과 사례

직업의 시대, '진짜 공부'를 하라

1

지금 필요한 건 국영수가 아니라
직업을 위한 '진짜 공부'다

내가 국민학교(지금의 초등학교)를 다니던 시절 TV는 참으로 보기 어려운 물건이었다. 그 당시는 TV란 용어 자체가 낯설었다. 텔레비전이라고만 불렀다. 우리나라에 TV가 처음 등장한 것은 1954년이다. 방송국이 처음 생긴 시기는 1956년이라고 알고 있다. 내가 처음으로 TV를 접한 건 1970년대 후반쯤이었고, 처음 본 방송이 〈쑈쑈쑈〉라는 노래 프로그램이었다.

그 당시 TV는 방영 프로그램이 지금처럼 다양하지도 않아 기껏

해야 뉴스, 주말의 명화(전부 미국영화였다), 그리고 만화와 드라마 정도였다. 드라마는 지금처럼 다양하지 않았을 뿐만 아니라 방영 시간마저 짧았다. 〈요괴인간〉이나 〈황금박쥐〉 같은 만화 정도와 노래 프로그램, 〈웃으면 복이 와요〉 같은 코미디 프로그램 정도였던 것으로 기억한다. 그 시절 어린 우리에게 오락거리나 놀이라고는 TV 보다는 말방치기, 제기차기, 술래잡기, 말뚝박기, 축구 등 온 동네를 헤집고 다니며 뛰어노는 놀이와 돈이 좀 필요한 만화책방 정도였다.

학교에서 중간고사 등 시험이라도 보려면 학교마다 있던 등사실에 맡겨 시험문제를 한 장씩 롤러로 밀어 찍어내야 하는 시절이었다. 지금의 복사기처럼 빠르게 일을 처리할 수가 없었다.

일명 '가리방'으로 불리기도 했던 등사기는 시험지 등 학교 유인물을 인쇄하는 데 필요한 필수품이었다. 철필로 긁어 글씨를 쓴 등사용지 한 장이면 약 500장의 인쇄물을 제작할 수 있었다.

자료: 서울시립대학교 소장

왜 갑자기 곰팡내 나는 시절의 이야기를 꺼내는지 의아해할지도 모르겠다. 그때나 지금이나 사람들은 미래가 과연 어떤 사회로 변할지 상상하곤 했다. 이젠 원로 만화가가 된 이정문 화백이 1965년에 35년 후인 2000년대를 상상하면서 그린 그림을 한번 살펴보자.

소름끼치지 않는가? '만화가가 예언자도 아닌데 이렇게 정확하게

이정문 화백 作, 〈서기 2000년대의 생활의 이모저모〉(1965)

자료: 《2045 미래사회@인터넷》, 한국인터넷진흥원

미래를 그려내다니!' 하면서 감탄하게 되지 않은가? 태양열주택, 청소로봇, 전자신문, 전기자동차, 원격강의, 화상통화 등등 달나라로 수학여행 가는 것을 제외하면 거의 다 현실이 되었다.

이제 2014년에 한국인터넷진흥원에서 예상한 2045년의 미래 모습을 한번 살펴보자.

〈서기 2045년 미래사회 모습〉

자료: 《2045 미래사회@인터넷》, 한국인터넷진흥원

여러분은 이 그림을 보면 어떤 생각이 드는가? 나는 미래의 모습이라고 하기에는 식상하다는 느낌마저 들었다. 2014년에서 불과 3년 만에 사물인터넷, 3D프린터, 빅데이터, 간호로봇 등이 주요한 키워드로 부각되고 있는 것이 현실이다. '이미 3D프린터로 옷, 음식, 집까지도 만들 수 있는 세상이니 앞으로는 엄청나게 발전하지 않겠어?' 하는 생각마저 든다.

미래 세상이 달라지는 게 글의 주제와 무슨 연관이 있느냐고 묻고 싶은 사람이 있을지 모르겠다. 그렇다면 앞서 소개한 두 그림을 다시 한번 들여다보기 바란다. 그리고 그림을 통해 발전할 사업과 나타날 직업들을 찾아서 비교해보라.

1965년에 그린 그림을 보면 오늘날과 용어만 조금씩 다를 뿐 스마트폰, 청소로봇과 가사도우미로봇, 요리와 공부 관련 소프트웨어 등등 지금 우리 사회에 존재하는 관련 기업들과 직업들이 그림 한 장 안에 표현되어 있다.

이런 방식으로 2014년에 그린 그림을 보면 2045년대까지 생기고 가장 많이 퍼질 직업이 대충 보인다. 태양열에너지와 재생에너지 사업, 가정과 의료, 산업현장과 군대에 사용될 로봇, 교육용 홀로그램이나 광범위한 데이터 분석 시스템과 그에 따른 개인별 맞춤형 광고사업, 친환경 교통 관련 사업 등이 발전할 것이라고 어렵지 않게 예상할 수 있다. 아울러 예견된 분야에서 사람이 필요하게 될 것이라고 예측할 수 있게 된다.

앞으로 로봇이 잘할 일은 당연히 로봇이 일임하게 될 것이다. 어쩌면 미래 사회에서 인간에게 단순 노동과 관련된 일은 직업이 될수 없을지도 모르겠다. 지금은 인공지능에 대한 막연한 두려움 때문에 인간이 로봇과 일자리를 놓고 경쟁하게 되는 것은 아닐까 불안해하는 사람들도 있을 것이다. 그렇다면 오히려 미래 사회에서 인간은 로봇이나 인공지능과 경쟁하기보다 인간 특유의 감성을 극대화하는 일을 직업으로 선택하면 되지 않을까? 협업, 공감 등과 관계된 직업은 인간과 인간 사이의 친밀감과 신뢰를 바탕으로 한다. 그러니 미래에는 공감, 배려가 아주 중요한 능력으로 부각될 것이다.

그런데 이런 거대한 변화의 흐름을 학교도 학부모도 그리고 학생들도 아직 제대로 느끼지 못하고 있는 것 같다. 자식을 일단 대학에 넣고 보자 하는 식의 생각을 가진 학부모들은 아이의 인성적인 면을 중요하게 생각하지 못하고 미뤄두게 된다. 하지만 인성이란 그 형성 시기를 놓치면 대인관계와 사회적응에 심각한 문제를 야기하기 쉽다. 그러니 앞으로는 인성이 힘이요, 능력이 되는 시대가 될 것이다.

로버트 풀검Robert Fulghum이 쓴 《내가 정말 알아야 할 모든 것은 유치원에서 배웠다》라는 책을 잠시 살펴보자. 그는 어떻게 살 것인가, 무엇을 할 것인가, 어떤 사람이 될 것인가에 관해 내가 정말 알아야 할 모든 것을 유치원에서 배웠다고 했다. 그의 말처럼 일상생활에서 정말 알아야 할 정직, 신뢰, 배려, 공감, 책임감, 예절 등 인성과 관계된 것은 어린이집과 유치원에서 다 배운다. 초등학교의 교육기간은 이를 심화하는 과정에 다름 아니다.

중학교와 고등학교에서는 자신의 적성을 찾고, 어떤 인생을 살면 좋을까를 고민하는 과정이어야 한다. 진학이 목적이 아닌 미래의 직업을 잘 선택하기 위한 '진로 찾기'야말로 진정한 공부가 아닐까? 그렇다면 직업과 관련된 진로를 어떻게 찾아야 할까? 앞서 제시된 그림처럼 아직 생겨나지도 않은 직업을 위해 내가 할 수 있는 진짜 공부는 무엇일까?

첫째, 자신의 강점과 흥미를 찾는 것이다. 즉 잘하는 것과 하고 싶은 일을 찾는 것이다. 이 두 가지는 일치할 수도 있고, 그렇지 않을 수도 있다. 스스로 파악하기 어렵다면 검사도구를 활용하는 것도 하나의 방법이다. 다중지능검사 같은 훌륭한 도구가 많이 있다. '다중지능'은 하버드 대학교 심리학과 교수인 하워드 가드너Howard Gardner가 1983년 그의 저서 《정신의 구조: 다중지능 이론》에서 처음 언급한 개념이다. 논리·수학적 지능을 측정하는 기존의 IQ검사와 달리 다중지능은 음악적 지능, 신체운동지능, 논리·수학적 지능, 언어적 지능, 공간적 지능, 대인관계 지능, 자기이해 지능, 자연친화 지능 등을 말한다. 인간은 하나의 능력으로 재단할 수 없는 복잡한 존재다. 어떤 면에서 강점이 있는지 파악하는 데 다중지능 검사가 도움이 될 수 있다.

둘째, 다양한 현장을 체험하는 것이다. 직접 체험하기 어렵다면 '독서'로 보완하면 된다. 앞으로 사회가 어떻게 변할지 미래 사회를 예측하는 책, 인터넷, 미디어 자료를 찾아보고 활용하기 바란다. 가까운 곳은 직접 찾아가서 경험해보는 것이 좋다. 현실적인 한계는 시사·교양 다큐멘터리나 〈명견만리〉 같은 방송 프로그램, 그리고 관련 서적을 탐독해 보완하는 것도 좋겠다. 인터넷도 좋은 정보 탐색의 도구다. 깊은 정보를 단시간에 습득하는 데 도움이 되는 책과 보완하여 사용한다면 방대한 지식을 습득하는 데 도움이 될 것이다.

나는 특히 독서를 통한 간접경험을 권하고 싶다. 독서는 지식적인 면에서 경험치를 올려주는 데 그치지 않고, 글을 읽고 생각하는 과정 중에 분별력, 판단력, 창의력, 문제해결능력까지도 높여준다. 오늘날 선진국이 선진국으로 인정받을 수 있었던 힘은 사람들의 꾸준한 독서와 이를 통해 쌓은 다양한 문화적 역량 덕분일 것이다. 새로운 미디어 기술이 하루하루 쏟아지지만 독서야말로 여러분의 인생에 등불이 되어줄 황금 알을 낳는 습관이다.

셋째, 관심 분야를 찾았다면 몰입하는 것이다. 그러다 보면 사는 게 즐겁다고 느낄 것이다. 그렇게 인생을 재미있게 살자. 자신이 찾은 관심 분야가 자신이나 남에게 해를 끼치지 않는 것이라면 무엇이라도 무방하다. 일찌감치 진로를 잡은 학생은 관심사와 연관된 특성화고등학교로 진학하는 방법도 있다. 관심사와 진로는 잡았는데 이를 펼칠 학교가 없다면 SNS 같은 관계망을 통해 관심이 비슷한 사람끼리 모이는 것도 하나의 방법이다. 동호회나 스터디그룹을 형성해 관심사를 꾸준히 공유하고 가능성을 모색하다보면 길이 열릴 수 있다.

초등학교나 중학교 시절부터 관심 분야가 확고하다면 학교 내에서 동아리 활동을 통해 관심 분야를 발전시키는 것도 좋다. 비슷한 호기심과 관심을 가진 사람들끼리 모이면 의사소통 능력도 향상되고 협응능력도 길러질 뿐 아니라 문제해결력까지 겸해서 얻을 수 있다.

사람들 사이에서 의사소통능력과 협응능력 그리고 문제해결력이라는 세 가지 능력이 합해지면 '1+1+1=3'이 아니라 '3+α'라는, 기대 이상의 능력과 결과를 얻는 경우도 많다. 나는 미래에는 이 세 가지 능력이 꼭 필요하다고 본다.

2

스티브 잡스, 빌 게이츠,
마크 저커버그, 이들의 공통점은
대학 중퇴자

앞서 진짜 공부가 무엇인지에 대해 간략히 언급했다. 인류
의 역사를 살펴보면 아주 뛰어난 사람이라도 신분이라는 벽에 가로
막혀 가질 수 있는 직업에 한계가 있었다. 조선시대엔 대개 양반, 중
인, 상민, 천민이라는 신분질서에 따라 살았다. 백정은 백정으로, 농
민은 농민으로, 양반은 양반으로, 왕은 왕으로 사는 것을 당연하게
여겼다. 하지만 세상이 변한 지금 우리는 능력만 있으면 어떤 직업
이든 가질 수 있다고 믿는다.

그런데 최근 EBS 〈다큐프라임〉에서 방영한 '대학입시의 진실 6부작'은 우리 사회에서 계층을 고착화시키는 수단이 바로 '대학 입시'임을 노골적으로 말하고 있다. 아직 입시 준비에 발을 들이지 않은 학생이라도 '입시'라는 단어만 떠올리면 벌써 숨이 막히는 느낌을 받을 것이다. 30년 전에 경험한 나조차 입시라는 단어만 들으면 갑갑해지긴 마찬가지다. 그럼에도 왜 아직도 많은 학생들이 그 비좁은 문을 향해 머리를 들이밀려고 하는지 모르겠다. 세상은 변하고 있고, 그 변화하는 세상에서 더 이상 학력이나 자격증은 문제가 되지 않는다. 오히려 여러분이 진짜로 뭘 잘할 수 있느냐를 묻고 있다. 그러니 진짜 공부를 하자.

세상에는 진짜 공부를 한 사람들이 있다. 스티브 잡스, 빌 게이츠, 마크 주커버그가 바로 그런 인물이다. '아이폰' 하면 누구나 스티브 잡스를 떠올린다. '마이크로소프트' 하면 빌 게이츠를 생각한다. 젊은이 중에서 '페이스북'을 만든 창업가 마크 주커버그를 모르는 사람은 거의 없을 것이다. 우리는 적어도 이들의 이름을 알고 있고 부러워하며 동경한다. 누군가는 이들을 롤모델로 삼아 그렇게 되고자 노력하기도 한다. 그런데 이들에게 공통점이 있다. 그렇다. 대학 중퇴자라는 사실이다.

IT 산업의 역사에서 이 세 사람처럼 이름을 남기게 될, 세계적으로 성공한 CEO 중에 많은 이들이 대학을 중퇴한 고졸자다. 미래를 선도하는 유명한 IT 기업이 몰려 있는 '실리콘 밸리'에서는 대학 중퇴가 흠이 되지 않는다.

현재 지구상에서 가장 부자라는 빌 게이츠, 두 번째 부자이자 세계적인 소프트웨어 업체 오라클의 창업자 래리 엘리슨, 그리고 세번째 부자인 폴 앨런(마이크로소프트 공동 창업자) 등은 학교에서 이론을 배우기보다는 산업 현장에서의 실무를 체험하는 진짜 공부를 일찍 시작했기 때문에 급변하는 세상을 앞서 나갈 수 있었다. 그 결과 그들은 세계 유수의 기업을 설립하고 누구나 부러워 하는 명성을 누리고 있다.

하루하루 눈이 어지러울 정도의 속도로 변하고 있는 세상에서 미래의 기업 환경은 학력이 아니라 경험으로 다져진 실력만으로 승부하는 곳으로 변모하고 있다. 특히 급변하는 IT 업계에서 4년이란 시간은 엄청난 변화로 트렌드가 바뀔 수 있는 긴 시간이다. 그러니 새록새록 생겨나는 아이디어를 실험하고 연구하기에도 바쁜 귀한 시간을 대학을 졸업하는 데 소모할 여유는 없었을 것이다. IT 2세대 창업자라 할 수 있는 사람들 또한 절반 이상이 대학 중퇴자들이다. 그러니 최소 IT 업계에서만큼은 대학 무용론이 나오는 것도 이상한 일이 아니다.

마이크로소프트사의 창업자이자 세계 최고의 부자인 빌 게이츠는 2013년 한국을 방문하여 서울대학교에서 강연한 적이 있다. 하버드 대학교를 자퇴하고 회사를 창업한 이유를 묻는 질문에 그는 이렇게 대답했다 한다. "변화하는 세상에서 흐름을 놓치면 안 될 것 같았기 때문입니다." 그의 대답 속에 세상의 흐름에 대한 답이 응축되어 있다.

스티브 잡스 또한 리드 대학교에 입학하고서는 과다한 학비에 비해 대학의 공부가 그만한 가치가 없다고 판단했다. 자퇴를 결심하니 두려웠다고 한다. 그렇지만 훗날 그는 자퇴가 인생 최고의 결정이었다고 회고했다. 그렇다고 여러분에게 자퇴하라는 말은 아니다. 중요한 것은 변화하는 세상에서 무엇인가를 하려 할 때 적절한 시기를 놓치지 말라는 것이다. 스티브 잡스는 현장에서 경험을 쌓아가면서 자신의 가슴 깊은 곳에서 외치는 소리에 귀를 기울이고 있었고, 그 소리에 반응하여 행동으로 실천했다는 것이다.

마크 저커버그는 빌 게이츠와 더불어 대표적인 하버드 대학교 중퇴생 CEO다. 그는 2002년 대학에 입학하여 컴퓨터과학·심리학을 전공하던 중 페이스북을 창업하면서 2005년 중퇴를 결심했다. 아이러니하게도 그런 그가 하버드 대학교 졸업식에서 축사를 하고 명예박사학위까지 받았다.

그러고 보니 빌 게이츠와 마크 저커버그 두 사람은 하버드 대학교를 졸업하지도 않았고, 졸업자도 아닌데 졸업식에서 축사를 하고, 졸업하지도 않은 대학에서 명예박사학위를 받았다는 공통점이 있는 셈이다. 세계 최고의 대학으로 평가받는 하버드 대학교에서 이들에게 학위를 준 까닭이 무엇일까? 하버드 대학교는 그저 사람들이 대학에 다니는 목적에 맞추어 충실하게 반응한 것일 뿐이다. 대학이란 학생이 알고자 하는 것을 보다 깊이 있게 알아내기 위한 배움의 관문, 그 이상도 이하도 아니다. 여러분이 대학을 졸업하려는 이유는 무엇인가? 간판 때문인가? 아니면 궁금한 부분에 대한 탐구를 위해서인가?

성공에 필요한 체험이나 경험 등은 학교 안에서만 이루어지는 것이 아니다. 오히려 학교 밖 현장에서 많이 이루어지고 있다. 즉 대학이라는 장소가 바로 성공의 요소는 아니라는 이야기다. 지금의 세상은 시공간을 초월한 학습이 얼마든지 가능한 시대다. 이제는 온라인 공개강좌가 열리는 무크Massive Open Online Course, MOOC에서 세계 유수한 대학과 전문가 강의를 무료로 들을 수 있다.

페이스북은 벌써부터 무크 수료자를 채용하기 시작했다. 무크를 수료한 것만으로도 학점을 인정받기 시작한 것이다. 페이스북뿐만 아니라 미국의 주요 기업들도 무크 수료자를 뽑기 시작했다. 한국에서도 K-MOOC에서 국내 유수한 대학들이 교육 서비스를 하고 있다. 이제는 아이디어만 괜찮으면 언제든 시제품을 만들 수 있고 서비스업을 시작할 수 있다. 더 이상 큰 공장에서 제품을 생산하거나 위탁하여 시제품을 만들지 않아도 3D프린터만으로도 그러한 일이 가능해졌다. 군이 완제품을 비행기와 배로 며칠에서 몇 달씩 걸려 배송하지 않아도 된다. 팩스나 인터넷으로 도면만 보내면 그쪽의 3D프린터로 출력할 수 있다. 상황이 이렇게 변하다 보니 이제는 '공부는 학교에서, 제품은 공장에서'라는 상식이 깨지고 있다.

그러므로 이제는 자기에게 어떤 능력이 있는지를 발견하는 일이 훨씬 중요하다고 할 수 있다. 앞서 소개한 다중지능검사는 해볼 만한 선택이다. 다중지능에 대한 이야기는 2008년 EBS의 〈다큐프라임〉 5부작으로 제작된 '아이의 사생활' 편에서 자세히 소개된 바 있다.

EBS 〈다큐프라임〉 제작팀은 이 시리즈를 제작하면서 성인 2698명을 대상으로 직업과 적성에 대한 설문조사를 시행했는데, '자신의 직업과 적성이 맞는다고 생각하는가?' 라는 질문에 '맞지 않는다'라고 답한 사람이 51퍼센트나 되었다고 한다. 또한 '직업을 바꿔볼 생각을 해봤는가?'라는 질문에 54퍼센트나 되는 사람이 바꿔볼 생각을 했다고 답했다 한다. 이를 통해 우리 사회에서 직업을 선택한 사람들 중에 2명 중 1명꼴로 현재 직업과 자신의 적성이 맞지 않아 이직을 고려하고 있다는 해석이 가능하다.

〈다큐프라임〉 제작팀은 자기 직업에 불만이 높아 심각하게 이직을 고민하는 사람들 중 8명의 직업과 적성을 분석했다. 8명은 영어교사, 정책연구원, 의대 1학년생, 인터넷 쇼핑몰 운영자, IT회사 사무원 등으로 남들이 보기에 꽤 괜찮은 직업을 가지고 있었으나 정작 본인들은 불만도가 높았다. 이유가 뭘까? 제작팀은 그들의 다중지능검사를 통해 원인을 분석해보았다.

그 결과 수의사가 꿈이었던 영어교사는 강점이 '자연친화지능'이었다. 자연친화지능은 영어로 '동식물 연구가 지능'Naturalist intelligence 이라는 표현을 쓴다. 즉 동물이나 식물과 자연에 관심이 많고 이들을 이해하고 탐구하는 데 기쁨을 느끼는 지능이다. 자신의 강점이었던 자연친화지능과 가까운 직업은 당연히 수의사다. 8명 중에서 자연친화지능이 높았던 IT회사 사무원의 희망 직업은 식물연구 관련 직종이었다.

다음으로 자신의 전공에 불만을 가졌던 의과대 1년생이 희망한 직업은 방송작가였다. 다중지능 검사로 파악된 그녀의 강점은 '자기 이해지능'이었다. 자기이해지능은 자신을 잘 이해하고 느낄 수 있으며 자신의 감정 파악을 잘하고 또 조절도 잘하는 지능이다. 불만자 중에 자기이해지능이 높았던 금융회사 사무원의 희망직업은 시인이었다.

이런 사례들을 보면 이직을 희망하는 직업과 그 사람의 강점지능이 신기할 정도로 일치함을 알 수 있다. 하버드 대학교 하워드 가드너 교수는 말한다. 아이의 강점을 발견해야 하지만 그것이 학교 공부가 아닐 수도 있다고. 그리고 아이가 어른이 되었을 때에는 결국 자기가 잘하는 분야에서 일을 하게 될 것이라고.

앞의 8명은 자기가 잘하는 분야의 일을 선택하지 못했기에 직업에 대한 불만도가 높았다. 오죽했으면 이직을 고민할까? 자신의 강점지능을 찾고 또 그것과 연관된 직업을 자신의 의지로 선택하지 못하고 부모나 주변에서 하라는 대로 선택한 경우, 참으로 많은 사람들이 불행한 직장생활을 하고 있다는 사실은 우리에게 많은 것을 생각하게 만든다.

3

대학 간판에 기대지 말고
'생각하는 힘'으로 미래를 개척하라

내가 좋아하는 그리스 신화의 이야기가 있다. 여러분도 알
것이다. 판도라의 상자를 기억하는가? 먼저 판도라 이야기부터 간
단히 짚어보자.

'딸바보' 아닌 '인간바보'라 할 만큼 인간을 사랑한 프로메테우스
라는 신이 있었고, 이 신이 인간을 불쌍히 여겨 신들의 물건 중 하나
였던 불씨를 인간에게 주었다. 그 때문에 화가 난 제우스가 그 보복
으로 헤파이토스라는 신에게 부탁하여 흙으로 '판도라'란 여인을 빚

어 프로메테우스의 아우인 에피메테우스에게 주었다. 제우스는 그녀를 보내기 전에 상자를 하나 선물로 주면서 "절대 열지 마!" 하고 경고했다.

그녀는 열까 말까 매일같이 고민했을 것이다. 그러다 판도라는 결국 에피메테우스가 없는 틈을 타 몰래 상자를 열었다. 그때 상자 안에서 슬픔, 질병, 고뇌, 싸움 등등 온갖 나쁜 게 튀어나와 도망갔고 오로지 엉덩이 무거운 희망이란 녀석만 판도라에게 잡혔단다.

여러분은 이 이야기를 보면서 어떤 생각을 하게 되는가? 나는 이 이야기 속의 제우스에 대해 든 생각이 '그래도 명색이 신의 왕이라면서 참 속 좁네'였다. 신이 가진 그 많은 물건 중에 불씨 하나 줬다고 세상에 온갖 괴로움과 슬픔 등 재난이란 재난은 다 들어 있는 상자를 던져준단 말인가? 누군가에게 상자를 "선물이야." 하고 주면서 "열지 마!"도 아니고 "절대 열지 마!" 하고 경고한다면 여러분은 정말 열지 않을 자신이 있는가? 나라면 언젠가 열어볼 것 같다. 그러면서 생각하겠지? '이런 못된 신이 있나? 열 걸 알면서 준 거잖아?' 하고 말이다. 왠지 신 치고는 많이 치사해보인다.

그런데 여기서 이상하다고 생각되는 부분이 있다. 우리 생각에 희망은 참 좋은 것이다. 그런데 상자에서 나온 건 온갖 나쁜 것들이란다. 그게 가능할까 하는 생각이 든다. 그 상자 안에서는 분명 기쁨도 나왔을 것이고, 쾌락도 나왔을 것이며, 열정도 나왔을 것이라고 생각한다. 불행과 행복이 동전의 앞뒤처럼 떼려야 뗄 수 없듯이, 세상의 이치가 나쁜 것만 있다거나 좋은 것만 있다거나 할 수는 없지 않은가?

또 한 가지, 판도라가 열지 않았더라도 상자는 결국 열렸을 것이다. 시간의 흐름 속에서 낡거나 사라지지 않는 것은 없다고 본다. 그렇다면 판도라의 상자는 '시간' 그 자체가 아닐까? 그 상자 속에서 나온 모든 것이 인간과 함께 시간 속으로 맞물려 흘러가면서 겪게 되는 온갖 것들이니까.

왜 갑자기 이렇게 철학적인 이야기를 하느냐고? 지금 우리 앞에 4차 산업혁명이라는 판도라의 상자가 던져졌다 말하고 싶어서다. 이 시대를 살고 있고 앞으로도 살아가야 하는 우리 모두가 판도라다. 그리고 모든 판도라에게 각기 한 개씩의 판도라 상자가 주어진 것이다. 마음속의 제우스는 속삭인다.

"절대 열지 마."

그러나 우리는 알고 있다. 우리가 호기심을 떨쳐버리고 초연할 만큼 비인간적이지 못하다는 것을. 우리는 결국 열 것이다. 직접 열지 않더라도 결국 상자는 열릴 것이다. 판도라의 상자는 시간이니까. 그리하여 온갖 것이 다 나올 것이다. 그것은 우리의 생활과 인생까지 바꿀 확률도 높다. 신화 속의 판도라는 희망을 잡았다. 여러분은 무엇을 잡을 것인가?

내가 생각하기에는 아래처럼 세 부류의 판도라로 대응방법이 나뉠 것 같다.

판도라1: (동동거리며 묻는다.) "엄마, 어떻게 해? 뭘 붙잡아야 해?"

판도라2: (급한 마음에 아무것이나 잡는다.) "일단 잡고 보자."

판도라3: (난 호랑이 굴에 들어왔어. 그래도 침착해야지.) "그래, 내가 원하는 건 이거야!"

여러분은 과연 어떤 판도라가 되고 싶은가? 상자는 열리고 있고 그 속에서 튀어나오는 어떤 것도 여러분을 배려해 준비할 시간이나 선택할 시간을 주지는 않을 것이다. 그러니 지금이라도 어떤 선택을 할 것인지 스스로 생각하는 힘을 길러라. 스스로 생각하고 스스로 판단하고 스스로 선택해라. 그래야 후회가 없다.

여러분 스스로 생각하는 힘을 가동시켜라. 내가 아닌 다른 사람에게 매번 물어보고 그 사람이 선택해주길 기다릴 여유는 없다. 그러니 침착하게 생각하고 또 생각하라. 내가 무엇을 잡고 싶은지 열심히 들여다보고 준비하다가 '이거다' 싶은 게 있다면 낚아채야 한다. 잘못 낚아채면 어떻게 하냐고? 놓고 다시 선택하면 되고, 실패하면 다시 잡으면 된다. 그 많은 것들 중에서 선택할 기회가 오로지 한 번은 아닐 테니까.

인간은 시간의 흐름 속에서 독립적일 수가 없다. 흐름을 따라 따라가면서 살 수밖에 없는 존재다. 합리성을 추구하는 선진국에서는 학력이 아니라 능력 중심의 사회가 이미 정착되었다. 한국에서도 학벌 운운하면 지금이 어느 시대인데 아직도 그런 소리를 하느냐는 눈총을 받기 시작했다. 이렇게 변화하는 흐름 속에서 살아남으려면 여러분은 여러분대로 준비하고 노력해야 한다.

2016년 3월 9일부터 15일까지 인공지능 알파고와 바둑기사 이세돌의 바둑 대결이 연일 화제였다. 인간에게 이긴 인공지능을 보면서 사람들이 느낀 감정 중 하나는 두려움이었을 것이다. 인간이 설 자리가 좁아지지 않을까 하는 우려도 있다. 인공지능이나 로봇이 단순 반복적인 작업 분야를 넘어 치매노인들의 말벗과 위로가 되어주는 등 인간의 능력을 능가하는 역할마저 적절히 수행해내고 있다. 일본에서는 아예 로봇을 고용하는 기업들도 늘었다. 이제는 로봇에게 세금을 내도록 해야 한다는 의견마저 나온다. 하나의 살아 있는 객체로 인정되는 느낌마저 든다.

인공지능과 로봇이 판도라의 상자 속에서 나와 우리 생활 속으로 스며들면서 어느새 그들의 자리를 만들어가고 있다. 그렇다면 인간이 설 자리는 어디일까? 이들과의 관계에서 여러분이 우위에 서도

인공지능 알파고의 승리는 인간에게 두려움을 안겨주었다.

자료: deepmind.com

록 학벌이 도울 수 있을까? 인공지능과 로봇이 미래에 우리가 가질 직업의 개념과 직종에 엄청난 변화를 몰고 올 것이라고 많은 사람들이 인정하고 있다. 문제는 인공지능과 로봇에 의해 대체될 일들이 너무 많아서 인간이 가질 수 있는 직업을 생각해내기가 쉽지만은 않다는 사실이다.

판도라의 상자 이야기가 주는 교훈을 생각하자. 세상엔 좋은 면과 나쁜 면이 맞물려 있다. 여러분의 강점이 될 가치를 상자 안에 붙잡아야 한다. 알파고와 이세돌의 대결 결과에서 드러났듯이 인공지능 혹은 로봇과 인간이 경쟁하는 구도는 그다지 바람직한 방향이 아님을 알 수 있다. 로봇과 함께하는 세상에서 로봇을 질투하고 경쟁해서 이기겠다고? 이건 인생에 별로 도움 안 되는 판단이다.

"그럼 나 혼자 어쩌란 말이냐?" 하고 외치는 사람이 있을지 모르겠다. 그들에게 광복군 이야기 한 토막을 들려주고 싶다. 1945년 2월 대한민국 임시정부 광복군 제2지대장 이범석과 미국전략사무국Office Of Strategic Service, OSS의 서전트 박사는 합작으로 광복군에게 비밀훈련을 시켰다. 그 훈련 중에 미국 교관이 한국의 광복군을 높이 평가한 부분이 있다. 광복군 훈련생 7명에게 짧은 밧줄을 하나씩 주고 수백 길 되는 절벽 아래로 내려가서 적의 군사기지를 탐지하고 오라고 명령한 것이다.

"얼레? 이 짧은 밧줄 가지고 어딜 내려가?"

이런 반응이 나올 법한 상황인데, 광복군 훈련생 7명은 모여서 쑥덕이며 뭔가를 논의했다. 그러고는 각자 가진 밧줄을 엮은 후에 한 끝을 상봉의 바위에 매고, 다른 끝을 절벽 아래로 늘어뜨린 후 타고 내려갔단다. 얼마 후에 줄을 타고 내려갔던 훈련생들이 증거물로 나뭇가지 하나씩을 입에 물고 올라왔단다. 그 결과 미군교관도 참관하던 김구 선생도 크게 만족했다는 것이다.

이 이야기를 통해 내가 얘기하고 싶은 것은 '생각하는 힘'을 굳이 혼자의 힘만으로 길러야 한다는 오해가 없었으면 한다는 것이다. 인간은 혼자서만 생각하면 은둔형 외톨이가 되어 세상과 소통하기 어려워진다. 같이 생각해라. 생각은 나무와 같다. 나무에 물을 주듯 독서를 하면서 생각나무에 양분을 주어야 한다. 이 사람 저 사람과 이야기하고 때로는 토론하면서 생각나무의 흙을 뒤집어주자. 신선한 공기가 들어갈 수 있게. 그리고 머리를 맞대라. 혼자보다는 여러 사람이 모이면 더 좋은 발상이 떠오르고 생각나무가 하루가 다르게 쑥쑥 자란다. 그렇게 모여지고 정리된 생각이 판도라의 상자에서 붙잡을 여러분만의 가치가 될 것이다.

4

지방대를 나온 이들,
한국 최고의 인재가 되다

2017년 7월 12일 YTN이 〈대학 3학년 되면 나타나는 과학·
영재고 학생들의 '공부 피로증'〉이란 내용의 뉴스를 보도했다. 카이
스트가 공개한 출신 고교별 학점 변화를 분석해보면 과학고나 영재
고 출신 학생들의 대학 성적이 학년이 올라갈수록 일반고 출신 학생
들에게 밀린다는 내용이다. 자신의 적성을 찾아 한참 즐겁게 두뇌
와 근육을 발달시켜야 할 어린 시절부터 빡빡한 사교육에 시달린 학
생들이 대학에 와서 공부에 흥미를 잃어버리기 때문이라는 내용이

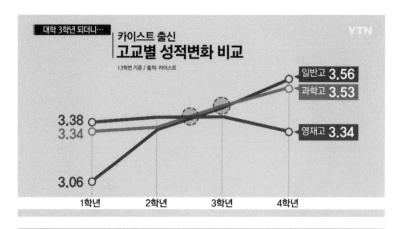

대학 3학년 되더니… **카이스트 출신**
고교별 성적변화 비교
13학번 기준 / 출처: 카이스트

YTN

일반고 **3.56**
과학고 **3.53**
영재고 **3.34**

3.38
3.34

3.06

1학년   2학년   3학년   4학년

2013년에 입학한 학생들의 1학년에서 4학년까지 학년별 학점 변화를 비교한 결과

자료: YTN 2017년 7월 12일 방송

다. 과학고에 진학해 카이스트까지 들어간 학생들이라면 상식적으로 생각해도 상당한 두뇌와 노력을 겸비했을 텐데, 대학에서 공부에 대한 흥미를 잃어버린다면 영재인들 무슨 소용이 있을까 싶다. 자신의 전공에 흥미를 느끼지 못한 학생을 과연 해당 분야의 기업인들 인재로 채용하고 싶을까? 명문대학 출신이라는 간판이 아니라 '적성'과 '몰입'이 중요하다. 세 사람의 실제 사례로 살펴보자.

처음으로 소개할 이는 소위 광고천재로 알려진 이제석이다. 나는 그가 만든 광고를 처음 본 순간부터 '아, 맞다!' 하고 외쳤다. 놀랍게도 이후 그가 만든 다른 광고들을 보고서도 똑같은 감탄이 절로 나왔다. '바보 도_道 트는 소리'랄까! 정말 신기했다. '어떻게 모든 광고에서 사람에게 깨달음을 줄 수가 있지?' 하고 말이다. 그런 이유를 최근에야 알게 되었다.

광고천재 이제석은 학창 시절 공부를 안 해서 학교에서 불량학생으로 낙인 찍혔다. 그는 그 분한 마음을 그림으로 풀었단다. 그림으로 4년제 대학을 가겠다는 집념으로 계명대학교 시각디자인학과에 입학하고 수석으로 졸업했지만, 지방대 출신이란 이유 때문에 취업이 어려워 미술학원에서 아르바이트를 하며 동네 간판을 제작했다. 그러다 한국에서 길을 찾지 못한 그는 무작정 뉴욕으로 날아가 말도 안 통하는 곳에서 광고에 매진하여 6개월 뒤 세계적인 광고 공모전에서 최고상을 휩쓸게 된다. 미국에서 유학하는 동안 시간을 초 단위, 분 단위로 쪼개어 하루를 일주일처럼 썼다고 하니 얼마나 치열하게 살았는지 짐작하기 어려울 정도다.

이제석은 1년 동안 국제적인 광고 공모전에서 29개의 매달을 따냈다. 공모전의 상을 거의 빗자루로 쓸어 담듯 휩쓴 것이다. 당연히 그를 스카우트하려는 광고회사가 줄을 섰다. 그는 최고 대우를 받으며 그 분야 최고의 인재들과 일했다.

그런데 그는 그러한 성공에 만족하지 못했다. 그에게 돈은 우선순위의 윗자리가 아니었기 때문이다. 그는 자신이 누구를 위해 광고를 만드는지, 그 광고가 세상 사람들에게 어떤 영향을 미치는지를 정확히 아는 사람이었다. 그는 광고로 세상을 바꾸고 싶었다. 특정한 사람이 아니라 모든 사람이 광고를 통해 혜택을 받을 수 있는 광고를 만들고 싶었던 것이다. 결국 한국으로 돌아와 이제석 광고연구소를 세웠다. 그는 현재 돈을 버는 상업적 광고는 전체 업무의 20~30퍼센트 미만으로 유지하고 나머지는 공익광고를 추구하고

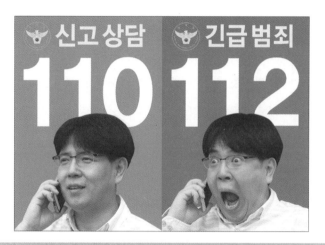

공익광고: 올바른 112 신고 캠페인 2편

경향70주년기념 1면 광고─청년실업문제편

자료: 이제석 광고연구소

직업의 시대,
'진짜 공부'를 하라

있다.

이제석의 광고는 한 컷에 참으로 많은 것을 함축하여 전달한다. 누구든 그의 광고를 보면 직관적으로 이해할 수 있을 정도로 메시지가 명확하다. 누구나 만들 수 있을 것 같은 광고지만 아무도 만들지 않았던 광고를 만드는 그를 우리는 '광고천재'라 부른다. 그러나 그는 그 광고를 세상에 내놓기까지 트럭 몇 대 분량의 실패를 했다고 이야기한다. 이 때문에 스스로를 '광고바보'라고 한다. 하지만 나는 광고바보에게서 오늘도 깨달음을 얻는다. 여러분도 그런 기분을 느껴보고 싶다면 인터넷 검색창에서 '이제석 광고연구소'로 검색해보길 바란다.

다음으로 소개할 이를 거론하기에 앞서 질문을 하나 하겠다. 여러분은 지금까지 몇 권의 책을 읽었나? 방과 후 활동과 학원, 입시 공부에 치어 책을 읽을 시간이 없었다고? 그렇다. 그게 지금 우리나라 10대의 자화상일지 모르겠다. 그런데 두 번째로 소개할 이는 나이 서른에 책을 3000권 이상, 그리고 2017년 현재까지 5000권을 넘게 읽은 사람이다. '이상민 책쓰기 연구소' 대표가 그 주인공이다. 그는 올해 16년 차 전업작가다. 20여 권의 책 중 70퍼센트가 좋은 내용의 책으로 인정을 받아 2016 문화체육관광부 선정 세종도서, SK그룹 추천도서, Daum 추천도서, NAVER 추천도서, 카이스트 도서관 이달의 책, 교보문고 비즈프레소 독자선정 TOP 10 등에 선정되었다. 그는 현재 자신의 책을 집필할 뿐만 아니라 책쓰기에 도전하는 사람들이 작가로 나아갈 수 있도록 돕는 일을 병행하고 있다. 그의 책쓰기 내공은 상당하다. 그가 도와서 기획하는 원고는 출판사 투고를 거쳐 90퍼센트 정도가 출간에 성공한다. 이 때문에 그에게 책쓰기를 배우려는 수강생은 늘 만원이다.

동아대 출신인 그는 대학에 입학하여 스무 살 때 책을 접하기 시작하면서 인생의 스승을 '책'으로 삼고 20대 전체를 독서에 몰입해 보냈다고 한다. 그때 읽은 책이 무려 3000권이고 2015년도에는 4000권을 돌파했다고 한다. 또한 책으로 획득하지 못하는 정보는 다큐멘터리를 보면서 얻었다는데, 지금까지 본 다큐멘터리 또한 3000편 이상이라 한다. 그러니까 20대를 하루에 책 1권, 다큐멘터리 1편을 보며, 10년을 몰입한 상태로 보냈다고 봐도 무방하다.

10년간 이어진 몰입의 시간을 증명하기라도 하듯, 이후 그가 쓴 책의 제목만 봐도 삶의 여정이 보이는 듯하다. 그의 책은 치열하게 독서하면서 얻은 사색의 결과이기 때문이다. 《나이 서른에 책 3000권을 읽어봤더니》《유대인의 생각하는 힘》《맙소사 아직도 대학이라니》《불안하다면 잘되고 있는 것이다》《요즘 난 죽고 싶다》《일자리 전쟁》《손정의, 나는 당신과 생각이 다르다》 등 현대사회를 살면서 우리가 고민하는 삶의 문제들과 관련된 책이 참 많다.

그는 요즘도 책읽기를 게을리하지 않으며 전자책보다는 종이책을 좋아한다고 한다. 손으로 책을 만지고 책장을 넘기면서 펜으로 밑줄을 치고, 관심 가는 책장의 귀퉁이를 접어놓거나 생각을 메모하는 과정을 통해 책에 몰입하는 시간을 즐기기 때문이다. 하루에 한 권을 읽는다고 설렁설렁 읽는 게 아니다. 치열하게 고민하고 생각하면서 책을 읽어야 얻는 것이 많다고 생각하는 사람이다. 몰입의 시간으로 지금의 인생을 얻었기에 그는 앞으로도 변함없을 것이다.

마지막으로 소개할 사람은 구글Google 최초의 한국인 엔지니어인 이준영이다. 스펙과 프로필은 중요하지 않다고 강조하는 그가 2014년에 한국의 청년들에게 꼭 하고 싶었던 이야기를 담아《구글은 SKY를 모른다》라는 책으로 출간했다. 그는 김해 출신으로 부산대학교 전자계산학과(현 정보컴퓨터공학과)를 졸업했다. 대학은 그냥 점수에 맞춰서 들어간 것이고, 가장 친한 친구 3명이 대학원으로 진학하니 '친구 따라 강남 가듯' 자기도 갔단다. 이후 1997년 삼성전자에서 3년 정도 근무하다가 2000년에 야후코리아로 옮겼고, 2003년도에 미국 구글 본사에 한국인 최초로 구글러로 입사해 구글 한국어 검색과 지도 및 논문검색 프로젝트 등을 진행했다고 한다. 2014년에는 프로그램 개발이 아닌 한국과 미국, 폴란드 등 3개국 업무를 담당하는 엔지니어 매니저로 활동했다. 2022년 5월 그는 여가 플랫폼 기업 야놀자에 엔지니어링 수석 부대표로 영입됐다. 야놀자의 기술력을 글로벌 빅테크 기업 수준으로 끌어올리기 위해 연구개발R&D 조직을 총괄하여 기술경쟁력을 강화하고 글로벌 확장을 모색했다. 현재는 야놀자클라우드 공동대표를 맡고 있다.

이준영은 대외적으로 특별히 알려진 내용이 없을 정도로 평범한 사람이었다. 그런 그가 세계적인 기업 구글에서 인정받아 지금까지도 잘나가고 있고, 책까지 냈다. 가끔 국내에서 특강을 열어 젊은이들에게 자신의 경험을 전달하고 자신감을 높여주는 가슴 따뜻한 일도 하고 있다. 어떻게 이런 일이 가능했을까? 그가 펴낸 책 뒤표지를 보면 그 이유를 알 수 있다. 거기엔 이런 문구가 있다.

"구글에는 많은 한국인이 일하고 있다. 우리는 그들을 뽑을 때 학력을 본 것이 아니라, 그들이 미래를 만들어갈 자질과 잠재력을 갖추고 있는가를 보았다. 이 책은 한국 젊은이들이 미래를 준비하기 위해 꼭 갖추어야 할 자질이 무엇인지 잘 설명해주고 있다."

– 에릭 슈미트(구글 회장)

이 글을 읽는 여러분에게 묻고 싶다. 과연 이런 사람이 평범해 보이는가? 평범해 보이지 않는다면 그 이유는 뭘까? 지방대를 나왔고, 학창 시절 잠 안 자고 공부한 사람 같지도 않다. 그런데 무엇 때문에 구글이 그의 자질과 잠재력을 인정했을까?

이준영은 '진짜 공부'를 한 사람이다. 그가 책에서 말한 표현을 빌리자면 '스스로 자기 생각을 자주 꺼내서 정리하고 필요 없는 고집과 선입견을 버리고 타인의 의견을 수용할 공간을 넉넉히 확보'한 사람이다. 또한 그는 나눔과 협동이 경쟁력임을 아는 사람이다. 그래서 책을 통해 이 땅의 젊은이들에게 마음을 담아 조언하고 있다. 자신의 적성에 맞는 일이 무엇인지 찾아내기 위해서라도 공부하고 더 부지런히 정보를 찾으라고…. 그리고 진짜 공부를 찾아서 새롭게 시작하고 행복해지라고….

5

내면을 키우고 살찌우는
독서를 하자

문화체육관광부가 2022년 1월 13일 발표한 〈2021 국민
독서실태조사〉 결과를 보면 우리나라 국민의 성인 종이책 연평균
독서율은 40.7퍼센트로, 2019년 자료(52.1%)와 비교하면 11.4퍼센
트포인트 감소했음을 알 수 있다. 연평균 독서율은 지난 1년간 일반
도서(교과서, 학습참고서, 수험서, 잡지, 만화 제외)를 한 권 이상 읽은 사
람의 비율이다. 그러니 2021년 우리 국민 중에서 일 년에 책을 한
권 이상 읽은 사람은 절반이 채 되지 않는다는 얘기가 된다. 이에 비

해 전자책의 경우 전반적인 증가세를 보였다. 전자책 독서율은 성인 19.0퍼센트, 학생 49.1퍼센트로 2019년보다 각각 2.5퍼센트포인트, 11.9퍼센트포인트 증가했다. 젊은층의 이용률이 크게 증가한 사실을 알 수 있다.

성인 한 명당 연간 독서량(종이책＋전자책＋오디오북)은 평균 4.5권으로 2년 전(7.5권)에 비해 3권 줄었다. 종이책으로 한정하면 연간 2.7권으로 2년 전(6.1권)에 비해 3.4권이 줄어든 셈이다. 학생의 경우 연간 독서량은 평균 34.4권으로 2년 전(40.0권)에 비해 5.6권 줄었다. 종이책으로 한정하면 연간 24.8권으로 2년 전(32.4)에 비해 7.6권 줄어든 셈이다. OECD 회원국 중 최하위로 K-콘텐츠의 세계적인 우위를 생각한다면 부끄러운 수준이다.

2021년 조사 결과 독서자 중에서 성인의 45.3퍼센트, 학생의 41.1퍼센트가 '자신의 독서량이 부족하다'고 인식했다. 2019년 조사에서 성인 평일 기준 독서 시간(종이책＋전자책)은 31.8분이었는데, 2021년 조사에서 20.4분으로 나타나 11.4분이 줄어든 상황이 이를 잘 보여준다.

시각 장애인 같은 독서 소외인들이 '국민 독서실태조사'에서도 소외되고 있는 현실이 안타깝다. 이 조사는 정부 연관 부처 및 시·도별로 시행하는 독서문화진흥 시행계획 수립에 기초 자료로 활용될 뿐 아니라 언론, 학교, 기업, 출판계 등 사회의 다양한 분야에서 독서 진흥을 위한 자료로 활용된다. 이런 중요한 조사에서 조사 대상자의 장애 유무를 파악하지 않을 뿐 아니라 독서 장애요인을 묻는

다지선다형 질문에도 독서 접근성에 대한 선택지가 없어 장애인과 같은 독서 소외인의 특성과 수요를 파악하기 어려운 현실이다.

2021년 조사 결과 독서의 '부익부 빈익빈' 현상이 심화하는 경향성을 파악할 수 있다. 가구소득이 높을수록, 직업이 전문직일수록, 학력이 높을수록 독서율이 높다. 특히 중장년·고령층의 독서율이 지속적으로 하락하고 있고, 읍·면 지역 거주 성인 독서율이 대도시 지역에 비해 취약한 것으로 나타났다.

우리나라는 과학적이고 우수한 한글을 쓰고 있어 문맹률이 전 세계에서 가장 낮은 나라다. 그런데 시간이 갈수록 독서율이 떨어지고 있다는 점은 참 아쉽다. 내가 존경하는 위인 중에 헬렌 켈러 Helen adams Keller가 있다. 그녀는 인문계 학사를 받은 최초의 시각, 청각 중복 장애인이다. 어떻게 그런 장애를 극복하고 세상 사람들의 존경을 받는 사람이 될 수 있었을까? 채 2살도 되기 전에 시각과 청각을 잃은 헬렌 켈러는 앤 설리번 Anne Sullivan이라는 스승을 만나기 전에는 세상과 소통이 불가능해 짐승과 다를 바 없었다. 그런 그녀를 변화시킨 것은 문자와 경험이었다. 앤 설리번은 헬렌 켈러가 7살 때부터 교육하기 시작했는데 보지도 듣지도 못하는 아이의 손바닥에 'doll'이라는 영어 단어의 스펠링을 적은 다음 선물로 가져온 인형을 만져서 느끼게 해주었다. 이렇게 문자와 경험을 연결하는 방법을 통해 헬렌 켈러는 세상과 처음으로 의사소통의 문을 열 수 있었다. 나는 헬렌 켈러가 훗날 작가이자 교육자, 그리고 사회주의 운동가로서 이름을 남길 수 있었던 이유는 앤 설리번 선생의 가르침을 따라 문자와 경험의 연결을 꾸준한 독서와 사색으로 이어나간 습관을 통해 그녀의 두뇌가 계속 발전했기 때문이라고 생각한다. 물론 헬렌 켈러 본인의 지적 갈망과 호기심이 가장 큰 동력이 되었을 것이다.

이처럼 독서는 시각장애와 청각장애를 넘어 세상과 소통하는 창窓이 된다. 헬렌 켈러의 사례를 본다면 오감이 멀쩡한 우리가 독서를 할 수 없다는 핑계를 댈 수 있을까? 얇은 종이를 한 장씩 매일 책상에 쌓아가는 사람과 1년에 한 장을 쌓을까 말까 한 사람이 있다고 하자. 10년, 20년이 지나면 두 사람의 책상에 쌓인 종이의 두께는 엄청난 차이가 나게 될 것이다. 독서를 하는 사람과 하지 않는 사람의 두뇌 기능도 마찬가지다. 10년, 20년간 꾸준한 독서를 하는 사람과 책을 거의 읽지 않는 사람 사이에 세계를 이해하는 정도와 정보력에는 큰 차이가 날 수밖에 없다. 속담에 '티끌 모아 태산'이라는 표현이 있다. 독서에도 그대로 적용되는 말이다.

우리나라 학생들의 연간 종합 독서율(종이책, 전자책, 오디오북 중 한 가지 이상을 읽거나 들은 비율)은 91.4퍼센트로 아주 높은 편이다. 하지만 이 수치가 학생들의 사고력과 창의성을 높이는 좋은 독서습관과 연관성이 있는지는 의문이다. 대부분이 학습서 위주의 독서를 할 것이기 때문이다. 대학 진학 위주의 교육 환경 속에서 인생을 고민하고 그에 맞는 진로 탐색을 할 여유가 없이 학원으로 내몰리는 아이들에게 과연 느긋한 독서를 할 시간적 여유가 있을까?

앞서 헬렌 켈러의 사례에서 얘기했듯이 독서는 세상을 내다보는 창이다. 요즘은 다른 말로 프레임frame이라고 말할 수도 있다. 우물 안 개구리는 우물의 크기만큼 보이는 세상을 전부라고 생각한다. 좁은 프레임으로 보고 그 안에 갇혀 있기 때문이다. 우리 학생들은 우물 밖으로 뛰쳐나가 더 넓은 프레임으로 세상을 마주할 필요가 있다.

독서는 꾸준히 해야 내공이 쌓인다. 자신이 원하는 일에 맞는 독서와 몰입을 통해 진짜 실력을 쌓길 바란다. 그러면 어느새 성장해 산 정상에 올라 세상을 내려다보듯 확 트이는 기분을 느끼게 되는 날이 올 것이다.

이쯤에서 의문이 들 수도 있겠다. 학생들은 직업 혹은 진로 탐색에 관계된 책을 중심으로 봐야 할까? 그렇지는 않다. 내면을 키우고 살찌우는 모든 독서가 다 중요하다. 여러분은 어떤 방식으로 다른 사람들 혹은 세상과 소통하는가? 나는 스마트폰과 PC를 통해 많은 일을 한다. 이메일을 보내고 각종 공문을 작성하며 학교에서 공지사항을 띄우고 가정통신문을 만든다. 그리고 예산을 신청하고 협조 의뢰 공문을 보내고 회의록을 작성하는 등의 일도 한다. 그런데 이 모든 게 문장력과 연관이 있다. 책을 많이 읽은 사람과 그렇지 않은 사람의 문장력은 차이가 날 수밖에 없다. 자신의 생각을 명확하고 어법에 맞게 그리고 예의 바르게 글로 표현할 수 있다면 인간관계에도 좋은 영향을 끼치게 된다. 특히 전문 분야에서는 쓰는 용어와 내용의 깊이에 따라 연결되는 인간관계의 범위와 부류가 확연히 달라진다. 그 차이를 만드는 것이 독서임을 잊지 말자.

6

지식과 정보는 흘러간다,
배우고 또 배워라

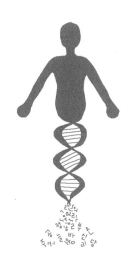

1960년대부터 운전과 정비를 직업으로 삼은 분들의 이야기를 들은 적이 있다. 그때는 차를 고치기가 정말 쉬웠고 군대에서 배운 운전 실력이면 평생 먹고살 수 있었다고…. 그런데 지금 차는 뭔가 많이 복잡해져서 고칠 수가 없다고 말씀하시는 것을 들었다. 50년이 훌쩍 지난 지금은 예전의 지식과 기술이 통용되지 않는 것들이 많다.

예전의 자동차는 단순하고 튼튼했다. 웬만한 고장은 몇 가지 도구만 있으면 고쳐서 다시 쓸 수 있었다. 또한 닦고 조이고 기름 치는 일, 그러니까 일상적인 관리와 정비만 잘하면 꽤 오래 탈 수 있었다. 그런데 오늘날 자동차는 전자부품으로 이뤄진 일종의 컴퓨터와 같다. 자동차 엔진도 컴퓨터로 제어된다. 이제는 차가 고장이 나면 정비소에서 정밀한 도구의 힘을 빌리거나 부품 한두 개 가는 정도가 아니라 모듈 자체를 통째로 갈아야 하는 일이 많아졌다.

오래 사신 분들의 경험 중엔 오늘날에도 여전히 통하는 것들이 있는가 하면 위의 사례처럼 활용도가 떨어지거나 아예 쓸모가 없어진 것들도 있다. 1970년대 초쯤이었다. 그 시절엔 1인 기업이라고 할 직업이 많았다. 초등학교 시절 여름방학이 되어 노곤하게 낮잠 좀 자려 하면 어디선가 들리는 타령 비슷한 외침이 들렸다. "칼~ 갈아요, 칼! 부엌칼, 낫, 어떤 칼이든 갈아~요, 칼~ 갈아요, 칼!" 그러면 모친께선 나무로 된 도마 근처에 있던 무뎌진 칼들을 들고 서둘러 나가시곤 했다. 잠이 다 달아난 내가 파딱 일어나 모친을 쫓아가면 대개 머리가 허옇고 허름한 옷을 입은 어르신이 나무로 된 가방에서 숫돌을 꺼내어 마당의 수돗가에 놓고는 칼을 갈아주시곤 했다.

또 다른 기억도 있다. 나는 비 오는 날이 제일 싫었다. 변변한 우산이 없기도 했고, 있어도 고장이 나 사용하기 어려웠던 탓이다. 그러면 모친이 파랗고 얇은 비닐로 된 대나무 우산을 쥐여주시곤 했는데 바람이 조금만 세게 불라치면 우산살이 뒤집혀 비닐이 여지없이 찢어지곤 했다. 우산이란 이름이 무색하게 무용지물이 되는 경우도 꽤 있었다. 당시엔 우산도 귀한 시절이어서 고장 나면 고쳐 쓰곤 했다. 이 때문에 마을과 마을을 돌아다니며 고장 난 우산을 고쳐주는 일을 직업으로 가진 사람들도 있었다.

내가 중학생이었던 시절에는 중학교에 들어가는 남학생들은 머리를 스님 비슷하게 박박 깎아야 했다. 여학생들은 귀밑 1~2센티미터 길이의 단발머리로 잘라야 했다. 학기가 시작되면 학생들은 똑같은 머리에 똑같은 교복을 입고 경찰 모자처럼 생긴 교모校帽까지 둘러쓰고 등교해야 했다. 그 시절 버스에는 안내양이라는 직업이 있었다. 버스 문 앞에 서서 요금을 받고 사람들을 최대한 많이 태울 수 있도록 욱여넣는 게 그들이 하는 일이었다. 버스 운전수는 안내양의 '오라이~'라는 신호가 떨어져야 출발했으니, 버스라는 작은 공간 안에서 그들이 맡은 역할은 작지 않았다. 하지만 요즘 젊은 세대는 안내양이란 직업을 알지도 못한다.

내가 어렸을 때 저녁 무렵 안방에 가로누운 할머니가 라디오를 켜면 엄청 말을 빨리 하는 두 사람이 주고받는 대화를 듣게 되는 경우가 있었다. 일명 만담꾼들이다. 장소팔과 고춘자의 만담을 들으면 내용보다는 마치 오늘날 랩을 하듯 얘기하는 그 빠른 속도에 놀라고 신기해하곤 했다. 뭔가 알 듯 모를 듯 이어지는 이야기도 익살맞았다. 하지만 이제 그런 만담꾼은 사라지고 없다. 코미디언이란 직업도 저만치 지나가고 요즘은 개그맨이란다. 풍자의 내용도 바뀌었고 웃음 코드도 바뀌었다.

이처럼 직업은 시대의 변화에 따라 필요성이 다하면 사라진다.

그리고 다른 새로운 직업이 생겨난다. 이제는 변화가 점점 더 빨라져 적응하기가 어려울 정도다. 이런 현실은 앞으로 변할 세상에 대한 두려움을 불러일으키기도 하고 때로는 기대감을 주기도 한다. 변화무쌍한 세상에 우리는 어떻게 적응해야 할까?

예전에는 변변찮은 기술이라도 무엇 하나 배우기가 쉽지 않았다. 제각기 먹고사는 방편이었으니 쉬 가르쳐주지 않는 경우가 많았던 것이다. 하지만 이제는 기술의 발전이 너무 빨라져 한 가지 재주나 기술로 평생 일하고 살기가 어려워졌다. 이런 시대의 변화에 휩쓸려 도태되지 않으려면 어떻게 해야 할까?

새로운 정보와 기술을 익히는 데 주저해선 안 된다. 독서는 지금 시대가 어떻게 흘러가고 앞으로 다가올 미래의 모습이 어떨지 예측할 수 있는 좋은 수단이 된다. 새로운 지식은 끊임없이 언어와 문자를 통해 세상에 전달된다. 세상에 나온 정보를 가장 잘 압축적으로 보여주는 미디어가 바로 책이다.

생텍쥐페리의 《어린 왕자》에 나오는 여우를 기억하는가? 자신이 키우던 장미와 싸우고 별을 떠나온 어린 왕자는 여러 별을 여행하면서 다양한 사람들을 만나게 된다. 통치하기를 좋아하는 군주, 칭찬만 좋아하는 허영쟁이, 술 마시는 게 부끄러워 계속 술을 마시는 주정뱅이, 계속 가로등을 껐다 켜는 사람, 손에 쥐지도 못한 별을 자신의 소유라 생각하며 우주를 대상으로 별 따먹기 하는 남자 등등. 자신이 하는 일만 중요했던 사람들을 만나며 여행을 계속하다가 결국 여우를 만나게 된다. 반가운 마음에 어린 왕자는 여우에게 친구가 되어 놀자고 하지만 여우는 거절한다. 왜냐하면 아직 길들여지지 않았기 때문이란다. 어린 왕자는 어떻게 해야 하는지를 물었다. 이때 여우는 어린 왕자에게 '길들여진다'는 '관계를 맺는다'는 의미라며 차분히 설명해준다.

"너는 아직 나에겐 수만 명의 다른 소년들과 똑같은 한 소년일 뿐이야.
나는 네가 필요하지 않고, 그건 너 역시 마찬가지지.
너에게 나는 수많은 여우들과 다를 바 없는 한 마리의 여우일 뿐이야.
하지만 네가 나를 길들인다면 너는 나에게 세상에 하나뿐인 소년이 될 테고 나는 너에게 세상에 하나뿐인 여우가 될 거야."

"네가 날 길들이게 된다면, 내 삶은 빛나게 될 거야.
다른 모든 발자국 소리와는 다른 너만의 발자국 소리를 알게 될 테니까.
다른 발자국 소리들은 나를 땅 아래로 되돌아오게 만들 테지만
너의 소리는 음악처럼 땅 밖으로 나를 불러낼 거야."

독서를 한다는 것은 이런 길들이기 과정과 다를 바 없다. 아직 책과 친구가 되지 못했다면 서점이나 도서실에 가서 책의 겉표지만이라도 훑어보기 바란다. 그러다 손에 잡히는 얇은 책이 있으면 슬쩍 넘기다 마음에 들면 근처에 앉아 조금이라도 읽으면 된다. 그런 과정을 거치다 보면 어느새 친근해진 책을 느끼게 된다. 책과 친구가

되어 서로 길들여지면 책은 여러분에게 아낌없이 새로운 지식과 기술에 대한 정보를 알려주는 유용한 친구가 될 것이다.

만약 책을 보기 어렵다면 관심 있는 내용이 담긴 영상으로 시작하는 것도 괜찮다. EBS, KBS, SBS 등의 방송에서 제공되는 시사프로그램들과 다큐멘터리를 보면 세상의 흐름이 보인다. 좀 더 접근하기 쉬운 프로그램을 원한다면 tvN의 〈어쩌다 어른〉, 〈벌거벗은 세계사〉, KBS의 〈명견만리〉, 〈이슈 픽 쌤과 함께〉, JTBC의 〈차이나는 클라스〉 등도 아주 좋다. 세상의 변화와 흐름을 전문가들이 간략하고 실속 있게 짚어준다.

독서 혹은 영상물 시청으로 새로운 정보를 길들이다 보면 일부라도 뇌리에 남게 된다. 그렇게 쌓인 지식이 여러분을 적어도 세 가지 길로 이끌 확률이 높다.

첫째, 지식이 쌓이면 경험해보고 싶어진다. 지식이 머릿속에서 구조화된 이후 체험은 또 다른 세상을 보여주는 열쇠가 된다. 새로운 경험은 '세상에…. 이게 이런 거였어?'라는 놀라움을 선사한다. 그렇게 몸으로 새긴 경험은 게임 속 '마나'(특수 공격을 하거나 기술을 사용할 때 필요한 능력치를 올려주는 약물)와 같은 역할을 하는 것이다.

둘째, 남과의 대화가 풍부해진다. 새롭게 쌓인 지식에 체험이 더해지면 사람들과 대화할 풍부한 이야깃거리가 생긴다. 새롭게 읽거나 경험한 바는 대화를 알차게 이끌어나가는 든든한 자원이 된다. 말 위에 올라탄 여러분은 잡고 있는 말고삐로 방향과 속도만 조절하면 된다. 그렇게 시작한 타인과의 대화가 수다 수준이 되면 즐거워진다. 그렇게 떨 수 있는 만큼 즐겁게 수다를 떨자. 즐거운 기억들을 자꾸자꾸 만들자. 그리고 많이 웃자. 여러분의 두뇌를 수다로 샤워시켜라. 그 과정이 즐거우면 즐거울수록 여러분은 새로운 정보를 담은 책이나 동영상, 글들을 찾아 읽게 되고 다시 마음이 맞는 사람들끼리 모여 의견도 나누고 수다도 떨고 음료수도 마시고 음식도 먹는 즐거운 선순환이 일어날 것이다. 그런 인간적인 교류를 만드는 선순환이 이어지면 여러분의 인생도 바뀔 것이다.

셋째, 비슷한 관심을 가진 다른 이들과 스터디모임 또는 동아리를 만들거나 가입하게 된다. 관심 분야가 정해지고 그 몰입 정도가 높아지면 더 많은 정보를 갈구하게 되고 소통하고 싶어진다. 관심사가 비슷한 이들이 모이면 지식의 폭발이 일어나 교류되는 정보의 수준이 달라진다. 이런 관계를 통해 변하는 세상에 대응할 힘을 축적할 수 있다.

미래에는 하나의 직업으로 평생을 살 수 없을지도 모른다. 하지만 독서를 통해 위에서 얘기한 세 가지 길을 경험한다면 세상의 어떠한 변화에도 유연하게 적응하고 대응할 수 있게 될 것이다.

직업시대를
준비하는 힘

1

평생 할 일을 정하고
전력으로 매진하고 연구하라

2013년부터 초·중·고 학생들의 학업중단을 예방하기 위
해 이른바 '학업중단숙려제'가 시행되고 있다. 대상은 학교에 학업
중단 의사를 밝혔거나 학업중단 위기에 처해 있다고 인정되는 학생
이다. 단 연락이 끊겼거나, 질병 치료, 사고, 유학, 학교폭력이나 규
칙위반 등으로 퇴학당해 학업이 중단되는 경우는 대상에서 제외한
다. 나도 학교에서 간혹 이 제도를 이용해 몇 주 동안 학업을 중단하
는 학생을 보곤 한다.

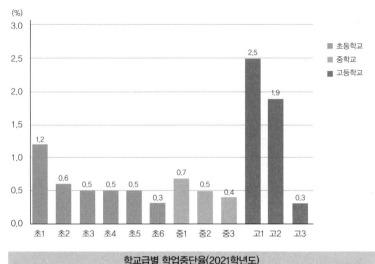

학교급별 학업중단율(2021학년도)

자료: 교육부

중학교에서는 한 가지 더 색다른 제도를 시행하고 있다. 이름 하여 '자유학기제'다. 대체로 1학년 학생을 대상으로 한 학기 동안 오전에는 기존의 교과수업을 하고, 오후에는 진로탐색 활동, 주제선택 활동, 예술·체육 활동 그리고 동아리 활동 등 다양한 활동으로 시험 부담에서 벗어나 꿈과 끼를 찾게 함으로써 학생들의 역량을 향상시킬 목적으로 운영되는 제도다.

우리나라 학생들의 학업중단율은 초등학교의 경우 1985년 0퍼센트(1636명)에서 2021년 0.6퍼센트(1만 5389명)로 늘어난 반면 중학교와 고등학교 학생들의 학업중단율은 1985년 중학교 1.1퍼센트(2만 9410명), 고등학교 3퍼센트(6만 3841명)*에서 2021년 중학교

• 1985년 중학교 및 고등학교 학업중단율은 2005년도《간추린 교육통계》자료임.

0.5퍼센트(7235명), 고등학교 1.5퍼센트(2만 131명)로 줄었다. 그러나 2015년부터 2019년까지 고등학교의 학업중단율은 매년 0.1퍼센트포인트씩 증가했고, 초등학교와 중학교도 2015년에 비해 2019년 각각 0.2퍼센트포인트씩 증가했다. 그런데 2021학년도 학년별 학업중단율을 들여다보면 보면 고등학교 1, 2학년 때 학업중단율이 초등학교나 중학교에 비해 상당히 높은 편임을 알 수 있다. 이유가 뭘까?

학업중단 사유를 보면 많은 수가 '자퇴'다. 질병, 가사, 부적응, 해외출국 등이 그 이유다. 한편 고등학교의 경우 부적응에 의한 학업중단이 2011년 45.1퍼센트에서 2013년 50퍼센트로 늘어났다. 이 추세가 계속될지는 모르겠으나 부적응 학생이 늘고 있는 건 사실이라고 봐야겠다. 그런 현실을 고려해서인지 2013년부터 특성화고와 일반고(자율형공립고 포함) 사이에 전학이 가능해졌다. 이를 '진로변경 전·입학제'라고 한다. 고등학교로 진학한 후 진로적성이 맞지 않는 학생들에게 자기 적성에 맞는 고등학교를 찾아갈 수 있도록 진로변경의 기회를 제공하는 제도다. 대상은 주로 고등학교 재학 중인 1학년 학생을 대상으로 하나 지역에 따라 2학년에게 적용되는 경우도 있다. 대구MBC 보도에 따르면 2022년 고등학생 20명이 일반고에서 특성화고로 진로를 변경했다. 대구시교육청에 따르면 2018년 23명, 2019년, 29명, 2020년 17명, 2021년 13명의 일반고 학생이 특성화고로 옮겼다고 한다. 한편 서울 지역에서는 2015년부터 2018년 사이에 매년 140명 안팎의 학생이 일반고에서 특성화고로 전학했다.

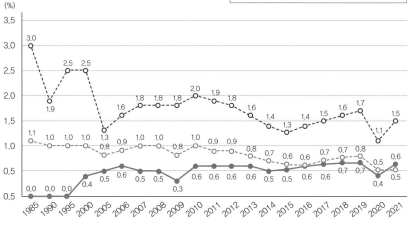

연도별, 학교급별 학업중단율

자료: 한국교육개발원(2020 보완)

이런 노력의 성과인지 중학생과 고등학생 전체의 학업중단율은 서서히 줄어들고 있었으나 2015년을 기점으로 다시 늘어나는 추세다. 그리고 안타깝게도 정작 대학에 진학한 학생들의 학업중단율은 이에 비할 바 없이 높은 편이다. 이런 현실이 의미하는 바는 무엇일까? 초등학교 6년, 중학교 3년, 고등학교 3년, 통틀어 12년간 나름 열심히 공부했는데 막상 대학을 가서 보니 자신이 원하던 진로가 아니었음을 뒤늦게 알게 되는 경우가 많다는 의미다.

2017년 7월 20일자 《경향신문》에 '갭이어 도입 제안'에 관한 기사가 났다. 3회째를 맞는 서울청년의회가 청년의 진로탐색을 지원하는 '갭이어'Gap year 등 10대 청년 정책을 서울시에 제안했다는 내용이었다. 아래는 기사 내용의 일부다.

"서울형 청년 갭이어 지원 사업은 청년들이 일정 기간 동안 여행, 봉사, 인턴활동, 창업 등 새로운 환경에서 활동하며 진로를 탐색할 수 있도록 지원해주는 내용이다. 갭이어란 진학·취업 전 여유를 갖는 것으로 청년이 자신의 적성과 무관하게 저소득 단기 일자리를 전전하는 것이 아니라 시간을 갖고 미래를 설계하게 하자는 취지다. 영국 등 서구 사회에서는 많은 학생이 고등학교를 졸업하면 곧바로 대학에 진학하지 않고 1년 동안 갭이어를 가진다. 배우 엠마 왓슨, 영국 해리 왕자, 오바마 전 미국 대통령의 딸 말리아 오바마 등이 갭이어를 활용했다."

기사에 소개된 대로 갭이어란 고등학교를 졸업한 후 바로 대학에 진학하는 것이 아니라 다양한 활동을 경험하는 시간을 갖게 하는 제도를 말한다. 평균수명이 길어지고, 이전의 사람들보다 오랜 시간 경제활동을 하며 자아성취를 해야 하는데, 높은 실업률에 고민이 많은 이 시대 청년들에게 갭이어는 진로나 직업을 정하기 전에 한번쯤은 디뎌야 할 징검다리 같은 것일지도 모르겠다.

영국은 이런 제도의 필요성을 진작부터 인식하고 바로 대학에 진학하지 않는 학생들에게 인턴십, 여행, 워킹홀리데이나 해외봉사 등의 프로그램을 제공하고 있다. 유럽의 여러 나라와 미국, 캐나다, 일본 등 선진국에서도 이를 시행하고 있다. 미국의 하버드 대학교나 프린스턴 대학교, 일본 도쿄 대학교 등도 입학자와 학기 중인 학생들에게 권장하고 있다. 이런 대학이 갭이어를 학생들에게 권장하는 이유는 이를 경험한 학생들의 대학 중도 포기율이 낮기 때문이란

지금도 많은 분들이
갭이어를 통해
가치있는 시간을
보내고 있습니다!

한국갭이어는 2012년 11월 15일 누리집을 오픈하고 다양한 활동을 시작했다.

자료: koreagapyear.com

다. 그러니 얼마나 많은 학생들이 갭이어의 필요성을 느끼고 있는지 능히 짐작할 수 있는 일이다.

2000년 이후로 우리나라도 대학생들의 학업중단율이 높아지면서 2012년에는 '한국갭이어'가 생겼다. 사회가 변화함을 이를 통해서도 알 수 있다. 중학생에게 자유학기제나 학업중단숙려제 등의 갭이어를 주고, 대학생들에겐 갭이어를 권유하는 사회가 된 것이다. 이렇게 1~2년이라도 충분히 고민해서 자신이 갈 길이 뭔지 방향을 확실히 잡는 일이 중요해졌다. 앞으로 여러분은 80대에도 직업을 갖고 일해야 할지 모른다. 세상이 그렇게 변하고 있다. 그렇게 보면 1~2년의 탐색으로 평생 자신이 갈 방향을 알 수 있다면 투자할 만한 시간 아닌가?

이제는 직장을 밥벌이를 위해 다닌다는 수단이 아니라 평생 성취를 위한 직업을 갖는다는 개념으로 전환이 필요한 시점이다. 그러니 갭이어를 활용해서라도 하고 싶은 일, 평생해도 후회하지 않을 일, 더해서 잘하는 일들을 찾아보자. 그렇게 해서 방향을 정했다면 본격적으로 집중해야 한다. 자신이 하고 싶은 또는 하고자 하는 일을 한다고 해도 어려움은 따른다. 그런 어려움은 어디에나 있다. 하지만 자신이 방향을 정하고 마음먹은 일을 할 때는 어려움을 극복하기가 훨씬 쉬워진다. 그리고 극복했을 때는 좋은 경험이 되어 자신감이 배가 된다.

'나는 이미 진로를 탐색하고 좋아하는 일이나 잘하는 일을 찾았는데 아무리 해도 안 되더라' 하는 고민을 토로하는 학생이 있을 수 있다. 그럴 때는 안 되는 이유를 찾아야 한다. 노력했는데도 안 되는 경우는 방법이 잘못되었기 때문인 경우가 많다. 얼마 전까지 1만 시간의 법칙이 잘못되었다느니 아니라느니 말들이 많았지만, 다시금 《1만 시간의 재발견》이라는 책까지 나왔다. 1만 시간을 투자해도 안 되는 이유를 찾아냈다는 의미다. 안데르스 에릭슨 박사는 노력의 올바른 방법을 '집중'과 '피드백', 그리고 '수정'이라고 이야기하고 있다. 또한 오랜 시간 체계적인 훈련과 연습이 필요하다고 말한다. 나 또한 이에 동의한다. 진로의 방향을 잡았다면 계획을 세우고 집중해라. 하다가 막히는 부분이 있다면 원인을 찾아 수정하고 다시 집중해야 한다. 그렇게 여러분만의 길로 거침없이 나아가라. 여러분은 젊다. 그게 가장 큰 힘이다.

2

대기업이 아닌 강소기업에서
꿈을 실현하라

2017년 하반기부터 공공기관 332곳과 공기업 149곳에서 블라인드Blind 채용이 시행되었다. 이는 취업에서 고학력 중심의 선발 관행을 없애고 평등한 기회를 제공하기 위한 목적으로 업무와 상관없는 사진, 출신지, 키, 몸무게, 졸업 학교, 학점, 토익 점수 등의 스펙을 넣지 않는 채용방식을 말한다(남경민, 〈기자수첩−블라인드 채용, 역차별 아닌 평등의 기회〉, 《이지경제》, 2017년 7월 24일자).

　일반 기업들도 이러한 방식으로 직원 채용을 시작했다. SK그룹은 2015년부터 개인정보를 일절 기재하지 않고 무형식 자기소개문으로 서류전형을 하고 오디션 개념으로 면접을 보고 채용한다. 롯데그룹은 '스펙태클 오디션' 제도를 통해 직무능력만으로 인원을 선별한다. 포스코도 학력과 학점, 자격증을 배제한 블라인드 면접을 시행하고 있다. 이외에도 넥슨코리아, 한라, 현대건설 등 많은 기업들이 블라인드 채용을 도입하거나 검토 중에 있다.

'아니, 여태껏 쌓은 내 스펙은 어쩌라고?' 하고 외치는 사람도 적지 않을 것이다. 하지만 이제는 스스로 물어봐야 한다. '내가 창의적인 사람일까?' 하고 말이다. 기업들의 채용 방식이 변화한다는 것은 창의적이고 융합적인 인재를 뽑지 않으면 무한경쟁 시대에 살아남기 어렵다는 방증이 아니겠는가?

세계적인 기업 구글은 직원 채용 과정에서 대화능력, 정직성, 성실성, 대인관계, 윤리, 팀워크 등 조직 내에서 의사소통과 협동을 잘할 수 있는지를 중점적으로 본다고 한다. 연구직이라든지 경호원처럼 스펙이 꼭 필요한 직종도 여전히 있다. 그러나 그 외의 직종에서는 우리 사회의 채용 방식도 구글 같은 기업과 비슷한 방향으로 나아갈 공산이 크다. 더구나 젊은 세대는 앞으로 로봇이나 인공지능과 함께 일할 확률이 높다. 그런데 의사소통과 대인관계, 협동능력, 윤리 등의 가치를 함양하지 못한 사람이 어떻게 이성적으로 움직이는 로봇이나 인공지능과 협업할 수 있겠는가?

이제는 직원의 스펙이 기업의 이윤을 높여주지 못한다는 사실을 인식하고 있다. 학벌이 화려해도 창의적인 아이디어가 부족하다든

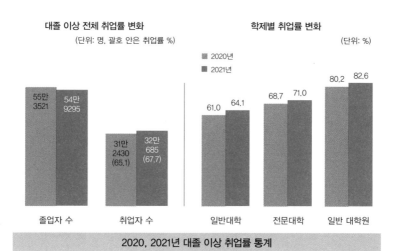

자료: 교육부·한국교육개발원

가 해서 기업에 실질적인 이득을 가져다주지 못하면 곧 퇴사 대상자에 오르게 된다. 오늘날 젊은이들에게 블라인드 채용이라는 변화는 환영할 만한 일일 것이다. 정작 문제는 소위 대기업들이 뽑는 신규 채용 규모가 날이 갈수록 줄어들고 있다는 사실이다.

2022년 12월 16일 교육부와 한국교육개발원이 내놓은 〈2021년 고등교육기관 졸업자 취업통계조사〉 결과에 따르면 2021년 2월 고등교육기관 졸업자(2020년 8월 졸업자 포함) 중 취업자는 32만 685명으로, 취업대상자(17만 3342명)의 67.7퍼센트였다. 이는 전년(65.1%)보다 2.6퍼센트포인트 증가한 수치다. 2021년 대학교·대학원 졸업자의 취업률은 2020년에 비해 소폭 증가했고 수도권 취업률은 69.8퍼센트, 비수도권 취업률은 66.3퍼센트로 지역 간 3.5퍼센트포인트 차이를 보였다. 전체 취업률(67.7%)를 기준으로 공학계열(69.9%), 의약계열(82.1%)의 취업률이 높은 반면 인문계열(58.2%), 사회계열(63.9%), 교육계열(63.0%), 자연계열(65.0%), 예체능계열(66.6%)의 취업률은 낮았다. 의약계열(0.0%p)과 교육계열(0.9%p)을 제외한 모든 계열의 취업률이 2퍼센트포인트 이상 증가한 것으로 나타났다.

실제로 그렇다. 삼성디스플레이, 한화테크윈, 삼성종합화학, 삼성바이오, LG디스플레이, LG화학, 포스코ICT 등 웬만한 대기업들이 이제는 인문계열 출신을 직원으로 채용하기를 꺼린다. 2023년 3월 8일자 《메트로신문》 기사에 따르면 올해 채용 부진과 이공계 선호 현상이 맞물리면서 문과생들의 취업길이 더욱 좁아졌다고 한다. 매출액 500대 기업을 대상으로 '2023년 상반기 신규채용 계획'을 조사한 결과, 올해 상반기 대졸 신규채용 계획 인원 10명 중 7명(67.5%)은 이공계열 졸업자 자리인 것으로 조사됐다. 그런데도 대학생들에게 중소기업으로 취업하는 길을 생각해보라고 권하면 눈을 흘긴다. 대기업에 비해 급여 수준이 낮고, 경쟁력이 떨어진다고 생각하기 때문이다. 우리나라 중소기업의 실태를 표현하는 용어로 '99-88'이란 말이 있다. 한국 전체 사업체의 99.9퍼센트가 중소기업이고, 전체 근로자의 88퍼센트 가량이 중소기업에 종사한다. 그런데 0.1퍼센트에 해당하는 대기업 혹은 재벌이 국내 총생산액의 절반 이상을 장악하고 있다고 한다. 이런 현실 때문에 취업 대상자의 대기업 편향성이 두드러지는 것이다. 이는 결국 갑과 을의 관계, 불평등한 근무상황과 임금의 격차를 양산하는 토대가 된다. 대기업

의존도가 높을수록 우리 사회는 더욱 그렇게 될 것이다.

인재들이 대기업에만 몰리니 그쪽은 경쟁률이 갈수록 심해지는 반면 중소기업은 인재난을 겪게 된다. 비전이 있는 중소기업이 많이 있는데도 대학생들이 중소기업으로 취업하기를 기피하는 것이다. 경쟁이 치열해 대기업엔 들어갈 수 없고, 중소기업에 취업하기는 싫고, 그렇게 백수로 몇 년 지내다 보면 결국 '묻지 마' 취업조차 꿈꾸기 어려운 신세로 전락하게 되니 유의해야 한다.

모두가 대기업에 들어갈 수는 없다. 그래서 나는 실력 있는 학생들에게 강소기업으로 취업하라고 권하는 편이다. 과거 군사정권 시절에 "잘 키운 딸 하나, 열 아들 안 부럽다"라는 표어를 내걸고 산아제한 정책을 펼치던 때가 있었다. 오늘날에는 이 말이 이렇게 적용될 수 있다고 생각한다. "잘 키운 강소기업 하나, 열 대기업 안 부럽다"라고 말이다.

어린 시절 "뱀의 머리가 될지언정 용의 꼬리는 되지 마라"는 얘기를 어른들한테서 많이 들었다. 어릴 때는 막연히 용의 꼬리가 더 좋다고 생각했다. 그러나 생각해보자. 전교 1, 2등을 다투는 머리 좋은 학생들은 과학고나 외국어고로 많이 간다. 그런데 한때 잘나가던 아이들이 비슷한 수준의 학생들이 모인 학교로 진학하면 중간도 못하는 경우가 자주 생긴다. 이는 머리가 나빠서도 아니고 능력이 모자라서도 아니다. 도토리 키 재기만큼도 못한 차이이지만, 성적에 따른 차이가 주는 자괴감은 아마도 그동안 살면서 느껴보지 못한 경험일 것이다. 그렇게까지 경쟁해야 할 필요가 있을까? 그렇게 박

터지게 경쟁해서 똑같은 길로 나아가도 용의 머리가 될 확률은 점점 더 줄어든다. 내가 정작 잘하는 것은 다른 아이들과 전혀 다른 것일 수도 있다는 생각을 할 여유도 없다.

조금만 달리 생각하면 뱀의 머리가 되어 미래가 보장되는 길이 보일 것이다. 강소기업이란 고용노동부가 청년들에게 작지만 강한 성장 의지와 잠재력, 고용안정성을 갖춘 유망 중소기업을 알리고자 하는 목적으로 2012년부터 정부, 자치단체, 민간 부분에서 '일자리 친화' '기술력' 그리고 '재무 건전성' 등을 기준으로 연 1회 선정하는 '작지만 강한' 우수 중소, 중견기업을 말한다(홍예지, 〈2017년 고용노동부 지정 강소기업 선정〉, 《나무신문》, 2017년 5월 29일자). 강소기업은 기업 세계의 작은 거인이다. 이러한 강소기업이 많은 나라는 독일, 미국, 일본 순이다. 중산층이 매우 두터운 사회임을 알 수 있다. 그만큼 안정성이 있어 생활이 불안할 만한 요소가 적다는 의미이기도 하다.

강소기업은 정부, 공공기관으로부터 우수 기업으로 선정되어야 한다. 임금체불이력과 업종 평균 산업재해율, 고용유지율, 신용평가 등급 B- 이상 등을 고려해 고용노동부에서 최종 선정한다. 2023년도에 고용노동부가 이렇게 까다로운 기준을 적용해 강소기업으로 선정한 기업이 2만 7790개소에 이른다.

산업통상자원부는 2022년 11월 18일 '세계일류상품 인증서 수여식'을 개최했다. 66개 품목, 81개 업체를 대상으로 인증서를 수여했는데 신규 선정된 세계일류상품은 '현재 세계일류상품(세계 시장 점유율 5% 이상, 점유율 5위 이내 요건을 충족한 상품)' 21개 품목(29개사)과 '차세대 세계일류상품(7년 안에 세계 점유율 5% 가능성이 있는 상품)' 45개 품목(52개사)로 구성됐다. 업종별로는 전기전자·반도체 분야가 14개 품목으로 가장 많았고, 생물·화학 분야가 10개 품목, 보건 산업 분야가 8개 품목으로 뒤를 이었다. 기업 규모로는 중소기업 60개, 중견기업 14개, 대기업 7개로 중소·중견기업이 전체 세계일류상품 품목의 91퍼센트를 차지했다.

이렇듯 중소기업의 위상과 역할이 과거와는 다르게 변화하고 있다. 대기업이 무조건 좋다는 선입견을 버려야 한다. 기업 간의 경쟁이 치열해 피바다로 표현되는 '레드오션'보다는 경쟁자가 거의 없어 수상스키라도 즐길 수 있을 듯해 '블루오션'으로 표현되는 중소기업에 들어가 미래를 개척하는 것도 지혜로운 선택이라고 생각한다.

우리나라가 당면하고 있는 청년 부채, 일자리 감소, 출산율 감소, 그리고 가계 부채 등의 사회적 문제를 해결하기 위해서는 강소기업이 많이 나와야 한다. 대기업이 처음부터 대기업이 아니었듯이 강소기업 역시 처음부터 강소기업은 아니었다. 누군가는 처음에 그 중소기업을 창업했을 것이고, 누군가는 그 작은 기업에 들어가 열심히 노력함으로써 기업 성장에 기여했을 것이다. 그렇게 작은 성공신화를 착실히 쌓아온 기업이 강소기업으로 탄생한 것이다.

경쟁이 치열한 곳에서 눈을 돌리자. 덜 알려진 좋은 기업이 의외로 많다. 블루오션에서 여러분의 열정을 쏟기 바란다.

3

신입사원에겐 졸업장이
필요하지만 CEO에겐 졸업장이
필요 없다

한 연구소에서 연구책임자로 근무하는 후배를 만났다. 너
무 오랜만에 만난 터라 반갑기도 해서 식사 중에 이런저런 이야기를
나눴다. 그러던 중 후배가 "요즘 애들은 무슨 실험을 하라고 하면 한
심해서 말이 안 나올 정도예요"라는 말을 했다. 험한 말을 입에 담는
후배가 아니었던 터라 무슨 얘기인지 물었더니 "기본적인 실험 방
법은 대학에서 당연히 배우고 와야 하는데, 다시 처음부터 하나하나
차곡차곡 가르쳐주질 않으면 안 되는 거예요. 연구원은 가르치려고

채용한 게 아니잖아요. 예전에는 어떤 실험을 하라고 하면 다들 알아서 했는데, 요즘 아이들은 왜 그걸 못하는 거죠? 대학에서 전공한 졸업장이 있으니 그만한 능력을 갖췄다고 보고 고용하는 거잖아요. 완전 배반당한 느낌이에요." 공감이 가는 부분이 있어 고개를 끄덕일 수밖에 없었다.

학교 졸업 이후 사회에서 일할 때 정말 중요한 것은 직무능력이다. 신규로 채용하는 사람의 능력을 일일이 확인할 방법이 없으니 기업이나 연구소에선 졸업장이나 면허증 혹은 자격증으로 능력을 가늠한다. 그런데 요즘은 엄청나게 다양한 자격증이 판치는 세상이다. 자격증을 갖췄다고 한들 각자의 능력은 천차만별이다.

여기서 잠깐! 면허증과 자격증의 차이를 아는가? 면허증은 국가에서 어떤 특정한 일(또는 행위)이나 영업을 할 수 있도록 허가하는 증명서다. 자격증은 어떤 분야에서 일정한 능력을 갖춘 사람에게 그래, 이 분야에 기초 능력은 있어 하고 인정해주는 증명서다. 면허증이 없는 사람이 그 행위나 일을 했을 때는 불법이 되어 법적인 처벌을 받게 된다. 의사 면허증, 간호사 면허증, 수의사 면허증, 운전 면허증, 유선사업 및 도선사업 면허증, 건설기계조종사 면허증 등 직종에 따라 그 종류가 꽤 되고, 그것을 갖춘 사람의 능력은 확실히 보장된다.

반면 자격증은 '있으면 좋지 않을까' 정도라고나 할까? 있으나 없으나 법적인 문제와는 상관이 없다. 단지 국가고시의 자격 조건이 되는 자격증은 공인된 힘이 있는 편이다. 예를 들어 교사 임용고시를 보려면 교원자격증을 소지해야 하니 사회적 인정을 받는 셈이다. 한편 민간에서 발행하는 자격증은 부지기수다. 거의 20년 전쯤으로 기억하는데 나도 '인터넷 검색사 2급' 자격증을 딴 적이 있다. 새로 생긴 자격증을 홍보하기에 귀가 솔깃해서 땄지만 지금까지 유용하게 쓴 일은 없다.

요즘은 중학생부터 대학생에 이르기까지 소위 스펙을 쌓기 위해 이름도 처음 들어보는 자격증을 따는 친구들이 많다. 토익 점수 챙기느라 시간과 노력과 돈을 많이 쓴다. 그런데 꽤 높은 점수를 취득하더라도 결정적으로 취업이 안 된다. 경쟁이 너무 치열하기 때문이다. 하지만 기업 입장에서는 뽑을 사람이 없다고 하소연이다. 빵빵한 스펙으로 무장한 신입을 기대하고 뽑았는데 기대에 미치지 않는 경우가 많기 때문이다. 기업 입장에서는 신규 직원을 채용하고 기업 특성에 맞춰 다시 훈련해야 하니, 그 비용도 적지 않은 부담이 된다.

"도대체 대학에서 뭘 가르친 거야?" 하는 불만이 나올 수밖에 없는 상황이다. 심지어 신입사원 뽑는 일을 '기부행위'라고 이야기하는 인사 담당자도 있을 정도란다. 특성화고 출신 학생들은 맡는 일이 달라 경우가 다르긴 해도 큰 틀에서 보면 약간의 재교육이면 된다. 그러나 일반대학 졸업자를 뽑아서 쓰는 기업 입장에서는 재훈련에 소요되는 시간과 경비를 우려하지 않을 수 없다.

최근 특성화고에서는 '도제제도'를 도입해 기업 맞춤형 교육으로 회사에서 실무를 배우도록 한다. 그렇게 맞춤형으로 내보내면 기업도 학교를 더 믿게 된다.

인천해양과학고의 자원환경과 학생들은 수업 중에 의무적으로 수영을 배운다. 어린 나이에 수영을 익히니 물에 대한 두려움이 없어 물속 깊은 곳에서 살다시피 하는 아이들도 있다. 한마디로 즐기는 것이다. 그런 학생들 중에서는 스스로 원해서 스쿠버다이빙 자격증이나 한국산업기술인협회가 주관하는 잠수기능사 (국가)자격증까지 따는 아이들도 꽤 있다. 스쿠버다이빙 자격증은 민간자격증이지만 오픈워터와 어드밴스까지 매년 20~30명 정도가 취득하고 있다고 한다.

이런 학생들은 향후 산업잠수사라는 직업을 선택하기도 한다. 잠수장비를 갖추고 수중에서 물체를 조사하거나 촬영, 탐색 및 채집을 하거나 선박을 보수하고 인양하는 등의 일을 하게 되는데, 한 달에 하루 1시간씩 10일만 들어가면 20일을 놀아도 웬만한 대기업 직원보다 많은 돈을 번다. 안전규칙상 그 이상은 들어가지도 못하게 되어 있단다. 경력만 갖추면 이런 학생들은 좋아하는 일이 평생 직업도 되는 1인 기업인 셈이다. 자신의 업무만 정확히 하면 누구의 눈치를 볼 일도 없는 이런 분야는 그야말로 블루오션이다. 이런 일은 자격증이 확실히 유용한 사례에 속한다. 그 자격증을 따기 위해 쌓이는 실제 경험이 있으니 자격을 인정받는 자격증인 셈이다. 산업잠수사로 열심히 일하다 나이가 들면 잠수 관련 사업체를 차려 직원을 고용하게 될지도 모른다. 자기처럼 능력 있는 직원으로 말이다.

이런 특별한 경우가 아니면 사실 자격증이 그 사람의 능력을 대변해주는 경우는 많지 않은 것 같다. 앞서도 얘기했지만 앞으로 우

자료: 비주얼다이브

취업준비생들은 여전히 '스펙'을 중요한 취업 요건으로 인식하고 있다. 반면 가장 적합한 스펙초월 채용방식으로 '블라인드 평가'를 1순위로 꼽았다. 우리 사회에서 취업준비생이 처한 현실과 개선 방향이 분명하게 드러나는 대목이 아닐 수 없다.

리 사회는 1인 창업이나 1인 창직이 많아질 것이다. 그런데도 스펙에 매달릴 것인가? 기업들의 블라인드 채용은 스펙이 의미 없는 시대의 본격적인 서막이라 해야 할 것이다.

요즘 대학생들은 자격증 공황시대를 맞았다. 남에게 뒤쳐질까 두려워 비슷비슷한 스펙을 준비하느라 시간을 소모한 탓이다. 기업의 특성은 각기 다른데, 면접 보겠다고 오는 취업 대상자들의 스펙은 천편일률적인 것이 현실이다. 때문에 이로 인한 문제점이 노출되면서 국가적으로도 위기감이 고조되었다. 그래서 2016년부터는 국가직무능력표준National Competency Standards, NCS에 맞춰 채용하도록 하고 있다. NCS란 산업 현장에서 직무를 수행하기 위해 요구되는 능력을 국가적 차원에서 표준화한 것이다.

국가도 사회도 이제는 특별한 경우가 아니면 자격증을 요구하지 않는 방향으로 변화하고 있다. 앞으로 필요 없는 스펙을 쌓는다고 인생을 소모하지 말자. 정말로 들어가고 싶은 기업이 있다면 그 기업에서 일하기 위해 어떤 직무능력을 갖추어야 하는지 파악해서 대비하기 바란다.

또한 직장에 들어가더라도 평생 그곳에서만 일할 것이라는 생각은 접어야 한다. 2019년 대한상공회의소가 국내 1000대 기업을 대상으로 조사한 바에 따르면 한국 기업의 평균수명은 28년이었다. 미국 기업의 평균수명은 1970년대에는 30년이었고, 2005년 조사에서는 15년으로 줄어들었다. 2023년 2월 5일자《머니투데이》기사에 따르면 1958년 기준으로 기업의 평균수명이 61년이었지만 2027년에는 12년 수준으로 크게 줄어들 것이라고 한다. 우리나라 코스피 상장기업들의 평균수명은 33년이다. 한편 320만 개에 달하는 중소기업의 평균수명은 12.3년이며 30년 이상 장수기업은 6.6퍼센트에 불과하다고 한다. 이처럼 우리나라의 기업의 평균수명은 더욱 짧아질 것으로 예상할 수 있다. 그러니 평생 회사원으로 일하겠다는 생각을 버리고 미래에는 1인 창업, 창직으로 CEO가 될 수 있도록 준비해야 한다.

공무원은 사회에서 '철밥통'으로 인식되는 측면이 없지 않다. 하지만 2016년 11월 24일 인사혁신처에서 미래환경분야를 예측

및 분석하고 정부의 기능과 인사를 조망하는 보고서인 《인사비전 2045》를 발간했다. 이 보고서를 보면 빅데이터, 사물인터넷IoT 그리고 인공지능 등 첨단기술이 일상화되고 저출산과 초고령화 및 다문화로 변화를 겪게 되는 미래 사회에서는 공무원도 '1인 창조직위'를 갖게 된단다. 쉽게 말해 공무원 개인이 맡은 업무를 처음부터 끝까지 혼자 집행하고 결정하게 된다는 뜻이다. 또한 2070년까지 서서히 정년이 없어지고, 협업을 위해 결집했다가 목표 달성 후 해산하는 방식인 '태스크 플래시몹'task flash mob 조직이 공무원 사회에서도 활성화될 거란다. 즉 공무원도 업무 상황에 따라 계속 바뀌는 파트타임part time 일자리로 변한다는 얘기다.

이제는 기업에 들어가든 자신의 기업을 세우든 필요한 것은 자격증이 아니라 실무를 수행할 수 있는 직무능력과 경험, 그리고 이를 통해 생기는 일의 흐름에 대한 안목이다. 그것이야말로 진정한 생존능력이다.

가끔 옷가게 앞을 지나다 보면 구인광고를 보는 경우가 있다. "초보자 환영, 유경험자 우대." 작은 옷가게도 경험자를 원한다. 유경험자는 몇 년의 경험을 쌓은 후 판매 노하우와 옷가게 관련 사업의 전반적인 흐름을 보는 눈이 생기면 자신의 옷가게를 차린다. 그러고는 직원을 고용하는 입장에 서게 된다. 능력이 되는데 왜 남 밑에서 눈치 보며 일하겠나? 하고 싶은 일을 하지. 스스로 사업체를 만들면 졸업장도 자격증도 필요 없다. 내게 없는 기술이 필요하다면? 그런 일을 잘하는 직원을 고용하면 된다.

누군가 말했다. CEO에게 필요한 능력은 '시대 흐름을 읽는 능력'
이라고. 미래를 살아갈 여러분에게 필요한 것은 자격증이 아닌 경
험을 통한 진짜 실력과 안목임을 잊지 말기 바란다.

4

성찰과 사색을 통해
'본질을 보는 눈'을 길러라

'지피지기知彼知己면 백전백승百戰百勝'이란 말은 한번쯤 들어 봤을 것이다. '적을 알고 나를 알면 백번을 싸워도 백번 다 이길 수 있다'는 의미다. 그런데 이 말은 잘못된 말이란다. 본래는 '지피지기知彼知己, 백전불태百戰不殆. 부지피이지기不知彼而知己, 일승일부一勝一負. 부지피不知彼, 부지기不知己, 매전필태每戰必殆'라고 해서 《손자병법》 제 3편 〈모공謀攻편〉에 나오는 이야기로, '적을 알고 나를 알면 백번 싸 워도 위태롭지 않다. 적을 모르고 나만 알면 한 번은 이기고 한 번은

진다. 적도 모르고 나도 모르면 싸울 때마다 반드시 위태로워진다'
는 뜻이다.

세상을 살면서 다른 사람들을 경쟁 상대로 여기고 싸우라는 말
을 하려는 것이 아니다. 나는 이 말이 '성찰'의 중요성을 우리에게 가
장 구체적인 결과로 알려주는 문구라고 생각한다. 성찰은 위의 말
처럼 남과 내가 구별되기 때문에 일어나고 또 필요한 것이다. 이
세상에 나 혼자만 있다면 내가 어떤 사람인지, 내가 성격이 좋은
지 나쁜지, 그리고 얼마나 강한지 약한지를 굳이 따질 필요가 있겠
는가?

요즘은 학교에서도 자기성찰노트 등을 작성하게 하면서 자신의
언행을 살필 기회를 갖도록 독려한다. 자기성찰 습관을 길러주려는
의도인 것이다. 그런데 왜 성찰하는 습관을 키워주려고 할까? 왜 우
리는 성찰하는 습관을 길러야 할까?

우리는 다른 사람과의 관계를 통해서만 자신을 파악할 수 있다.
인간관계 속에서 나와 다른 남의 모습과 습관, 행동 등에 반응하여
화합하고 때론 갈등도 하면서 자신을 돌아보는 과정이 곧 성찰인 셈
이다. 학생들은 가정과 학교, 학원 그리고 훗날 직장에서 다양한 사
람을 만나고 다양한 인간관계를 형성하게 된다. 이는 다양한 생각
을 가진 사람들과 부대낀다는 의미다.

사랑해서 결혼했지만 어느 순간부터 남남처럼 사는 부부도 있
다. 유년 시절 사이가 좋은 형제지간이었더라도 갈등을 해결하지
못해 원수보다 못한 사이로 사는 경우도 있다. 인간사에서 대개 갈

등은 상대방의 말이나 이야기를 제대로 경청하지 않는 경우에 발생한다. 경청하지 않는다는 것은 상대의 말과 행동의 본질을 파악하지 못하고 그냥 내 생각대로 받아들이는 것을 말한다. 이 때문에 대화로 쉽게 풀 일이 큰 오해와 갈등으로 쌓이는 경우도 많이 생긴다.

대인관계에서는 다른 사람이 하는 말을 경청하는 태도가 우선되어야 한다. 그리고 그 사람의 말과 행동에 어떤 의미가 있는지를 잘 살펴야 한다. 그래도 혹시 갈등이 있다면 비난하기에 앞서 소통을 해야 한다. 갈등을 해결하고 관계를 원만히 유지하는 데에도 성찰하는 습관이 필요하다. 지속적으로 성찰하는 습관을 기르면 사회나 문화 속에서 일어나는 현상의 진면목을 볼 수 있는 안목이 생긴다. 부조리하고 불합리한 사회문제도 보인다. 그렇게 찾아낸 의문점이나 문제점을 타인과 소통하면서 나와 다른 생각을 알아보고 합의점을 찾아가는 과정이 토의 및 토론이다.

백설공주 이야기의 왕비를 기억하는가? 왕비는 자신이 예쁜지 어떤지 매번 거울에게 물었고, 속도 없는 거울은 매번 답을 해줬다. 그것도 근거 없는 솔직함으로. 백설공주가 예쁘게 커가는 것을 질투했던 왕비가 어느 날 거울에게 묻는다.

"거울아, 거울아, 세상에서 누가 제일 예쁘지?"

"백설공주요"라는 답에 화가 난 왕비는 권력을 휘둘러 저질러선 안 되는 범죄를 사주한다.

사실 미의 기준은 제각각이다. 만약 왕비가 아프리카 여인이었다면 까만 피부를 가질수록 미인이었을 수도 있다. 왕비가 책을 좀 많이 읽었다면 어땠을까? 그랬다면 아래처럼 스스로 자신을 돌아보고 반성하면서 한 발 더 앞으로 나아가는 선택을 했을 것이다.

"내가 거울의 말에 지나치게 흥분했어. 그래선 안 되는 거였는데….
영원히 아름다움을 유지할 수는 없겠지. 거울의 말을 듣고 흥분하거나 질투하지 않으려면 어떻게 해야 할까? 나에겐 다른 강점이 있어. 책을 많이 읽었고 사교적으로 사람들과 잘 어울릴 수 있어. 나이에 걸맞은 기품도 있지. 하지만 앞으로 더욱 많은 책을 읽고 꾸준히 교양을 쌓을 거야. 나라의 통치자로서 부족함이 없게 말이야."

이런 마음의 여유가 있다면 살인을 교사하는 나쁜 왕비가 아닌, 현명하고 기품 있는 왕비가 되는 것으로 동화가 끝났을 수도 있겠다. 이와 같은 방식으로 생각이 또 다른 생각으로 꼬리를 물면서 사고를 확장하는 훈련 과정이 곧 사색思索이다.

왕비가 '어떻게 하면 위엄 있는 군주가 될 수 있을까?' 하고 고민한다는 설정을 해보자. 왕비는 이렇게 생각할지 모른다.

"세금을 더 거둬서 왕궁을 더 크게 지을까? 아니야. 추수 때가 되려면 멀었으니 그사이에 양식이 떨어질 텐데, 지금 세금을 더 걷겠다고 하면 오히려 원망을 할 거야. 큰 왕궁이 위엄의 표상이 될 수도 없을 것 같아. 백성의 삶을 윤택하게 해줄 때 진정한 지지를 받을 수 있겠지. 그렇다면 지금 내가 할 수 있는 일이 뭘까? 곧 배고픈 백성들이 많이 나올 텐데 양식을 풀어서 구제를 하면 그들이 나를 존경하겠지? 앞으로 무얼 해야 군주로서 당당할 수 있을까?"

사색하는 힘을 기르면 세상을 바라보는 자신만의 눈, 즉 안목이 생기게 된다. 입시를 준비하는 학생들이 사색하는 시간을 갖기는 쉽지 않다. 학교 수업이 끝나면 방과후 활동을 하고, 끝나자마자 학원으로 달려가는 일상을 반복하는데 무슨 사색을 하며 인생을 성찰할 수 있겠는가?

더구나 사색하는 습관도 밑바탕이 있어야 가능하다. 그것이 바로 독서다. 책을 많이 읽다 보면 저절로 의문이 생기기도 하고, 여러 가지 생각도 하게 되면서 그 생각의 꼬리를 잡고 다양한 답을 찾게 된다. 절로 사색에 빠지는 것이다. 그렇게 생각이 깊어지는 과정이 길어지면서 사색하는 힘도 길러진다. 바로 그때 세상을 바라보는 자신만의 안목이 형성된다.

그럼, 사색은 책을 읽지 않으면 못하는 것인가 하는 의문이 들 수도 있다. 그렇지는 않다. 그렇지만 먼 길을 떠날 때 지도와 나침반을 가지고 출발하는 것과 아무것도 없이 그냥 자신의 느낌만으로 출발하는 것은 천지 차이다. 인생에서 지도와 나침반 역할을 해주는 것이 바로 독서다. '요즘 지도와 나침반 들고 여행을 가는 사람이 어디 있어?' 하는 반문이 생긴다면 좋은 현상이다. '그런 의문을 붙잡고 고민하는 누군가가 있었기에 지금 우리는 네비게이션을 활용해 목적지에 도달할 수 있는 것일 테니까.

데이터를 많이 가지고 있다고 해서 성찰하거나 사색할 수 있는 건 아니다. 데이터가 지식이 되고, 지식과 지식의 연관성을 고민하면서 생각이 깊어지기 시작할 때 사색이 시작된다.

우리 주변에서 성공한 사람들의 삶을 들여다보면 성찰과 사색하는 습관이 있음을 알게 된다. 이 둘은 마치 샴쌍둥이처럼 붙어 있다. 꾸준한 독서로 바탕을 만들고 성찰하고 사색하는 습관을 기른다면 앞으로 여러분이 살아갈 세상에서 '지혜'라는 무기를 얻을 수 있다. 지혜는 저절로 길러지지 않는다. 실패와 성공을 반복하는 경험을 통해 다듬어지는 것이 곧 지혜이기 때문이다.

세상을 살아가다 보면 나도 모르는 사이에 편견이나 선입견을 갖게 되고 잘못된 신념에 빠지기도 한다. 이런 것이 교정되지 않은 채 왜곡된 상태로 내 안에서 고정관념으로 자리하게 되면 갈등과 문제의 씨앗이 되곤 한다. 고정관념은 창의적인 사고를 막는 벽이 되기도 한다. 다양한 생각을 가진 사람들과 어울려 살고 싶다면 열린 마음과 태도를 견지해야 한다. 꾸준한 독서와 성찰 그리고 사색하는 습관이 그래서 중요하다.

고정관념에서 벗어나 사물의 본질을 꿰뚫은 예를 하나 소개한다. 베르너 팬톤Verner Panton이라는 덴마크 출신의 디자이너는 디자인계의 피카소라 불릴 정도로 특색 있는 의자를 많이 만들었다. 그가 디자인한 의자는 기존의 의자와는 많이 다르다. 베르너 팬톤이 만든 의자는 붉은색이거나 채도가 높은 색을 띠고 있고 다리가 없다. 그

베르너 팬톤이 디자인하고 허먼 밀러가 제작한 '팬톤 체어'

자료: Michael Whiteway

는 한 인터뷰에서 "어떻게 이런 멋진 의자를 만듭니까?"라는 질문을
받고 이렇게 답했다 한다.

　"나는 한 번도 의자를 만들어본 적이 없어요. 오직 '앉는 것'을 만들었
　을 뿐이죠."

5
개성을 살리면 '낙오하지 않는 성공'을 할 수 있다

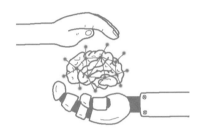

"대한민국의 학생들은 하루 15시간 동안 미래에 필요하지도 않을 지식에 시간을 낭비하고 있다."

2006년 한국을 방문한 미래학자 앨빈 토플러가 한 말이다. 그렇지 않아도 우리나라 교육에 대해 나라 안에서도 계속 문제가 지적되어 온 참에 방점을 찍어주는 말이었다. 그런데 2016년 초 다보스포럼에서 4차 산업혁명이 선언된 이후 더욱 뜨거운 감자가 되어버린 것이 바로 교육이다. 이스라엘 히브리 대학교 역사학과 유발 하라리Yuval Harari 교수의 비관적 전망이 우리가 처한 교육 현실의 무게를 가늠하게 한다.

"지금 학교에서 배우는 것의 80~90퍼센트는 아이들이 40대가 됐을 때 별로 필요 없는 것일 가능성이 높다. 인공지능으로 세상이 혁명적으로 바뀔 텐데 현재의 교육 시스템은 그에 대비한 교육을 전혀 못 시키고 있다."

나라 안팎으로 감지하고 있는 위기감에도 불구하고 우리 아이들은 참으로 열심히 대학 입문만을 목표로 오늘도 밤잠을 쪼개가며 학업에 정진하고 있다. 이 과정 중에 지친 아이들 중에는 '기초학력 미달자'가 되는 경우도 있다. 적다고 보기 어려운 학생들이 이미 배움에 대한 관심을 잃었다.

한번은 중학교에서 강의한 후 학원을 다닌다는 아이들에게 물었다.

"성적이 올랐니?"

아이들은 이 질문을 들으면 잠깐 멈칫하다가 말한다.

"아주 약간이요…."

약간의 성적 향상을 위해 아이들은 밤 11시가 넘어야 집에 들어가고 저녁을 컵밥으로 때운다. 뭔가에 쫓기는 생활을 이어가는 아이들에겐 여유가 없다. 이런 아이들일수록 교내 체육대회나 축제

때가 되면 몸을 던져 몰입하는 경우가 많다. 저러다 몸 어디가 잘못되는 게 아닐까 싶을 정도로 말이다. 이처럼 뛰어놀 때에는 살아 있는 눈빛과 몸짓이 보인다. 여자아이들이나 남자아이들 모두 그렇다. 축제 준비를 위해 계획을 짜고 의견을 조율하는 과정을 통해 소통과 협력을 배운다. 자신만의 생각으로는 할 수 없었던 것들이 논의하고 협업하는 과정을 거치면서 구체화되는 경험을 하게 된다. 그런데 아이들끼리 스스로 활동하고 배울 수 있는 시간은 많지 않다. 진도 빼기에 급급한 학교 운영의 흐름상 그럴 수 있는 시간은 기껏해야 보름 내외인 경우가 많다.

앞으로는 창의성이 절대적으로 필요한 시대라고 한다. 창의성을 규정한 많은 정의를 봤지만 나는 〈위키백과〉의 정의가 가장 마음에 든다.

'창의성이란 새로운 생각이나 개념을 찾아내거나 기존에 있던 생각이나 개념들을 새롭게 조합해 내는 것과 연관된 정신적이고 사회적인 과정.'

이 말은 무조건 기존에 없던 것을 찾아내는 것만이 창의성이 아니라 기존의 사물이나 현상을 또 다른 각도에서 들여다보는 능력도 포함된다는 의미다. 앞서 소개한 디자이너 베르너 팬톤처럼 의자하면 떠오르는 고정관념을 깨고 '앉는 것'이란 개념으로 재규정하면 생각과 시각이 확장되는 것을 느낄 수 있는데, 이렇게 고정관념의

틀을 벗어던지는 것이 바로 창의성의 바탕이다.

　나는 모든 학생들에게 창의성이 있다고 본다. 그것이 발휘되는 영역이 다를 뿐이다. 어떤 아이들은 음악에서, 어떤 아이들은 언어에서, 어떤 아이들은 그림에서, 어떤 아이들은 운동에서, 어떤 아이들은 조립에서, 어떤 아이들은 리더십을 발휘할 때 드러난다. 하워드 가드너 박사의 다중지능이론을 통해 아이들을 보면, 그들에게 있는 다양한 특성이 곧 개성임을 인정하게 된다. 부모와 교사, 친구를 비롯한 주변사람들로부터 인정받을 때 창의성은 그 멋진 모습을 드러낸다. 그리고 창의성은 사람들의 격려와 아이의 특성에 맞춰진 교육이 잘 이루어질 때 빛을 발한다. 앞서 〈위키백과〉의 정의처럼 창의성이란 '정신적이고 사회적인' 과정이다. 혼자서도 잘하는 아이도 물론 있다. 주위 여건이 힘들어도 잘 이겨내고 창의적인 사람으로 존경받는 이들도 있다. 그러나 그건 소수다.

　대부분의 아이들은 머리를 맞대고 의견을 나누고 조율하는 과정 속에서, 서로 아이디어를 모으고 서로에게 배우면서, 혁신적인 아이디어를 낸다고 생각한다. 그러므로 중요한 것은 소통과 공감 그리고 협력이다.

　'행복한 삶'이 화두가 되면서 내 눈에 들어온 교육법 중 하나가 핀란드 교육법이다. 북유럽에 있는 핀란드는 기원전 8000년부터 현재까지 이어진 유구한 역사를 가진, 세계에서 가장 행복한 나라에 속한다. 국토의 10퍼센트가 호수, 75퍼센트는 삼림인 나라, 인구 1000만 명인 스웨덴과 1억 5000만 명 가까이 되는 러시아 사이에

낀 인구 550만 명의 작은 나라, 800년간 강대국의 지배를 받았던 나라, 그리고 1990년대에는 자살률 1위였던 나라가 핀란드였다. 그런데 현재 핀란드는 국가경쟁력 1위이며 국제학업성취도평가PISA에서 늘 좋은 성적을 내는 나라다. 오늘날 수많은 나라들이 핀란드의 교육에 주목하고 있다.

나는 그들의 교육에서 '개념 이해에 대한 교육에 정말 신경을 많이 쓰는구나.' 하고 느꼈다. 사실 개념을 잡는다는 것은 그 본질을 가장 잘 이해하는 방법이기도 하다. 핀란드는 학교에서 아이들이 경쟁하는 것을 금지한다. 아이들은 학교교육에서 삶에 필요한 언어들의 기본개념과 기술들을 놀이처럼 몸으로 익히고 체험한다. 또한 진도보다는 개인의 성취도에 따라 조기 진급하기도 하고 늦게 진급하기도 한다. 모든 아이들이 자신만의 학습계획을 가지고 있고 융통성 있게 공부한다. 공부는 줄 세우기 위한 수단이 아니라 오직 자신의 한계를 넘어서기 위해서만 존재한다.

교실의 책상은 원형 또는 원형으로 맞춰지게 되어 있어 언제든 토론하고 협동할 수 있게 구성되어 있다. 핀란드 아이들은 무엇을 하든 의사소통 과정에 참여해서 합의점을 찾고 협력하는 것이 중요하다는 사실을 알고 있다. 또한 자신이 내린 결정과 행동에 대해 책임지는 것을 당연하게 생각한다.

핀란드는 교육 속에서 아이들이 '나는 혼자야.' 하는 생각이 들지 않도록 한다. 고립되었다는 느낌이 아이만이 아니라 공동체에 끼칠 수 있는 악영향을 알고 있기 때문이다. 이처럼 함께 가는 교육 덕분인지 핀란드 교육에서는 낙오자를 찾아보기 어렵다. 다음과 같은 교육철학이 기본으로 깔려있기 때문일 것이다.

우리는 가진 것이 없어서 어느 아이의 재능도 잃어버릴 여유가 없다.

핀란드의 학생들은 9년의 공부를 마칠 무렵 단 한 번의 일제고사를 치르는데, 그 이유는 '줄 세우기'가 목적이 아니라 낙오자가 없도록 가려내 더 많은 관심과 지원으로 그 아이의 수준을 다른 아이들의 수준에 맞추어 끌어올리려는 것이다.

나는 인터넷을 보다가 브런치에서 재미있는 글을 보았다. 이른바 'Winter Sports Day'란다. 우리나라 운동회와 비슷한 개념인 것 같은데 말 그대로 운동에 충실한 활동이다. 여기에 참여한 아이들이 눈이 가득 쌓인 넓은 공터에서 같이 썰매를 타고 신나게 놀다가 얼음 위에 도시락을 모아놓고 나눠 먹는다. 그렇게 신나게 하루를 놀면 끝이다. 올라온 사진 속의 아이들 중에 그늘진 얼굴은 한 명도 없다.

잠시 시선을 우리의 현실로 돌려보자. 학교에서 교과활동이 아닌 행사를 해야 할 때 교사들 입에서 제일 많이 나오는 말은 '진도 빼야 하는데'라는 걱정이다. 학기 내에 해당 교과서의 진도를 다 나가야 하는 부담감과 초조함이 그대로 드러난다. 답답하다.

교사가 이럴진대 과연 아이들은 어떨까? 이제는 교과서에서 꼭 필요한 것만 제외하고 다 빼야 할 시기라고 본다. 교과서가 얇아져도 교사는 놀지 않는다. 오히려 그만큼 아이들에게 실질적인 도움이 될 체험과 경험을 선물할 수 있다. 시험도 줄 세우기 위한 수단이 아니라 오직 자신의 능력을 찾아주고 길러주는 활동으로 변하면 좋겠다.

자신만의 능력과 특색을 찾고 발달시키는 아이들은 누가 간섭하지 않아도 쑥쑥 큰다. 협동하면서 이루어내는 세상이 우리의 미래가 되도록 책상 앞의 이론교육보다 체험과 협력을 통한 발전의 기회를 제공해야 한다. 바로 지금이 변화의 적기라고 생각한다.

6

공부의 목적은 혼자서 살아갈
근력을 키우는 데 있다

앨빈 토플러는 《부의 미래》란 책에서 기업이나 사업체는 시속 100마일 속도로 변하고 있고, 비정부기구NGO로 이루어진 시민단체는 90마일, 가족체계는 60마일, 정부 관료조직과 규제기관은 25마일, 학교 교육은 10마일, 정치조직은 3마일, 그리고 법은 1마일로 변화하고 있다고 말했다. 그는 학교교육에 관해 다음과 같이 언급했다.

"10마일로 기어가는 교육체계가 100마일로 달리는 기업에 취업하려는 학생들을 준비시킬 수 있겠는가?"

토플러의 교육체계 비판이 사교육을 통해서라도 기업에 취업할 준비를 하라는 뜻은 아니었을 것이다. 학교교육이 반드시 변해야 한다는 사실을 언급한 것으로 이해해야 한다. 그런데 한국의 공교육에 만족하지 못한 많은 학부모들이 내 자녀만큼은 남보다 앞서야 한다며 여기저기 학원으로 밤늦게까지 아이들을 돌린다. 소위 말하는 '학원 뺑뺑이'다. 생활비를 줄여 사교육비에 보태는 정성을 보이지만 정작 온종일 학원을 다닌 아이의 실력은 나아지지 않는다. 이유가 뭘까?

내가 학교에서 본 바로는 아이들이 지쳐 있기 때문이다. 의욕도 없고 하고 싶은 것도 없다. 아이가 원하는 방향으로 밀어주는 것이 아니라 부모가 원하는 방향인 경우가 많기 때문이다. 학교에서 만나는 아이들은 명문대에도 관심이 없고, 대기업 취업에도 관심이 없다. 그냥 좀 편하게 하루를 보내고 싶다는 생각을 많이 한다고 한다.

10여 년의 세월을 부모가 원하는 대로 세상을 살아온 아이들은 주도적으로 공부하는 힘을 갖추지 못한다. 그렇게 살아온 그들이 언젠가 사회로 나가 홀로서기를 해야 할 때 부모의 도움 없이 과연 잘 할 수 있을까?

2017년 7월 13일 한국을 방문한 유발 하라리 교수는 SBS 〈나이트라인〉에 출연해 미래 사회에서 발생할 수 있는 문제점을 지적했다. 그는 인공지능과 생명공학의 발전이 긍정적 영향만 가져오는 것이 아니라 몇몇 나라나 소수의 특정계급이 그 힘을 독점하면서 대부분의 사람들이 경제력과 정치력을 상실하는 결과를 가져올 수 있음을 우려하면서 다음과 같이 말했다.

"지금 개인이 가장 갖춰야 할 능력은 평생 변화하고 배워나가는 능력이라고 생각합니다. 변화가 너무 빠르게 일어나기 때문에 계속해서 새로운 것을 배우고 자신을 새롭게 만들어가는 과정을 계속해서 반복해야만 합니다. 이런 과정을 심지어 40대, 50대에도 계속 반복해나가야 합니다. 이렇게 하지 못했을 때 세상에 뒤처지게 되죠. 우리가 가장 중요하게 배워야 할 것은 정신적인 유연성과 균형입니다. 그래야만 빠르게 변하는 사회에 스트레스 받지 않고 충분히 적응해나갈 수 있습니다."

그는 인류가 21세기에 닥친 문제들을 해결하기 위해서는 지구적 차원의 협력이 필요하다는 말도 덧붙였다. 여러분은 어떻게 생각하는가? 위기가 느껴지는가? 우리나라 교육에 대한 고민은 사실 어제 오늘 일이 아니다. 유발 하라리가 한국의 교육 현실에 대해 자세히 알고 있지는 않겠지만, 적어도 토끼몰이 하듯 학생들을 대학 입시로 내모는 교육은 의미가 없다는 결론을 던진 건 분명하다.

지금 중학교에서 자유학기제를 도입하고 수행평가를 확대하는 변화, 대학 입시에서 수능점수 비중을 축소하고 종합적 평가를 통해 선발하려는 변화, 산업 현장에서 필요한 직무능력을 파악하기 위해 국가직무능력표준NCS을 도입하는 변화, 기업체가 취업 지원자의 스펙을 보지 않는 블라인드 채용으로의 변화에서 느끼는 바가 없는가? 이 모든 것이 시험점수로 줄 서기를 시키던 과거의 교육체계에서 벗어나기 위한 노력의 일환이다. 기존의 교육방식을 바꾸지 않으면 4차 산업혁명으로 산업의 기반이 급격히 바뀌는 상황을 견뎌낼 수 없다고 보기 때문이다.

이런 변화의 흐름 속에서 오늘날 학생들이 학교를 졸업한 후 먹고살 수 있기 위해서는 유발 하라리 교수의 말처럼 '평생 변화하고 배워나가는 능력을 갖추는 것'이 중요하다. 이를 위해 공부의 목적을 어느 대학을 나왔다는 간판을 획득하는 데 둘 것이 아니라 공부의 목적 자체가 바뀌어야 한다.

내가 어렸을 때 어른들은 아이가 태어나면 이렇게 얘기하곤 했다. "아이고, 녀석. 장군감이네." "이놈 이거, 대통령감이야." 남아선호가 팽배할 때라 주로 남자아이들한테 이런 말을 많이 해주었다. 그 당시 어른들의 머릿속에는 대통령이나 장군이 최고였기 때문일 것이다. 하지만 세월이 흐르면서 시대가 많이 변했다. 요즘은 아이들에게 "너는 이다음에 뭐 하고 싶어?" 하고 묻는다.

사실 공부의 시작점이 바로 이 질문에 대한 답을 찾는 것이어야 하지 않을까? 아직 공부하는 목적을 찾지 못했다면 우리나라 교육기본법 제2조 교육이념을 보는 것도 도움이 되겠다.

교육은 홍익인간弘益人間의 이념 아래 모든 국민으로 하여금 인격을 도야陶冶하고 자주적 생활능력과 민주시민으로서 필요한 자질을 갖추게 함으로써 인간다운 삶을 영위하게 하고 민주국가의 발전과 인류공영 人類共榮의 이상을 실현하는 데에 이바지하게 함을 목적으로 한다.

표현이 거창하지만 학교 공부를 거치면서 혼자 힘으로 살아갈 수 있는 근력을 키우고 더하여 다른 사람들과 어울려 잘 살라는 말이다. 이를 위해서 우리 아이들은 학교를 마치고 무엇을 하면 혼자의 힘으로 살아갈 수 있을까 생각해보는 시간을 꾸준히 가져야 한다. 그리고 혼자의 힘으로 살기 위한 준비로 지금 당장 내가 할 것이 무엇인가 생각해보아야 한다. 다른 사람과 의사소통을 하려면 먼저 다른 사람의 생각을 잘 들어야 하고, 또 내 생각을 잘 말해야 한다. 때로는 글을 써서 의사 전달을 하기도 하고, 남의 의사를 글을 통해 파악하기도 해야 한다.

바로 여기에 학교교육의 4가지 활동이 다 필요하다. 듣기, 말하기, 읽기, 쓰기다. 다 할 줄 안다고? 그럼, 질문을 바꿔보자. 얼마나 잘하는데? 뭔가 하나라도 제대로 하기 위해서는 고도의 숙련 과정이 필수적이다. 학교교육은 이 4가지 기본 활동을 아이들에게 다양한 지식과 정보를 접목해 교육하는 것에 다름 아니다.

요즘 유대인의 전통적 학습방법인 '하브루타'에 대한 관심이 높다. 문자적 의미는 우정, 동료 등을 뜻하는데, 짝을 지어 질문하고 대화하고, 토론하고, 논쟁하는 교육방법을 의미한다. 하브루타 학습은 상대방의 이야기를 듣고 질문하고 자신의 생각을 조직화하여 들려주는 과정을 통해 서로의 경험을 공유하고 이해하게 한다. 주입식 교육과는 방향 자체가 다르다.

좋은 성적으로 살 수 있는 미래는 오래 갈 수 없다.

《유대인 하브루타 경제교육》이라는 책에 나오는 구절이다. 우리가 되새겨야 할 말이다. 앞서 핀란드의 개념 이해를 바탕으로 체험·협동을 중시하는 교육과 더불어 자기주도성을 길러주는 유대인들의 하브루타 교육에서 우리가 배울 부분이 있다고 생각한다. 우리 아이들의 생존 근력을 키우는 데 도움이 될 만한 교육법이란 생각이 들기 때문이다.

훗날 혼자 살아가야 하는 시기에 후회 없이 스스로 결정하고 선택하여 책임지는 어른으로 키우는 교육, 그 안에 진정한 공부가 있지 않을까.

직업시대를 아는 대학생, 이미 변화는 시작됐다

1

4년제를 마치고 전문대로
유턴하는 학생들

2023년 3월 23일 언론 보도에 의하면 2020~2022년 동안 일반대를 중퇴하거나 졸업한 뒤 전문대학에 입학한 '유턴 입학생'이 5110명으로 집계됐다고 한다. 한국전문대학교육협의회 자료에 의하면 2019년 1525명, 2020년 1571명, 2021년 1769명, 2022년 1770명으로 매년 증가세를 보이고 있다.

최근 5년 사이에 전문대 유턴 지원자가 급증세를 보인 이유는 뭘까? 수능 점수에 맞춰 대학에 진학해서 공부하긴 했지만 취업을 앞

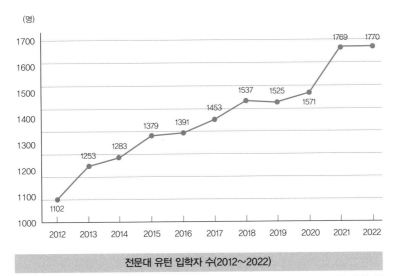

전문대 유턴 입학자 수(2012~2022)

자료: 한국전문대학교육협의회

두고 전문적인 지식의 필요성을 절감하기 때문일 것이다. 이 때문에 대졸자들이 주로 지원하는 전문계 계열에서 취업과 직결되는 기술직은 해마다 인기를 누리고 있다. 언론 기사를 봐도 이런 사실을 확인할 수 있었다. 2018~2020학년도 전공분야별 상위 5개 학과 현황을 보면 간호학과가 최고 인기 모집 단위로 굳건히 자리하고 있으며 물리치료과가 매년 그 뒤를 잇고 있다.

2017년에 책을 처음 냈을 때는 실용음악과의 경쟁률이 120~126:1로 간호학과나 보건학과보다 훨씬 높다는 점이 인상적이었다. 이 과를 나온다고 특별히 취업이 잘된다는 증거를 찾을 수 없었기 때문에 학생들이 '결국엔 자기가 하고 싶은 것을 선택하게 되는구나!' 하고 생각하며 삶의 방향을 찾아 용기 있게 걸어가는 학생들

순위	2018학년도		2019학년도		2020학년도	
	학과명	등록인원	학과명	등록인원	학과명	등록인원
1	간호학과	753	간호학과	686	간호학과	739
2	물리치료과	106	물리치료과	85	물리치료과	86
3	협동조합 경영과	47	협동조합 경영과	48	협동조합 경영과	48
4	연기전공	38	연기전공	32	연기전공	39
5	치위생과	36	생명환경 화공과	31	치위생과	29
총계		980		882		941

전문대 유턴 입학 상위 5개 학과 현황

자료: 《베리타스 알파》

이 있다는 점에 주목했다. 그런데 최근 인기학과 관련 자료를 보면서 우리 사회가 여전히 취업을 중심으로 진로를 선택하는 분위기에서 크게 벗어나지는 못했구나 하는 점을 확인할 수 있었다.

대학알리미에 공시된 '2021년 졸업생의 취업 현황(전문대학)'을 보면 2021년 전국 전문대 평균 취업률은 69.1퍼센트로 일반대 평균 취업률인 61.1퍼센트보다 8퍼센트포인트 높았다. 전문대를 졸업하는 편이 취업에 유리하다는 인식이 확산하면서 일반대에서 전문대로 재입학하는 유턴 입학자도 꾸준히 증가하는 추세다.

일반대학에서 4년이나 배웠는데 전문대로 유턴하는 경향은 '가방끈이 길어도 너무 길어 슬픈' 우리 청년들의 현주소라 할 수 있다. 대학 교육을 무려 6~7년 이상 받는다는 것이 과연 경제적이겠는가? 등록금, 생활비 등으로 들어가는 금액으로 대충 계산해도 가성비(가격

대비 성능)가 그야말로 최악인 '고비용 저효율'의 투자인 셈이다. 물론 학생들의 소중한 인생이란 이런 효율로 따질 단순한 문제는 아니다.

이제는 교육의 체질이 변할 때다. 학력보다 능력이 우선이라는 사실을 대학에서 4년을 보내고 취업할 때가 돼서야 깨닫지 않도록 부모와 학생은 '일단 대학에 들어가고 보자!' 하는 고정관념을 버려야 할 것이다. 그리고 중·고등학교에서도 진학보다는 진로를 우선시하는 진로진학교육이 체계적이고 지속적으로 이루어질 수 있도록 끊임없이 방법을 모색해야 한다. 우리의 인생에서 무엇이 옳다 그르다 할 수는 없다. 하지만 대체로 대학 진학 이전에 본인의 적성대로, 더하여 잘하는 분야를 찾아서 명확한 출발을 한 사람들이 성공하기도 쉽고 사는 재미를 느끼며 평생 그 일을 하는 비율도 높다. 자신이 잘하고 재미를 느끼는 일을 하면 또 다른 일을 접목할 여유도 갖기 쉽다.

학교에 그림 그리기를 좋아하는 교사가 있다. 전공이 미술이 아니니 그림을 그릴 일은 그다지 많지 않았고, 그림 그리는 법을 제대로 배운 적도 없다고 한다. 하지만 그분은 자신의 그림 솜씨로 사회단체를 위해 몇 년간 만화를 그려주는 재능기부를 하기도 했고, 가정통신문이나 학생들을 위해 준비하는 수업자료에 실력을 발휘하며 뿌듯해한다. 또 정보통신기술Information & Communication Technology, ICT 공모전에서 그림솜씨를 유감없이 발휘해 여러 차례 상을 받기도 했다.

그분은 자신이 교사가 될 것이라고는 꿈도 꾸지 않았단다. 어릴 때부터 그림 그리기를 좋아해서 부모님께 만화가가 되겠다는 꿈을 피력했지만 굶어죽기 딱 좋다는 타박을 받으면서 의지가 꺾였다. 그렇게 부모가 원하던 대로 길을 모색하다 보니 교사가 되었다. 하지만 다행스럽게도 가르치는 일을 하다 보니 그것도 좋더란다. 덕분에 교사라는 직업과 그림 그리는 일을 접목해 즐거움을 배가할 수 있었다.

이 선생님처럼 자신이 원하는 직업은 아니었지만, 나름대로 만족하며 자신의 재능을 녹여낼 수 있다면 참으로 행복한 경우라 할 것이다. 그러나 그런 행운이 닥치지 않는 경우도 많지 않겠는가? 이 때문에 미래 사회는 자신의 적성대로 진로를 잡고 그것을 기초로 꾸준히 다양한 방법과 방향으로 발전시켜야 살 수 있는 시대가 될 것이라는 전문가들의 조언에 귀를 기울이자.

2022년 10월 윤석열 대통령은 국가과학기술자문회의 회의 모두 발언에서 "우수 연구자 확보를 가로막았던 공공기관 블라인드 채용은 연구기관에 대해 우선적으로 전면 폐지하겠다"고 밝혔다. 그런데 재단법인 교육의봄이 2023년 5월 2일 전국 1013명을 대상으로 '공공기관 블라인드 채용에 대한 국민 인식 설문조사'를 벌인 결과 블라인드 채용 '찬성' 의견이 70.9퍼센트, '반대' 의견이 19.4퍼센트로 나타나 국민 대다수가 블라인드 채용을 지지하고 있음이 드러났다.

이력서에 증명사진을 붙이지 못하게 하는 방침 때문에 2017년 1000여 명의 사진사들이 영세한 자영업자를 죽이는 정책이라며 들고일어난 일이 있었다. 그러나 학벌과 배경을 따지는 우리 사회에 블라인드 채용이 이뤄낸 변화는 결코 적지 않다.

이렇게 블라인드 채용이라는 선발 방식만 놓고 봐도 좁게는 우리가 사는 마을에서부터 넓게는 우리나라와 지구 전체가 알게 모르게 거미줄처럼 연결되어 있음을 느끼게 된다. 온라인과 오프라인의 경계가 사라지다시피하는 초연결 사회인 미래 사회는 지금 이상으로 가까워질 것이다. 정치, 사회, 경제, 문화 등이 복잡하게 맞물린 사회에서 하나의 정책이 모든 사람을 이롭게 하기는 어렵다. 대다수의 사람들에게 이익이 되는 정책이라 할지라도 이 때문에 피해를 보는 사람이 생길 수 있다. 대를 위해 소가 희생해야 한다거나 피해를 보는 것은 어쩔 수 없다는 얘기를 하려는 것이 아니다. 시대의 변화를 미리 읽어 흐름에 맞서기보다는 유연하게 대처하면서 위기가 될 수 있는 상황을 새로운 가능성으로 바꿔야 한다는 점을 강조하려는 것이다. 4년의 대학 교육을 받고도 전문대로 유턴하는 학생들 중에는 이미 그 길을 향한 첫걸음을 시작한 이들이 많은 것 같다.

2

9급 공무원이 된 전교 2등생, 명문대를 졸업한 9급 공무원

2015년 4월 4일자 《중앙일보》 기사에 〈억대 연봉자, 도쿄대 박사 … 9급 공무원으로 인생 리셋〉이라는 좀 자극적인 헤드라인이 올라왔다. 기사는 9급 공무원이 되기 전까지는 사람들이 '우와, 대단하시네!' 할 정도로 명문대 출신에 빵빵한 직업과 직장을 가졌던 사람들이 그 길을 버리고 공무원이 된 이야기를 풀어냈다. 삼성생명, 보병부대 작전과장, 도쿄대 박사, KT 직원, LG전자 세탁기 연구소 연구원 등 이전 직업으로 미루어볼 때 경쟁에는 충분히 이골

이 났을 사람들이다. 정신없이 달려와 그나마 자리를 잡은 그들이 직장을 바꿀 생각을 하기란 사실 쉽지 않았으리라 짐작된다.

나 또한 살면서 직업을 몇 차례 바꿨다. 그나마 젊을 때였으니 겁이 없었다. 그런데 기사에 소개된 6명 가운데 4명이 40대 후반에서 50대 초반이다. 그 나이에 9급 공무원이 된 것을 보면 새삼 대단하게 느껴진다. 9급 공무원을 선택한 6명은 그 이유에 대해 '여가생활을 즐기고 싶어서' '1등 경쟁 분위기와 진급 스트레스를 피해' '고향에서 다섯 살 아들이 뛰놀며 자라게 하려고' '일하면서 노후 설계' '퇴직 늦추고 그 이후를 대비하기 위해' '안정된 직장을 찾아' 등으로 답변했다. 공통된 것은 돈을 많이 벌겠다는 욕구가 아니라 안정적이

이전 경력을 버리고 9급 공무원이 된 사람들

자료: 《중앙일보》, 2015년 4월 4일자

고 여유롭게 오래 일하고 싶다는 마음이다.

　9급 공무원 공채 경쟁률은 2011년 93.3:1까지 치솟았다가 이후 꾸준히 감소세를 보였다. 2023년 9급 공무원 시험 경쟁률은 1992년 이후 31년 만에 최저치(22.8:1)를 기록했다. 올해 지원자 수는 지난해 16만 5524명에 비해 4만 3998명이 감소(26.6%)했다. 인사혁신처는 경쟁률이 하락하는 이유로 고교선택과목 폐지와 학령인구감소 등을 꼽았다. 최근 청년층 세대 공무원의 퇴직이 늘고 있는데, 이는 경직된 조직문화와 불합리한 소통방식 때문에 공무원이란 직업의 매력이 떨어지고 있기 때문이라는 분석도 나온다.

　그러나 2022년 5월 통계청이 발표한 '경제활동인구조사 청년층(15~29세) 부가조사 결과'를 보면 공무원이 되려는 청년층이 여전히 많다는 사실을 알 수 있다. 청년층 비경제활동인구(202만 4000명) 중 취업시험 준비자가 16.9퍼센트(34만 2056명)였는데, 일반직공무원(29.9%), 일반기업체(23.8%), 기능분야 자격증 및 기타(18.7%) 순으로 높았기 때문이다.

　공무원 시험에 매달리며 청년들이 날리는 기회비용도 어마어마하다. 이건 바람직한 쏠림이 아니다. 그런데도 사람들이 해마다 9급 공무원 시험에 몰리는 이유는 무엇일까?

　첫째 이유는 응시자격 때문일 것이다. '18세 이상'(단, 교정·보호직은 20세 이상 응시 가능)이라는 응시자격은 꽤 다양한 연령층에게 응시 기회를 열어주고 있다. 둘째 이유는 공정한 시험절차 때문이라고 생각한다. 원서접수 후 필기시험과 면접, 그리고 발표. 실로 간단하지 않은가? 동등한 자격으로 응시할 수 있는 1차 필기시험과 스펙보다는 실무능력을 중심으로 보는 2차 면접시험이라니…. 게다가 마지막 이유로 일단 합격하면 안정된 급여에 실업 걱정 없이 쭉 정년까지 갈 수 있다는 안정성마저 보장되어 있다. 앞서 미래 사회에서는 공무원의 미래도 가변적이라는 얘기를 한 바 있긴 해도 현재로서는 매력적인 직업임에 틀림없다.

10여 년 전까지만 해도 공무원이라면 사람들의 반응은 그저 그랬다. 대기업 직원이라면 눈을 동그랗게 뜨고 '어디요? 삼성? 현대?' 이렇게 질문하던 사람들도 이제는 공무원이라면 마치 1등 신랑감이나 신붓감 보듯 한다. 이런 변화는 경제 침체와 맞물려 일어났다. 실업률이 높아지고 점점 일자리를 찾기 어려운 상황에서 명문대를 나온 학생, 일선 직장에서 일찌감치 물러난 중년들까지 공무원 시험에 열을 올린다. 고급공무원도 아닌 9급 공무원 시험에 말이다. 이들이 공무원 시험을 선택하는 이유는 기업에 이력서를 제출하고 취업하는 일련의 과정 속에서 '취업 과정부터 공정하지 않은 게임 속에 있다'고 인식하는 경우가 적지 않기 때문이다.

그런데 막상 공무원 세계에 들어와도 문제는 또 있다. 몇 년씩 공부해 9급 공무원이 되었는데, 거기서 하는 업무가 자기 생각과 많이 달라 공무원이란 직업에 대한 만족도가 떨어져 이직하는 사람들이 나오는 것이다. 본인의 적성에 맞지 않고 만족스럽지도 않으니 어렵게 들어왔음에도 불구하고 다시 제 발로 나가게 된다. 청춘의 낭비다.

반면 특성화고에서 공무원을 준비하는 학생들의 입장은 많이 다르다. 일찌감치 찾은 적성에 맞추어 공무원 시험을 여러 모로 준비하니 학교 입장에서는 이 학생들이 자랑스럽기만 하다. 준비를 잘해서 공무원이 된 만큼 이직할 확률도 낮다. 진로상담교사 입장에서는 제대로 된 진로를 찾아주었다는 기쁨도 덤으로 얻는다.

특성화고 학생들은 전공에 맞추어 응시하게 되는데 그 분야가 기술직이나 세무, 관세 등으로 다양하다. 고등학교를 졸업하기 전에 스스로 진로를 정하고 또 당당하게 선택한 진로에 맞추어 원하는 취업을 하면서 활기차게 자신의 앞날을 열어가는 학생들을 보면 든든하고 뿌듯한 마음이 드는 것은 어쩔 수 없다.

앞으로 우리가 맞이해야 하는 사회는 그다지 전망이 밝지 않다. 생산인구의 급격한 감소를 비롯해 저출산과 고령사회로의 변화, 저성장이 계속되는 경제, 증가되는 외국인의 유입, 다문화가정의 지역사회 융합 문제, 소득 불평등의 심화, 일자리 감소, 자연재해 증가, 기상이변 등등의 각종 문제로 우리 사회는 끊임없이 크고 작은 혼란을 겪게 될 것이다.

이 모든 문제에 끼어서 일해야 하는 존재가 바로 공무원이다. 그러니 나라가 존재하는 한 공무원이란 직업 자체가 쉽게 없어지지는 않을 것 같다. 하지만 미래에는 공무원 수가 대폭 축소될 확률이 높다. 정년이 없어지면서 자유공무원제가 도입되고, 공무원의 직위나 업무가 유연해지면서 이민자나 이민자 2세가 행정 및 군인 그리고 경찰 등의 공무원으로 활동하게 되는 날도 올 것이다. 불과 20~

30년도 지나지 않아 우리 사회가 요구하는 공무원의 역할이 아주 많이 달라질 수밖에 없음을 인지해야 한다.

지금 공무원 사회에 들어간 20대가 40~50대가 될 무렵에는 인공지능과 협업하면서 자신에게 주어진 프로젝트를 혼자 기획하고 실행하며 필요에 따라 다른 공무원과의 협업을 통해 프로젝트를 완성해야 하는 사회를 맞이할 확률이 높다. 프로젝트의 시작과 끝을 자신이 책임지는 그런 방식으로 진행이 될 것이다. 고정된 업무란 존재하지 않을 것이다. 고정된 업무는 인공지능이 알아서 할 테니까.

공무원도 본인의 적성에 맞아야 한다. 취업이 급해 고민 없이 선택한다면 만족감이 떨어져 다시 이직을 선택할 수도 있음을 알아야 한다. 아울러 공감과 소통, 협력을 통해 주도적으로 업무를 처리하는 경험을 꾸준히 쌓음으로써 본인의 능력을 특화하는 편이 좋겠다는 생각이 든다.

3

ROTC 등을 통한 직업여군의
경쟁률이 크게 올라갔다

2013년도에 MBC는 〈진짜 사나이〉라는 예능프로그램으로 엄청난 시청률을 올렸다. 한참 인기를 끌면서 여군들도 등장하기 시작했다. 이때 한 여가수는 먹성과 진솔한 모습으로 인기를 끈 뒤 여러 영화와 드라마에 출현하고 있다. 우리 사회가 전통적으로 요구하던 여성이란 존재의 모습과 그 여가수가 보여준 모습은 많이 달랐다. 그 프로그램을 보면서 이젠 정말 우리나라 사람들의 생각이 많이 변했고 사회가 좋은 방향으로 계속 변하고 있구나 하고 느

졌다.

여성의 사회 진출이 활발한 시대다. 여성 특유의 감성과 섬세함이 강점이 되는 직종이 많다. 사회적인 요구와 필요가 맞물리면서 여군도 ROTC, 학사장교, 여군장교, 여군부사관 그리고 간호장교에 이르기까지 세분화된 직업군인들이 생겼다.

요즘은 대학뿐만 아니라 특성화고등학교 근처에도 부사관을 모집하는 공고가 나붙곤 한다. 경제 침체가 장기화되기 전에는 학생들이 거의 눈길도 주지 않던 게 직업군인의 길이었다. 그러나 이제는 본인의 의지로 자원하여 군생활을 하고 자이툰 파병까지 다녀온 제자도 있다. 여고생들이 부사관의 길을 직업으로 선택하는 경우도 꽤 있다고 한다. 군인이라는 직업도 9급 공무원처럼 안정된 직업이라는 인식이 확산되면서 꾸준히 관심을 받고 있는 것이다.

젊을 때 간호장교로 근무하다가 의무복무를 마치고 제대한 뒤 중학교나 고등학교로 들어오는 보건교사들이 간혹 있다. 아직은 모두 여성이다. 내가 근무했던 학교에도 간호장교 출신의 보건교사가 있었다. 그분에게 들은 일화가 떠오른다.

15년쯤 전에 남성 군가산점 부활 문제가 시대적 화두가 되면서 한동안 신문과 방송에 여성도 군대를 가야 한다는 둥 말아야 한다는 둥 논란이 인 적이 있다. 이분이 장학요원 연수에 참석해서 보름 이상의 일정으로 연수 중일 때였다. 쉬는 시간에 마침 교사들끼리 모여서 여성이 군에 가야 하는지 말아야 하는지를 두고 설전이 벌어졌던 모양이다. 잠시 나갔다 들어온 선생님을 향해 짝으로 앉았던 한 젊은 남자교사가 토론에 열이 오른 얼굴로 물었단다.

> 남자교사: "여자도 군대 가야 공평한 거 아녜요?"
>
> 보건교사: "저, 다녀왔는데요?"
>
> 남자교사: ….
>
> 보건교사: "왜요?"
>
> 남자교사: "얼마나요?"
>
> 보건교사: "6년 2개월이요. 생도 시절까지 하면 10년 2개월이네요."

그 말에 모두 조용히 자리에 가서 앉았고 그다음부터 아무도 군가산점 이야기를 꺼내지 않았단다. 그분이 했던 이야기가 하나 더 있다. 1982년도 여름에 방학을 맞아 집에 있는데 갑자기 TV에서 아나운서가 떨리는 목소리로 수차례 공습경보를 외치며 실제상황이라고 방송했단다. 미그기가 공습해왔다는 것이다. 순간적으로 부대에 복귀해야 한다는 생각에 가족들 얼굴 한 번씩 보고 일어나려는데 정정방송이 나오더란다. 공습이 아니라고. 그때서야 그 선생님은 자신이 군인이라는 사실을 실감했다고 한다. 군인정신으로 무장되는 데에는 남녀가 따로 없는 것이다.

시대가 바뀌면서 금남의 학교였던 간호사관학교에 남자 생도가 꽤 생겼다고 한다. 조만간 학교에서 근무하는 남자간호장교 출신의 보건교사를 볼 수 있을 듯하다.

1997년 공군사관학교를 시작으로 1998년 육군사관학교, 그리고

1999년 해군사관학교에 여생도의 입교가 허가되었다. 2015년부터 육군3사관학교도 여생도가 입교하고 있다. 이후 각 사관학교에 여생도가 점점 늘어나 다양한 부대에 배치되어 국방과 안보에 제몫을 다하고 있다. 아직은 여성을 뽑지 않는 병과도 있으나 결국엔 시대의 흐름을 거스를 수는 없을 것이다.

얼마 전 숙명여대에 다니던 조카가 숙대 ROTC에 합격했다며 웃는 얼굴로 인사를 왔다. 경쟁률이 높다며 노심초사했는데 합격한 것이다. 그런 조카가 어느새 방학 중에 1차 훈련을 다녀왔다고 했다. 얼굴이 조금 그을린 데다 씩 웃는 모습을 보니 꽤나 유쾌한 경험을 했나 싶었다.

학생군사교육단Reserve Officer's Training Corps, ROTC이란 1961년부터 초급장교의 충원을 위해 대학교 학생을 대상으로 모집·선발하여 군사교육을 실시한 뒤 졸업 후 장교로 임관시키는 제도를 말한다. ROTC 복무기간은 임관 이후로만 한정한다면 2년 4개월이고, 군장학생인 경우에는 6년 4개월 동안 복무를 하게 된다고 한다. 대부분 중위로 전역한다. 2010년 첫 여성학군단 제도가 시작되었고, 그 후 계속 여러 대학 출신의 여성장교가 배출되고 있다.

2021년 8월 4일자 《괜찮은뉴스》가 보도한 〈2022 경찰대 사관학교 경쟁률〉이라는 기사를 보면 2022년 육군사관학교의 여학생 경쟁률은 59.00:1로 남학생 경쟁률(19.66:1)보다 높았다. 해군사관학교의 여학생 경쟁률은 45.40:1로 남학생 경쟁률(17.40:1)보다 높았고, 공군사관학교의 여학생 경쟁률 역시 48.10:1로 남학생 경쟁률

(17.50∶1)보다 높았다. 육사, 해사, 공사 모두 여학생 경쟁률이 남학생 경쟁률을 압도하는 수준이다.

2016년 대한민국을 지키는 여군은 총 1만 97명(5.5%)이었는데 지속적으로 증가해 2020년에 이르러 1만 3891명(7.4%)로 늘었다. 국방부는 2022년 9퍼센트 수준이었던 여군 비중을 오는 2027년 15.3퍼센트까지 달성한다는 목표 아래 '2023~2027 여군인력 확대 계획'을 수립해 추진하기로 했다.

여군 비율이 지속적으로 높아지는 추세와 사회적 변화를 고려했기 때문인지 지금까지 금녀禁女의 영역이었던 해군 잠수함 병과가 여군에게 문을 열었다. 2022년 7월 29일 해군은 정책회의에서 여군의 잠수함 승조를 결정했다. 2023년 2월 7일 해군은 3000톤급 잠수함에 탑승할 여군 승조원 모집 계획을 각 부대에 하달했다. 선발된 여군 승조원은 기본 교육과정을 거쳐 2024년부터 잠수함에 탑승한다고 한다. 능력과 자질을 갖춘 우수한 여군이 활약할 수 있도록 앞으로 더 많은 기회의 장이 열리길 기대한다.

숙명여대는 2010년 여대 최초로 육군 ROTC를 창설했다. 2012년 110개 학군단 중 종합성적 1위라는 눈부신 성과를 거두기도 했다. 2020년 12월 18일 숙명여대는 여대 최초 학군단 창설 10주년을 기념하는 기념식을 개최했다. 코로나19 확산을 우려해 온라인으로 진행됐지만 10년의 역사를 돌아보고 향후 목표를 새롭게 다짐하는 2030 비전 선포문도 발표했다. 한편 숙명여대는 2021년 7월 6일 여대 최초로 공군 ROTC 설치 대학으로 선정됐다. 이로써 육군

2020년 숙명여대는 학군단 창설 10주년 기념식을 개최했다.

자료: 한국대학신문

ROTC에 이어 공군 ROTC까지 두 개의 학군단을 운영하는 최초의 여대가 됐다.

전국 109개 대학 학군단에서 여자 사관후보생을 선발한 2011년부터 10년이 지난 2021년 2월 현재 육·해·공군, 해병 소위로 임관한 학군단 후보생 3739명 중 여군은 375명으로 전체의 10퍼센트를 차지하고 있다. 육군 ROTC 전체 경쟁률은 지난 2015년 4.53:1에서 2022년 2.4:1로 7년간 지속적으로 하락하고 있다. 이 때문에 지원자가 넘쳐나는 여성 후보생 선발 인원을 확대해야 한다는 목소리가 높다. 이와 관련해 최근 군 내 성범죄 사건으로 드러난 군의 뒤떨어진 성평등 문화 개선이 시급한 과제다.

2016년 10월 24일 '1boon'에 육군 홍보모델이기도 한 조한별 하사가 '잡스엔'_{jobsN}의 이신영 기자와 인터뷰한 내용이 올라왔다. 조한별 하사는 2013년 치열한 경쟁을 뚫고 육군 부사관에 합격해서 국군수도병원 건강증진센터에 근무한 재원이다. 그녀는 인터뷰에서 군인이 되려는 사람에게 꼭 필요한 것이 무엇인지를 들려주었다.

"제가 일 시작한 지 2년이 지났습니다. 요즘은 SKY 중에도 ROTC 지원자가 계속 늘고 있어요. 놀랍죠. 그런데 신체검사자들에게 '왜 지원합니까?'라고 물으면 '안정적이니까요' '공무원이니까요'란 답변이 가장 많아요. 그런 말 들을 때마다 마음이 아픕니다. 이런 생각으로 들어오면 오래 못 버팁니다. 동기 중에도 힘들어 중간에 그만둔 경우가 많습니다. 사명감이 있어야 합니다. 그러면 정말 좋은 직업입니다. 더 많은 젊은 여성이 여군에 지원했으면 좋겠습니다. 사회에선 절대 얻을 수 없는 경험을 하실 수 있을 겁니다."

직업군인의 길은 여타 공무원과는 다른 특색을 보인다. 통일된 제복을 입고 전쟁이 나면 최전선으로 가는 군인이 많아진다. 이때 그들이 가진 직업의식과 사명감이 나라의 안위에 큰 영향을 미치게 된다. 현대의 전쟁은 주로 미사일을 포함한 현대적 무기와 공중전으로 빨리 끝날 수도 있겠지만, 적든 많든 군인이 빠지는 전쟁은 없다. 나라에서 많은 지원을 하면서까지 직업군인을 선발하는 이유는 국가의 안위가 국민의 안전과 직결되기 때문이다. 그런 만큼 안정적인 직업을 찾는 안이한 생각으로 선택하지 않기를 바란다. 군인만이 아니라 어느 직업이든 그 직업에 필요한 직업의식과 윤리의식이 있다. 그걸 소홀히 하는 사람이 단지 안정감만으로 직업을 선택한다면 본인에게도 불행이고, 그 직업군의 다른 사람들에게도 민폐를 끼칠 수 있다.

직업군인이 괜찮아 보인다고 지원서를 내서 경쟁률을 높이기보다는 자신이 들어가서 고강도 훈련을 감수하며 흙바람 먹어가며 훈련을 마칠 수 있는지, 그리고 딱딱한 군화와 제복을 입고 시도 때도 없이 발생하는 비상훈련을 감수할 수 있는지부터 생각해볼 일이다.

4
스타트업 창업을 하는 젊은이들이 크게 늘어나고 있다

2014년 1월 영국 경제주간지 《이코노미스트》가 전 세계적으로 일어나는 스타트업 창업 열풍을 고생대 캄브리아기에 비유하여 묘사했다. 다양한 생물군이 등장한 그 시대처럼 우후죽순 스타트업이 생겨나고 있다는 이야기다. 그런데 스타트업이란 게 대체 뭘까?

〈위키백과〉에 따르면 스타트업이란 '설립한 지 오래되지 않은 신생 벤처기업'이란 의미로 미국의 실리콘 밸리에서 생겨난 용어다.

혁신적인 아이디어는 스타트업의 무기가 된다.

자료: Getty Image Bank

'혁신적인 기술과 아이디어'가 특징인 이런 창업 기업을 '스타트업 컴퍼니'startup company 또는 '스타트업'이라 한단다.

구글이나 페이스북 등은 대표적인 스타트업 창업 회사다. IT 분야의 거성巨星으로 보이는 이런 기업을 두고 '지금 이런 걸 우리한테 도전하란 말이야?' 하면서 눈 똥그랗게 뜨고 잡아먹을 듯 노려보는 사람도 있을 수 있겠다. 진정하고 조금 더 알아보자. 창업 전문 미디어인 '비즈업'에 2017년 6월 1일 조가연 기자가 올린 기사 내용을 빌려서 설명해보겠다.

의류판매를 하는 A와 B가 창업을 했다고 해보자. 업체에서 의류를 받아 전시하고 판매하는 A의 매장은 기존의 '사업'이라고 한다. 반면 B는 고객이 있는 곳으로 패션 컨설턴트를 파견해 몸의 치수를 측정하고, 코디에 대한 조언을 해주는 '찾아가는 서비스'를 겸하고 있다. 고객이 매장까지 찾아오는 번거로움을 줄여주고, 각자에게 어울리는 스타일까지 조언해줌으로써 고객의 숨은 고민까지 해결해주는 것이다.

B의 경우 기존 시장이 갖고 있던 '불편감'을 해소해주는 차별화된 서비스를 창출했으니 이를 스타트업이라고 할 수 있다. 즉 스타트업이란 창업 아이템에 '참신함'을 더하여 기존에 없던 새로운 아이디어로 도전했는가가 하나의 판단 기준이 될 수 있다. 혁신적인 아이디어와 남다른 기술로 기존 시장의 불편함을 해결하거나 전혀 새로운 시장을 개척하는 스타트업의 핵심은 '다름'이다. 물론 이런 경우만이 아니라 벤처캐피탈이나 엔젤투자지원센터 등의 투자를 받는 경우처럼 향후 큰 이익을 낼 수 있을 것으로 생각되어 투자하고 싶은 생각이 들게 하는 회사도 포함한다.

2020년 11월 11일자 《더스쿠프》에 의하면 스타트업 창업 후 5년까지 생존할 확률이 29.2퍼센트밖에 안 된다고 한다. 중소벤처기업부 통계에 따르면 신설법인은 2017년 9만 8420개에서 2018년 10만 2042개로, 2019년엔 10만 8874개로 늘었다. 창업에 대한 관심이 얼마나 뜨거운지 알 수 있는 지표다. 정부도 창업을 권장한다. 정부의 지원 규모가 커지니 이를 활용해 창업하는 이들도 늘고 있다. 하지만 생존은 전혀 다른 문제다. 통계에 따르면 창업 1년 차 생존율은 65퍼센트 수준이지만 3년이 지나면 42.5퍼센트로 뚝 떨어진다. 5년 차가 되면 앞서 언급했듯이 29.2퍼센트밖에 안 된다. 이렇게 쉽지 않은 환경인데 무엇 때문에 스타트업에 뛰어드는 것일까?

첫째, 꿈꾸고 하고 싶어 했던 것을 할 수 있다는 자유로움 때문이다. 일반 기업에 들어가면 자신이 하고 싶은 일과 상관없이 회사에서 부여한 직무에 따라 일할 수밖에 없다. 적성과 너무 안 맞으면 '내가 왜 여기서 이걸 하고 있나.' 하는 회의에 빠지게 된다. 열심히 일해 능력을 인정받더라도 그에 적합한 대우를 받지 못하는 경우가 생기면?

이렇게 되면 '차라리 창업 할래.' 하는 도전의식과 함께 '부조리한 환경에 매달리기보다 즐겁게 내 일을 찾아 시작하자.' 하는 생각을 하게 된다. 진정 원해서 시작하면 웬만한 고생은 거뜬히 이겨나갈 힘을 얻는다.

둘째, 자유로운 분위기에서 자신이 주도적으로 일할 수 있기 때문이다. 직장인은 기업이나 조직에서 일할 때 지켜야하는 것들이 있다. 꽉 짜인 계획을 맞춰야 하고, 내 생각과 달라도 위에서 내려온 지시에 따라야 한다. 계약 체결과 관련해서 실무는 본인이 다하면서 정작 결정권이 없는 경우도 있다. 하지만 창업을 하면 모든 것을 주도해서 하지 않으면 안 된다. 책임감이 커지는 만큼 성취감도 크다.

셋째, 경쟁보다는 협동하기 때문이다. 스타트업은 소규모로 마음이 맞는 사람들과 같이 시작하고 함께 원대한 꿈을 꾸는 경우가 많다. 차별이나 경쟁보다는 힘을 합해야 한다. 모든 일을 함께하며 어려움도 같이 극복하게 되니 팀원끼리의 유대감이 남다를 수밖에 없다. 동등한 창업 멤버이기 때문이다.

넷째, 능력이면 다 된다. 졸업장도 스펙도 필요 없다. 중요한 것은 이루고자 하는 아이디어를 이룰 수 있는 능력이다. 내게 부족한 면이 있다면 그런 능력이 있고 뜻이 맞는 사람을 자유로이 영입하면 된다.

스타트업에 매력적인 부분이 많다고 하여 대책 없이 주변 친구들을 불러 모아 동아리 형식으로 창업하겠다고 한다면 일단은 말리고 싶다. 창업에는 반드시 지켜야 하는 것들이 있다. 그래야 이다음에 성공하든 실패하든 다른 이를 원망하거나 서로 싸우는 일이 없다. 여기서 중요한 몇 가지만 짚어보기로 하자.

첫째, '자립'을 위해 경제적인 대비가 필요하다. 많은 스타트업의 경우 초기에는 창업자가 가진 자본을 사용해야 한다. 아무리 혁신적인 사업 아이템이 있다고 해도 '우와~ 그거 진짜 대박이다!' 하는 정도가 아니라면 투자를 받기가 쉽지 않다. 당분간 매출이 없더라도 기본적인 사무기기는 갖춰야 하고, 직원 월급, 식비, 통신비 등등 고정적인 지출이 꽤 크다. 기업이니까 대출을 받으면 된다는 섣부른 생각은 접어야 한다. 세상에 공짜는 없다. 남의 돈은 무서운 것이다. 그러니 창업 전에 앞으로 일어날 일을 대비해 충분한 자본금을 모으는 노력이 선행되어야 한다.

둘째, 장소다. 자본금이 없으면 일할 공간을 확보하기도 쉽지 않다. 이 때문에 지금은 누구나 알아주는 미국의 스타트업도 대부분 자기네 집 차고에서 시작되었다고 한다.

셋째, 세금신고다. 종합소득세와 부가세 신고방법을 배워서 누락 없이 신고해야 하고, 직원의 4대 보험 가입 등에 대한 준비도 해야 한다. 처음엔 소득보다 지출이 많다는 사실을 유념해야 한다.

넷째, 지적재산권 문제다. 시작한 회사가 기술 기반이라면 보유한 기술과 관련하여 지적재산권 관리나 특허 관련 문제에 주의해야 한다. 2005년《이코노미스트》에 의하면 75퍼센트의 미국 기업들이 지적재산권을 기반으로 사업했다고 한다.

4차 산업혁명이 위협이 될지 기회가 될지는 우리가 어떤 준비를 하느냐에 달려 있다.

자료: Getty Image Bank

스타트업 창업은 장거리 경주와 같다. 올바른 경영 원칙을 지켜야 성공할 수 있다. 우리나라는 창업이 쉽지 않은 환경인데도 스타트업 창업은 했던 사람이 다시 하는 경우가 많다고 한다. 일반기업에서 직원으로 있으면서는 느끼기 어려운 보람이 있기 때문일 것이다.

4차 산업혁명이 거론되는 미래 사회에는 창업이 답이긴 하다. 그러나 준비 없는 창업이어선 안 된다. 아쉬운 점은 국가적으로 청년들이 실패해도 다시 일어날 수 있도록 지원을 해주어야 하는데 그런 여건이 잘 조성되어 있지 않다는 것이다. 미국이나 중국처럼 실패해도 아이디어가 괜찮을 때 계속 지원을 아끼지 않는 노력을 기울여야 한다. 그렇지 않다면 단 한 번의 시도로 대박을 터뜨리지 않으면 안 된다는 강박관념과 도박심리에 빠질 수밖에 없지 않겠는가? 정부가 이런 사실을 모르지는 않는다고 본다. 앞으로 개선은 되겠지만 그 시기를 당길 수 있도록 정부 각 부처가 힘과 지혜를 모으면 좋겠다.

나는 처음에 기업에서 직장생활을 했다. 이후 학교로 옮겼는데 '100마일로 달리는 기업'에 비해 학교는 겨우 '10마일의 속도로 기어가고' 있다는 앨빈 토플러의 말을 실감할 수밖에 없었다. 교육행정의 지나친 관료주의와 보수성에 회의가 느껴질 무렵 중소기업청에서 주관하는 '비즈쿨 사업'이 눈에 들어왔다. 기업에서의 경험을 토대로 기업가 정신을 함양시킬 수 있는 좋은 프로그램이라 생각해서 학생들에게 접목하기 시작했다.

교육부와 달리 기업 정책을 주관하는 중소기업청은 신속했다. 그렇게 특성화고의 창업동아리 활동지원이 이루어진 지 약 10여 년이 되었다. 초기의 목표는 학생들의 기업가 정신 함양이 주된 목적이었다. 그런데 지금은 창업 체험을 미리 경험해볼 수 있도록 지원할 정도로 발전했다. 비즈쿨 사업은 이제 일부 중학교까지 확산되어 운영되고 있는 대표적인 성공 사례라고 할 수 있다.

한편 '학교기업' 역시 성공적인 교육 정책 중 하나다. 학교기업은 학교 현장의 실습 수업을 기업 활동으로 연계하되 학생 개인이 아닌 학교가 사업자등록을 하고 정식으로 학교 내에서 기업 활동을 펼치는 프로그램이다. 현장실습의 파행적인 운영으로 발생하는 문제점을 극복하고 학교 내 교육과정인 전공실습에서 기술만 습득하는 것이 아니라 기업가 정신과 경영 마인드를 같이 함양할 수 있도록 계획되어 있다. 이윤 창출보다는 교육적 목적을 중요시하는 것이다.

학교기업 프로젝트는 인천기계공고의 자동차정비 학교기업인 '스쿨모터스'를 필두로 시작되었다. 해마다 동아리 대표 학생에게는 실제 학생 CEO로서 활동할 기회를 제공하고 있다. 그때 참여한 학생들이 졸업 후에도 자동차 정비 분야에서 역량을 발휘하며 그 역할을 다하고 있기에 당시 지도교사였던 나로서는 참으로 뿌듯하지 않을 수 없다.

학교 현장까지 창업 흐름이 들어온 것은 시대의 변화를 정부와 기관이 인지하고 있기 때문이었다고 본다. 학교기업 프로젝트로 시작된 스쿨모터스는 대표적인 성공 사례로 일본에도 전파되었다. 그런데 우리보다 늦게 시작한 일본의 학교기업이 이제는 우리를 추월할 정도로 성장했다. 학교기업에 대한 정부의 적극적인 관심과 지원이 아쉬운 대목이다.

앞으로 행정적·재정적 지원이 꾸준히 이루어졌으면 좋겠다. 공들여 키워내는 아이들이 곧 미래 사회의 씨앗이기 때문이다. 아울러 지적재산권에 대한 교육을 강화하고, 아이들도 사업자등록을 하는 학생 CEO로서 실질적인 창업 경험을 쌓을 수 있도록 정부와 학교, 학부모들이 지혜를 모을 때다.

5

명문대를 졸업한 농부,
새로운 분야로 뛰어드는
의사·변호사

바쁘게 살야야 하는 도시의 삶을 과감히 접고 귀농하는 사람들이 늘고 있다. 2017년 7월 6일 〈SBS 오뉴스〉에 따르면 2014년만 해도 귀농은 1000건 남짓이었지만 2016년에는 1500건을 넘었단다. 귀농한 가구의 3분의 2가 혼자 귀농한 1인 가구란다. 1인 가구의 비율도 2014년 49퍼센트에서 2016년도에는 66퍼센트까지 올라갔다는데, 이 말은 가족 전체가 시골에 정착해서 삶을 영위하기가 결코 수월하지는 않다는 방증이기도 하다.

그럼에도 불구하고 국내뿐만 아니라 해외 명문대를 졸업하고 서울에서 직장생활을 하다가 귀농하는 사람들도 있다. 나는 젊은 세대들과 도시생활에서 축적한 다양한 경험을 농촌에 접목할 수 있는 중년층의 귀농이 앞으로 농촌을 살리는 데 중요한 한 축이 될 수 있다고 생각한다. 실제 예를 통해 살펴보자.

첫 번째, '자라라' 교육용 버섯 체험 키트 개발자 차주훈 대표를 소개한다. 그는 전남 장흥을 떠난 일이 없다. 부친이 버섯을 재배하는 모습을 보면서 자란 그는 자연스럽게 버섯에 관심을 가졌고, 미생물학을 공부하고 식물의학 대학원까지 나왔다. 부친으로부터 물려받은 재배 노하우를 더해 현재의 삼광버섯영농조합법인을 세운 그는 2014년도에 전남농업기술원에서 추진한 청년창업 프로젝트를 통해 어린이들이 가정에서 손쉽게 버섯을 체험할 수 있게 해주는 키트 '자라라'를 개발했다. 어린 학생들의 체험 활동을 통한 교육에 공헌함과 동시에 지역 발전에 큰 힘이 되고 있다.

두 번째, 모바일 게임으로 농작물 키우면 농산물을 배달해주는 '레알팜' 박동우 대표를 소개한다. 레알팜RealFarm은 농작물을 실제로 배달해주는 농장 경영 전략시뮬레이션 게임이다. 네오게임즈 박동우 대표는 서울대 농생대 출신으로 전직 농사꾼이다. 그가 게임을 만든 이유는 농사가 얼마나 힘든 일인지를 알리고 싶어서였단다. 실제 농법에 기반을 둔 게임 플레이와 농산물 배송을 통한 차별화 전략으로 1000만 건 이상의 다운로드를 기록했다. 그는 사업성이 충분하면서 사회적으로도 가치가 있는 농업 관련 일을 해서 젊은 친구들에게 기회와 확신을 주고 싶었단다. 농촌진흥청은 모바일 농사 체험게임 레알팜을 개발한 (주)네오게임즈와 2022년 2월 업무협약을 맺고 국내 육성품종 농산물의 생산·가공·판매·판촉 등에서 협력 사업을 벌이고 있다. 네오게임즈는 게임과 현실이 연결된 '메타

2012년 출시된 레알팜은 모바일로 농사 체험을 할 수 있다.

자료: 레알팜

커머스'를 추구해나갈 계획이라고 한다.

　이렇게 귀농으로 삶을 찾고 또 뜻이 맞는 귀농자들끼리 협동조합을 만들고 협업을 통해 소비자와 농부가 동행하는 길을 만들어가는 연계활동이 벌어지는 동안 세계 여러 나라에서는 인공지능을 미래 국가의 동력으로 삼으려는 움직임이 활발하게 일어났다. 바로 옆 나라 중국은 2017년 7월 20일 '새 시대 인공지능 발전계획에 관한 통지'를 발표했다. 인공지능 관련 투자와 특허 수 및 인공지능 기업 수 등의 면모로 볼 때 중국은 전 세계에서 2위를 차지하고 있다. 그런 중국이 내세운 인공지능 신흥 양성 사업에 '스마트 농업'이 들어가 있다. 인공지능을 이용한 빅데이터 분석을 기반으로 분석 체계를 마련하고, 이를 스마트화된 농업과 공장, 목장 및 어장, 과수원, 농산품 가공센터 및 관련 공급 영역에 시범적으로 적용하겠다는 것이다. 인공지능을 활용하여 농산물을 과학적으로 수급하고 싼값에 공급해서 멀지 않은 미래에 식량 관련 시장을 선점하겠다는 의도가 보인다.

　지금도 싼 가격에 대량으로 밀려오는 중국산 때문에 국산 먹거리가 밀리고 있는 판국인데, 중국이 인공지능까지 도입해서 품질까지 담보된다면 앞으로 우리 미래는 어떻게 될까? 인공지능과 빅데이터 그리고 로봇을 이용하는 농업은 우리나라에서도 대규모의 자본과 기술을 앞세운 대기업 주도로 진행되어 다양한 식재료가 저렴한 가격에 공급될 확률이 높다. 아마도 대기업들도 정보통신기술을 활용한 스마트팜으로 원거리에서 농장 내 작물 재배를 실시간으로 관리하고 운영하고자 할 것이다. 이미 축산업 진출은 상당 부분 허용되었다고 하니 귀농하여 농사짓는 사람들 입장에서는 이러한 정보를 모를 경우 큰 낭패를 볼 수도 있다.

2021년 통계청이 발표한 인구주택총조사(11월 1일 기준, 등록센서스 방식) 결과를 보면 우리나라 총인구는 5173만 8000명으로 전년 대비 9만 1000명(-0.2%) 감소했다. 대한민국 정부수립 이후 실시한 1949년 센서스 집계 이후 처음으로 감소했다고 한다. 한편 우리나라의 유소년인구와 생산연령인구는 계속해서 감소하는 반면 고령인구는 증가하는 추세여서 고령화가 급속히 진행되고 있는 것으로 나타났다. 2016년 대비 생산연령인구(15~64세)는 68만 명 줄었으며 65세 이상 고령인구의 비율은 862만 명으로 전년 대비 4.1퍼센트(41만 명) 증가했다.

밖으로는 중국이, 안으로는 대기업의 약진이 예상되고 생산가능인구가 줄어 초고령화로 인한 농업인구의 감소 등이 몰고 오는 변화의 물결에 휩쓸리지 않으려면 어떻게 해야 할까? 결국 사람과 사람 사이의 협업이 답이 될 것이다. 귀농인끼리의 협동조합 구성과 협업, 농림축산식품부 및 지자체의 지원, 질 좋은 소비자 맞춤형 친환경 농산물 생산을 통해 소비자와 직접적인 유통이 가능하도록 해야 한다. 미래의 농업이 6차 산업화를 지향하는 만큼 1차(농산물 생산)만 신경 쓸 것이 아니라 2차(식품 제조와 가공)와 3차 산업(유통, 판매, 체험, 관광, 축제, 힐링, 교육 등)에서 소비자의 관심을 끌 다양한 아이템을 개발하기 위해 머리를 맞대야 한다. 귀농자가 지역사회의 주요한 재원이 될 수 있는 이유가 바로 여기에 있다고 본다.

생산가능인구가 줄고 있는데 반해 계속 수가 늘어나는 전문 직업이 있다. 가장 큰 예로 변호사와 의사를 꼽을 수 있다. 2023년 3월 기준 우리나라 변호사 수는 3만 3162명이다. 생산가능인구는 줄어드는데 변호사는 늘어나니 업계 내 경쟁이 치열해지면서 법률서비스의 질 저하와 법조 비리에 따른 신뢰 추락 등 부작용이 속출하고 있다. 경험이 부족한 새내기 변호사들이 체감하는 현실은 심각하다. 변호사 생활을 시작하기도 전에 이미 수천만 원씩이나 되는 학자금 대출을 갚아야 하는 처지일 수 있다. 그러나 운 좋게 법률사무소 등에서 인턴십 과정을 거친다 해도 실제 손에 쥐는 돈은 밥값이 될까 말까 한 수준이다. 공급과잉이 나타난 지 오래인 변호사 시장에서는 차별화만이 살길이라는 사실을 누구나 알고 있다.

남들보다 먼저 앞서 공공기관 사내변호사의 길을 걸었던 한국중부발전 장기영 변호사는 아직 개척되지 않은 건설, 에너지, 가스, 농업, 축산업, 어업, 유통업 등 특정 산업 전문가나 중국, 베트남, 러시아, 말레이시아 등 특정 지역 전문가가 되는 길이 변호사들에게 활로가 될 수 있다고 충고한다. 그러면 변호사 중에 새로운 길을 모색하는 사람들의 실례를 살펴보자.

헬프미 법률사무소 이상민 변호사를 소개한다. 그는 법률 스타트업 '헬프미 법률사무소'의 공동창업자로, 대형 로펌에서 형사전문 변호사로 6년간 약 400건 정도의 사건 처리 경험을 쌓으며 명성을 얻었다. 그런 그가 대형 로펌을 나온 이유는 오전 10시에 출근해서 새벽 1~2시나 되어야 퇴근하는 일과가 힘에 부치기도 했고, 자신의 신념이나 생각과 다른 면을 보게 되면서 창업을 결심했기 때문이란다.

그를 포함한 4명의 변호사가 모여 법률사무소를 설립한 이유는 법적 문제가 사람들에게 미치는 영향을 아는 만큼, 대중에게 법률정보를 고루 전파함으로써 정보 불균형을 해소하는 데 도움이 되고 싶다는 생각이 들었기 때문이다. 그래서 이혼 또는 상속문제, 형사사건, 부동산사건, 세금 혹은 행정문제 등에 따라 분야별로 전문변호사를 선택할 수 있도록 변호사 매칭 시스템을 만들어 다른 변호사사무실과 차별화된 서비스를 제공했다. 2017년 9억 원 정도였던 매출

차별화된 법률상담과 변호사 매칭 시스템이 강점인 헬프미 법률사무소

자료: 헬프미 법률사무소

규모는 2020년 29억 원으로 늘었다. 헬프미 법률사무소는 법률서비스가 좀 더 가치 있는 시장으로 변화하는 데 힘쓰며 후발 업체들의 표준이 되고 있다.

변호사 다음으로는 의사라는 직업과 관련된 이야기를 해보겠다. 2016년 12월 5일 IBM 닥터 왓슨이 우리나라에서는 길병원을 시작으로 총 5군데 병원에 도입됐다. 암 진단을 목적으로 도입된 인공지능 왓슨은 빅데이터로 전문적인 의학 관련 자료를 습득하고 의사의 진단 행위를 보조했다. 2017년 9월까지 400명 이상의 환자를 진료하는 데 사용되었다. 당시에는 인공지능이 의사의 진단 행위를 대체하게 될 것이라는 전망이 있었으나 진단의 정확성에 한계가 드러나면서 IBM은 수익성이 나지 않는다는 이유로 2021년 사업을 접고 '왓슨 헬스' 사업부를 매각했다. 그러나 최근 사람들에게 충격을 안긴 다양한 생성형 인공지능처럼 의료AI가 앞으로 의료 환경을 어떻게 새롭게 변화시킬지는 눈여겨봐야 할 부분이다.

예전부터 변화하는 시대의 흐름을 읽고 새로운 길을 모색하는 의사들이 있었다. 강소병원으로 이름난 서울와이즈재활요양병원 김치원 병원장의 사례를 살펴보자.

그는 신장내과 전문의다. 동시에 컨설턴트다. 내과 전문의를 딴후 2008년 3월 맥킨지(기업 경영컨설팅 회사) 서울 사무소에 들어갔다가 2009년 2월에 나온 뒤 삼성서울병원 의료관리학과에서 2년 반 동안 전략을 짜는 일을 했다. 그리고 2012년 베인앤컴퍼니에서 컨설턴트로 일했던 선배의사 배지수 원장과 함께 현재의 병원을 세웠다.

그는 다른 요양병원과 달리 각 분야의 전문의를 배치해 환자가 사회로 되돌아갈 수 있도록 재활에 중점을 둔 의료 서비스를 일반 병원 수준으로 제공하여 경쟁력을 키웠다. '요양병원은 단지 연명을 위한 곳'이라는 인식을 깬 것이다. 그의 목표는 진료와 수술에 집중된 의료체계에서 재활과 요양을 전문으로 하는 새로운 모델을 만드는 것이다. 그래서 목숨 연명이 아닌 전문적 치료가 필요한 아급성 환자亞急性 患者(병의 진행 속도가 급성과 만성의 중간 정도인 환자)를 위한 재활요양병원의 모델을 만드는 일에 의지를 불태우고 있다. 2021년 그는 카카오의 스타트업 투자전문회사인 카카오벤처스에 상무로 영입되어 디지털헬스케어 비중을 늘려가고 있다.

나는 변호사나 의사와 같은 전문 직업을 인공지능이 완전히 대신하기는 어렵다고 본다. 하지만 상당한 영역을 인공지능과 공유하게 되고, 협업하게 되는 일도 존재하리라고 본다. 통계적 분석이 이뤄지는 부분들이 그럴 것이다. 어떤 질병에 무슨 약을 처방한다든가, 혈액검사 분석을 통해 암이 어디에 어느 정도 진행되고 있다든가, 그로 인해 수술 부위를 예측한다든가 하는 일에서는 인공지능의 역할이 커질 것이다.

인공지능으로 인해 바뀌는 미래에 대한 두려움은 인간이란 존재가 혹시 기계에 의해 지배되지 않을까 하는 막연한 두려움과 불안 요인이 작용한 결과다. 예전에 에이즈가 처음 발견되어 방송을 탔던 때가 기억난다. 1981년경 에이즈로 죽는 사람들의 모습이 방송을 탔고 전 세계가 공포에 떨다시피 했다. 에이즈로 죽은 사람의 시체를 우주복 같은 방호복을 입은 사람들이 두터운 지퍼백 모양으로 된 가방에 넣고 묶어 엄청 깊이 판 땅에 묻던 장면은 아직도 뇌리에 선명하다. 결론은 무지에서 온 공포였다. 지금은 누군가 에이즈라고 하면 '참 안됐네. 평생 약 먹어야겠네.' 할 정도의 만성병 개념으로 바뀐 지 오래다.

인공지능과 기계가 인간을 지배하려면 '감정'과 '양심' 그리고 '자아인식' 등을 갖춰야 하는데, 이런 강한 인공지능이 만들어지기에는 현재 기술로는 멀었다는 게 전문가들의 소견이다. 최근 발전된 모습으로 나타난 생성형 인공지능 챗봇인 챗GPT를 보면 기계가 인간을 지배하는 세상보다는 인공지능과 협업하는 세상이 도래했다는 생각이 든다. 사회의 변화를 두렵고 불안한 눈으로 보기에 앞서 큰 흐름을 살펴 기회를 포착하는 것이 먼저다. '호랑이 굴에 들어가도 정신만 차리면 산다'고 했던 선현의 지혜를 기억해야 하는 시대다.

6

'명문대→대기업→중산층 코스'가 몰락하고 있다

1347년부터 1351년 사이 유럽에 흑사병이 돌았다. 흑사병 증상을 표현한 노래 〈Ring Around the Rosie〉가 아이들 사이에 돌았다. 흑사병은 유럽 인구의 3분의 1에 해당하는 2000만 명을 집어삼켰다. 무시무시한 흑사병이란 단어를 보면 생각나는 독일의 이야기가 하나 있다. 〈하멜른의 피리 부는 사나이〉라는 동화다.

하멜른이라는 마을에 들끓는 쥐 떼를 피리 부는 사나이가 큰돈을 받기로 하고 오로지 피리소리 하나로 몽땅 유혹해서 호수에 빠뜨려

〈하멜른의 피리 부는 사나이〉 이야기를 그린 삽화

자료: Kate Greenaway

없애주었는데, 마을 사람들이 약속을 지키지 않자 마을의 아이들을 피리소리로 유혹해 언덕 너머로 사라진다는 이야기다.

이 이야기를 생각할 때마다 우리나라 중산층의 몰락이 떠오른다. 냉철하게 미래를 계획해야 할 시기에 자식만큼은 남부럽지 않게 살게 하겠다는 마음 때문에 마치 '교육에 몰빵해~'라는 피리소리를 들은 것처럼, 그 길 끝에 일어날 결과를 생각하지 않은 채 무조건 사람들이 하는 대로 따라한 것은 아닌지 생각해볼 필요가 있다는 얘기다.

우리가 중산층이라 불렀던 사람들의 몰락 이야기는 늘 비슷한 흐름을 보인다. 명문대를 포함한 대학을 나와 남들이 알아주는 대기업이나 외국계 기업에 들어가 열심히 일하면서 대출받아 집을 마련하고 아이를 낳고, 대출금과 아이의 교육비를 마련하기 위해 기러기 아빠·엄마 생활도 감수한다. 그러다 나이 50을 전후해서 회사에서 갑작스레 밀려나면 예전엔 자신을 가치 있게 해주었던 스펙이 오히려 장애가 되어 재취직도 하기 어렵다. 그러다 결국은 자영업에 돈을 대 실패하거나 택시운전을 한다. 아니면 아이들 결혼을 위해 하나 있던 집을 싼값에 내놓고 부모는 전세나 월세로 들어가는 것으로 이야기가 끝이 난다.

우리 사회에서 이런 악순환을 낳는 가장 큰 요인 중 하나가 바로 자녀에게 드는 사교육비다. 그리고 다음으로는 자녀의 결혼비용이다. 거기에 더하여 자신이나 배우자가 암 등의 질환으로 투병생활이라도 하게 되면 노년기에는 절대 빈곤층으로 떨어져 '실버 파산'을 맞기도 한다. 이 단계까지 온 사람들의 삶이 흑사병으로 인해 붕괴된 유럽의 모습과 겹쳐 보이는 이유는 무엇 때문일까? 과연 여러분한테는 부모의 저런 희생이 멋지게 보이는가?

그런데 아이러니하게도 흑사병은 중세 유럽의 붕괴를 촉진하고 인본주의와 르네상스, 자본주의를 낳는 산파 역할을 했단다. 이러한 역사적 사실에서 나는 우리 사회에서 중산층의 몰락이라는 '쓰나미' 같은 어려운 일만 일어나는 게 아니라 그 고통을 이겨내는 과정 중에 새롭게 들어서는 세상이 있을 것이라고 희망을 품어본다.

2017년 2월 24일자 《한국일보》에 〈인공지능이 몰고 올 '죽음의 계곡', 새 분배 시스템으로 넘어라〉라는 제목의 기사가 실렸다. 미국 컬럼비아 대학교 조지프 스티글리츠 Joseph E. Stiglitz 교수는 "AI 때문에 인간의 모든 직업이 사라질 수 있다"고 했고, 페이스북 경영자 마크 저커버그는 "인류는 지식을 배워 문제해결에 적용할 능력을 갖추고 있지만, 컴퓨터는 그럴 수 없다"고 했다. 인공지능이 대체할 직업에 대해 이렇게까지 다른 예측이 나오는 이유는 무엇일까? 한마디로 세상이 어떻게 변할지 모른다는 얘기다.

4년이란 시간이 흐른 시점에 전 세계는 '메타버스' metaverse 열풍에 휩싸였다. 하지만 막대한 비용 때문에 유수의 기업들이 메타버스 관련 프로젝트를 중단했다. 메타버스를 차세대 성장 동력으로 본 저커버그는 기업명을 '메타'로 바꾸기까지 했으나 그 역시 메타버스 관련 투자를 대거 축소하고 있는 실정이다. 하지만 2022년 12월 1일 챗GPT의 등장으로 4차 산업혁명의 흐름이 다양한 생성형 AI로 연결되면서 우리는 또 한 번 기회와 위기를 동시에 맞이했다.

2021년 9월 16일자 《한국경제》는 AI로 인해 노동시장의 구조적 변화가 불가피하다는 기사를 보도했다. 〈AI로 대체되는 일자리, AI로 채울 수 있다〉라는 제목이 현 시점에서 봐도 흥미를 자아낸다. 글로벌 컨설팅업체 맥킨지가 2021년 미국 등 8개 주요 국가의 800개 직업, 2000개 직무를 분석한 결과, 근로자 열 명 중 한 명꼴로 10년 안에 일자리를 잃을 위기에 처했다고 한다. 그러나 다행스럽게도 AI로 인해 소멸하는 일자리보다 창출되는 일자리가 더욱 많기 때문에 과거 '러다이트 운동'과 같은 참극은 일어나지 않을 전망이라고 한다. 2018년 세계경제포럼 또한 〈일자리의 미래〉라는 보

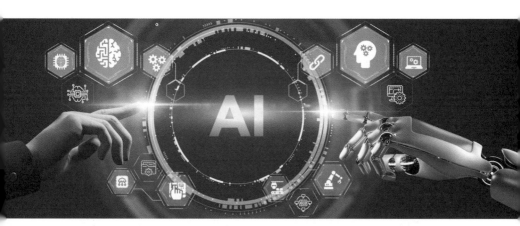

인공지능을 경쟁 대상이 아닌 협업 대상으로 보면 기회가 보인다.

자료: Getty Image Bank

고서를 통해 AI로 인해 사라지는 일자리보다 새로 생기는 일자리가 두 배 이상일 것으로 예상했다.

의료AI 사업부인 왓슨 헬스를 매각했던 IBM은 생성형 AI의 발전에 주목하며 조만간 기업용 AI 플랫폼인 '왓슨X'를 출시할 예정이라고 한다. 이처럼 디지털 인프라와 인적 자원을 잘 갖춘 기업이라면 규모에 관계없이 얼마든지 새로운 기술로 새로운 사업을 시도해 볼 수 있다. 새로운 도전 과제 앞에 여전히 사람의 역량이 필요하다는 의미다. 그러니 무조건 불안해하기만 할 일은 아니다.

앞에서도 여러 번 강조했듯이 미래 세대는 인공지능과 함께 살아가게 될 것이다. 때문에 학교에서는 '코딩'을 가르친다. 코딩을 배운 세대와 배우지 않은 세대의 삶은 스마트폰으로 온갖 일을 하는 지금의 세대와 스마트폰으로 겨우 전화만 거는 기성세대의 차이보다 더

확연한 차이를 가져오게 될 것이다.

여기서 우리가 유념해야 할 점이 보인다. 바로 '공생'共生이다. 그러므로 급변하는 미래를 대비하기 위해 굳이 "대학을 거쳐 기업에 들어가서 일하자!"라는 피리소리를 따라 한 방향으로 갈 필요가 없다. 대기업일수록 앞으로 사람보다는 인공지능에 의존할 확률이 높다. 그게 더 효율적이라고 생각할 테니까.

확정되지 않은 미래를 걱정하며 아직 생기지도 않은 직장을 위해 어떤 스펙을 쌓아야 할지 고민하기보다는 인공지능과 공생해야 한다는 것, 기계가 잘하는 것과 못하는 것을 구분하여 기회를 포착하는 것이 더 중요하다. 중·고등학교 시절부터 내가 하고 싶은 것에 집중해서 10년을 착실히 준비하다 보면 어떤 세상이 오든 무서워할 필요가 없다.

예를 들어 연예인 김유정의 경우 아주 어려서부터 연기를 했다. 10년 이상 연기를 한 결과 누구도 그녀를 초짜로 보지 않는다. 꾸준히 경력과 경험을 쌓아 스무 살이 되기 전부터 베테랑으로 인정받았다.

여러분도 적성에 맞는 일이 무엇인가를 끊임없이 찾아야 하고, 찾고 나면 그쪽의 경험을 쌓아서 그 분야에서 전문가 소리를 들으면 된다. 어느 분야이든 베테랑이 되는데 10년은 부족한 시간이 아니니까. 경험이 쌓이면 그것이 저절로 직업으로 연결되는 경우가 많다. 색다른 경험을 한다면 세상에 없는 직업을 만들어내게 될 수도 있다.

만약 피리소리를 듣고 따라가던 아이들이 주변으로 시선을 한 번만이라도 돌렸다면? 들판에 무르익은 곡식과 그 사이에 숨어 있던 메뚜기도 발견했을 것이고, 잘 익은 포도송이도 발견했을 것이고, 지저귀는 새소리도 들었을 것이다. 그랬다면 싱그러운 공기를 만끽하며 어떤 아이는 메뚜기 잡으러 갔을 수도 있고, 어떤 아이는 포도를 따먹으러 들어갔을 수도 있고, 그리고 어떤 아이는 지저귀는 새소리를 들으며 한 숨 늘어지게 자고 일어났을 수도 있지 않았을까? 앞서 말한 것처럼 모두가 동일한 방향으로 '몰빵해~' 하는 피리소리에서 벗어난 아이들처럼 다양한 방향을 바라보는 사람들이 필요한 시대다.

2016년 4월 11일자 《조선일보》 기사에 따르면, 노벨 경제학상 수상자인 프린스턴 대학교 앵거스 디턴Angus Deaton 교수는 "한국의 경우 중산층이 몰락하고 빈부차가 심해진다는 지적도 있지만 중산층의 공백이 생기는 것은 역으로 보면 똑똑한 청년들이 노력해서 올라가려는 동기를 준다는 점에서 나쁜 것만은 아니다. 계층 간 이동을 불가능하게 만드는 것, 상류층이 아니면 발전하지 못하게 되는 것이 문제다. 나도 가난한 가정에서 자랐고(디턴 교수의 아버지는 광부였다) 또 다른 노벨상 수상자의 부모는 문맹이었다. 이런 스토리가 많이 생기는 사회를 만들어야 한다. 재능이 빛을 보지 못하는 사회가 되서는 안 된다"고 말하고 있다.

나는 살아오는 동안 학교와 사회에서 '과도기'라는 단어를 꽤 자주 들었다. 중학교 시절 사회 수업 시간에 우리나라는 과도기에 있다고 들었다. 이후 대학교 들어가고 사회생활을 하면서도 과도기라는 말을 몇 차례 더 들었다. 그럴 때마다 '도대체 과도기는 언제 끝나는 거야?' 하는 의문이 들었는데, 사회심리학자인 허태균 교수가 또 다시 우리나라가 과도기라며 우리의 삶이 변해야 하는 시점이라고 말하는 것을 들었다.

그 말을 듣고 문득 '과도기란 뱀의 탈피와 비슷한 거구나.' 하는 생각을 하게 되었다. 뱀은 몸이 커질 때마다 허물을 벗는다. 주변 환경과 영양상태가 좋으면 허물을 더 자주 벗는단다. 그러니까 주로 봄에서 가을까지는 허물을 벗고 겨울에는 허물을 벗지 않는다. 한편 영양상태가 좋지 않으면 허물을 벗지 못하는데 허물을 벗지 못하면 몸이 딱딱해지면서 죽게 된다고 한다. 그러니 어쩌면 과도기가 자주 있는 것이 차라리 나을 수도 있겠다 싶다.

위기는 기회란 말도 있다. 뱀은 탈피하는 순간이 가장 위험하다고 했다. 그러나 위험을 감내하고 탈피했을 때 뱀은 더 크고 당당해진 모습으로 세상을 향해 나아갈 수 있다. 사회적 과도기라는 허물을 잘 벗으면 우리도 새로운 세계를 감당할 능력을 갖출 수 있지 않을까?

살면서 위기를 겪지 않는 인생이란 없다고 본다. 오죽하면 인생지사 새옹지마人生之事 塞翁之馬라고 하겠는가? 인생의 길흉화복은 변화가 많아 예측하기 어렵지만 백짓장도 맞들면 나은 것처럼 뜻이 통하고 아이디어를 나눌 수 있는 사람들과 힘을 합쳐 위기를 이겨낼 수 있다면 살 만한 세상이지 않을까?

특성화고 학생들의 선택, 이미 변화는 시작됐다

1

김시현, 군부사관에서 체육관 관장으로 미래를 개척하다

칠전팔기의 용사, 자이툰 부대를 거쳐 헬스 트레이너로 거듭나다

간절함이 통했을까? 시현이는 22살에 7번의 도전 끝에 마침내 제1공수부대 특전부사관이 될 수 있었다. 청학공업고등학교에서 내가 1학년 담임교사를 맡고 있을 때 시현이는 따뜻한 5월 한 달여 기간 동안 가출을 했다. 그때의 일이 고등학교 출석 기록에 고스란히 남았다. 거기에 발목이 잡혀 내내 떨어졌던 부사관의 꿈을 드디어 이룬 것이다.

설마 하니 면접에서 출석부 기록을 볼 줄은 몰랐을 것이다. 하지만 출결은 학교생활 동안 성실성이나 책임감을 확인할 기록이라서 어찌 보면 성적보다 중요하다. 시현이는 자신이 면접관이어도 출석 현황을 봤을 거라고 했다. "에이, 잘 좀 다닐 걸!" 하고 처음 면접을 보면서 비로소 깊이 후회했다.

고등학교를 졸업한 후 건축 현장에서 미장일을 하던 그에게 공수부대 부사관은 간절한 꿈으로 다가왔다. 그래서 몇 번이고 도전했다. 그 정성을 보고 선뜻 보증을 서준 모병관과 그런 그의 거듭된 도전을 알게 된 면접관들의 호의로 드디어 부사관이 되었다. 뼈저린 후회를 동반한 성취였고 말할 수 없이 뿌듯한 경험이었다.

시현이는 수없이 많은 훈련을 이겨내고 인정받으면서 자신감이 올랐다. 그렇게 시간이 지나 바다에서 UDT 훈련을 받는 날이었다. 이 훈련을 거치다보면 사점死點이 온다. 물속에서 필요한 산소가 부족해 죽을 고비에 다다르는 경험을 하게 되는 것이다. 그에게도 그 순간이 왔다. 죽음이 코앞에 있을 때 두 사람이 생각났다고 한다. 어머니와 고교 시절 그를 고비에서 잡아주었던 내가 떠오르면서 겨우 사점에서 벗어날 수 있었단다.

부사관 시절 시현이는 정말 열심히 훈련받고 근무했다. 그러던 어느 날 자이툰 파병의 기회가 그에게 찾아왔다. 해외 파병이라니…. 이왕 특전부사관이 되었으니 한번쯤 해외 파병도 다녀오고 싶었다. 거기까지 다녀오고 나면 어떤 어려움에도 굴복하지 않는 강한 남자가 될 것이라는 생각에 도전하게 되었고 무난히 뽑힐 수 있었다.

이라크의 평화 재건이라는 목적 아래 전쟁 지역 한가운데서 하는 대민봉사가 자이툰 부대 병사들의 일이었다. 전쟁터라는 긴장감 속에서 고된 일과가 반복되었다. 그렇게 시간이 흘러 그는 27살에 제대했다. 그러고는 어느 날 연락이 왔다. 나를 만나고 싶다는 얘기였다.

함께 만난 자리에서 자이툰 파병 때 포상으로 받은 시계를 내가 차고 있던 낡은 시계와 바꿔 찼다. 꼭 그렇게 하고 싶었단다. 늘 함께하고 싶다는 마음의 표현이었다. 제자의 그런 마음에 얼마나 가슴이 뭉클하고 벅찼던지 한동안 여러 선생님들한테 자랑하고 다녔다. 지금도 그 시계를 고이 간직하고 있다.

시현이는 군 제대 후 사업을 했다. 하지만 2번을 실패했다. 답답한 마음이 들던 차에 워킹홀리데이를 알게 되었다. 영어를 전혀 못하는 그가 새로운 기회를 찾아 선뜻 호주로 떠났다. 군 생활에 앞서 했던 미장일을 하는 와중에 영어도 공부하면서 점점 자신감이 붙었다.

시간이 지나면서 삶에 여유가 조금 생기자 룸메이트 동생과 지역 스포츠센터에서 운동을 시작했다. 동생이 그가 운동하는 모습을 보고는 엄지를 치켜들며 "형이 운동할 때 즐거워서 나도 따라하고 싶어져"라고 말했다. 후배의 그 한마디가 그의 인생에 전환점이 되었다.

고등학교 1학년 때는 마음을 잡지 못했던 시현이는 3학년 때 철이 들면서 부반장을 맡기도 했다. 지금도 이따금 안부전화를 걸어올 뿐 아니라 만나서 사제의 정을 나누고 있다. 특성화고 출신의 특전사 지망 후배들에게 경험을 나누는 일도 하고, 봉사단을 만들어 지역에 봉사도 다니고, 교도소에 가서 재능기부를 하는 등 정말 훌륭한 청년으로 성장해 지역사회에서 큰 역할을 하고 있다.

요즘은 헬스 트레이너로서 부족한 학문적 기반을 갖추고자 용인대학교 체육과에서 공부도 하고 있다. 그야말로 '일과 학습을 병행'하면서, '선취업 후진학'을 실천하고 있는 셈이다. 다음엔 대학원도 진학할 계획이란다. 그렇게 미래를 꿈꾸며 오늘도 피트니스 클럽의 관장으로 열심히 일하고 있다.

포인트? Point!

✦ 결석하지 말라.
성적보다 중요한 것은 출결이다. 특히 고등학교 시절의 출결은 성실성과 책임감을 보는 척도로 작용할 수 있다.

✦ 간절하게 열망하면 이루어진다.
비록 실패하더라도 계속 간절하게 열망하면 이루어진다. 그는 7번의 계속된 도전으로 모병관과 면접관의 마음을 움직였고, 당당하게 자신이 원하던 부사관이 될 수 있었다.

✦ 열심히 하다 보면 기회는 온다.
간신히 턱걸이로 들어갔지만, 열심을 다하다 보니 자이툰 해외 파병이라는 기회를 포착할 수 있었다. 준비되어 있었기에 그 기회를 놓치지 않고 자신의 것으로 만들어 뜻을 펼칠 수 있었다.

임기제부사관 제도와 군軍특성화고

1. 임기제 부사관 제도: 인구절벽과 복무기간 단축 등 병역 제도 개선에 따라 기술전문인력의 안정적 확보를 위해 전국의 특성화고를 지정하여 군에서 소요되는 첨단장비 기술전문인력을 맞춤형으로 양성, 임기제부사관으로 군軍 복무하는 제도

2. 운영개념:

   - 입대 전에는 군에서 소요되는 첨단장비 기술전문인력을 맞춤형으로 양성

   - 복무 중에는 전문 분야에 보직하여 경력과 전문성을 개발

   - 전역 후에는 관련 분야에 산업전사로 활용, 국가경제 발전에 기여

3. 운영현황:

   - 양성분야(전문직위): 특수장비 운용·정비 분야 등

   - 학교선정: 교육부 '특성화고 육성전략'과 연계, 국방부 및 교육부 합동평가단 평가에 의해 선정

   - 군에서 필요한 특수인력(첨단장비 운용/정비 등) 양성이 가능한 학교

   - 권역별(시·도 교육청) 균형 선정

   - 전국 45개 학교, 76개 학급 운영 중(2023학년도 기준)

4. 교육현황:

   - 군 맞춤식 교육: 3학년 1년 교육과정으로 학과편성 운영

- 3학년(정규교육): 군 기술교육(주 10시간), 군 리더십(주 2시간)

※ 1, 2학년(군 특성화 예비반): 인성 및 리더십(주 2시간)

- 군 맞춤식 특기별 교과서 및 교보재 제작/지원

※ 군 교과과정: 일반군사교육(인성, 리더십, 체력단련 등), 군

기술교육(각군본부 및 해병대사 통제하 군 위탁실습교육 진행)

5. 군 지원사항:

- 군특성화고 운영예산 지원(45개교)

- 군 복무기간 중 e-Military U 제도를 통한 전문학사 및 학사 학

위 취득

- 병 의무복무 후 임기제부사관 복무기간(6~48개월) 선택

※ 직업군인 희망자는 부사관 복무기간 4년 선택 후 장기복무

지원(3년 차부터 가능)

- 전역 후 우수기업 및 방위산업체 취업 추천

6. 군특성화고 사례: 인천소방고등학교

- 참여인원: 총포정비(21명)

- 재학 중 훈련수당(130만 원) 지급(2023년 기준)

- 임기제 부사관 48개월 선택 시 장려금(750만 원) 지급

- 졸업과 동시 첨단 장비운영과 관련한 부대 배치

- 전문기술병(21개월)＋임기제부사관(6~48개월)

- 군 복무 중 e-Mu 제도를 통한 전문학사 및 학사 학위 취득(장

기복무 희망 시 가산점 부여)

- 전문학사 학위 취득 후 육군 3사관학교 편입 가능(장교 진출)

군 특성

호국이와 함께하는 군(軍) 특성화 과정

1·2학년 : 기본소양 및 전공교육
- 공통 기본 교과 / 인문교과
- 전공기초교육(각 군 병과교육)
- 전공 심화 교육
- 특기 · 적성교육
- 태권도 및 인성교육
- 견학 및 특강

전공 기초교육　전공 심화

이호~!
장에 그리던 '군특성화고'에
입학이다.

입학

특기 · 적성 : 태권도

병과 전공실습

특기 · 적성 : 전공 심화과정

3학년 : 특성화 교육
- 리더십(Leadership) 배양
- 전공 기초교육
- 전공 심화교육 및 군 맞춤형 교육

특기 · 적성 및 현장 적
- 심신수련(태권도) 및 인격수양
- 관련분야 국가기술자격증 취득
- 다양한 초빙강사 특강
- 협력 교육기관 입소교육
- 자매결연 부대 방문체험 교육

3학년 : 2학기
단기부사관 응시 ▶ 부사관학교 입소(현장실습 : 취업) ▶

즐거운 학교생활

**졸업
및
입대**

전문특기병 복무
- 각 군 훈련소 5주 – 군인 기본훈련
- 실습지원부대 특기 교육(주특기별)
- 전문특기 장려금 지급

잠 깐 !
졸업과 동시에 각 군 병과전문
특기병으로 입대 해야한다는 사실.
꼭 기억하세요.

전문유급 지원병 (21개월)

의무복무 : 총 36개

부대견학

병영체험

현장실습

e – Mu

입대 후 **3년**내에 군 복무와 **전문학사**(정규과정) 학위 취득을 동시에

특성화고 학생들의 선택,
이미 변화는 시작됐다

군 특성화고 운영개념

군 특성화고는 교육부, 국방부, 고용노동부, 중소기업청등 정부부처가 주관이 되어 육·해·공 각 군본부와의 협약을 통해 유능한 전문가 (전문기술병 및 전문기술부사관)를 양성할 목적으로 운영되는 학교입니다.

최대의 장점은 대한민국 남자라면 누구나 복무해야 하는 병역의무를 고교 졸업과 동시에 전문기술병으로 입대하여 의무 복무 후 전문기술부사관으로 임관하여 근무하게 됩니다. 본인의 의사에 따라 전문기술병 및 전문기술부사관으로 복무 중 전문대학 학위취득이 가능하고, 전역 시 전직지원 프로그램을 통한 취업이 가능합니다.

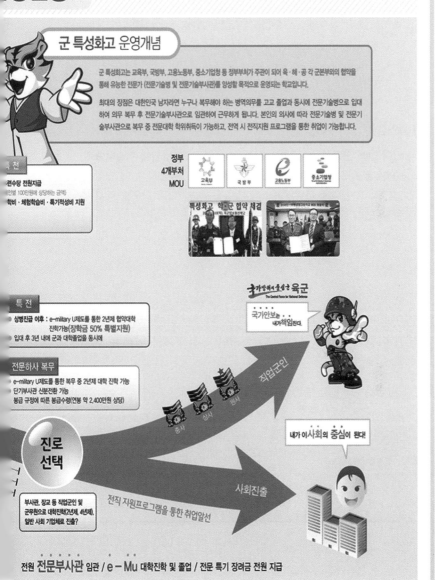

정부 4개부처 MOU

특성화고 협·군 협약 체결

특 전
- 련수당 전원지급
  (인별 100만원에 상당하는 금액)
- 학비 · 체험학습비 · 특기적성비 지원

특 전
- 상병진급 이후 : e-military U제도를 통한 2년제 협약대학 진학가능(장학금 50% 특별지원)
- 입대 후 3년 내에 군과 대학졸업을 동시에

전문하사 복무
- e-military U제도를 통한 복무 중 2년제 대학 진학 가능
- 단기부사관 신분전환 가능
- 봉급 규정에 따른 봉급수령(연봉 약 2,400만원 상당)

국가안보는 · · 내가책임진다.

직업군인

내가 이사회의 중심이 된다!

진로 선택

사회진출

전직 지원프로그램을 통한 취업알선

부사관, 장교 등 직업군인 및 군무원으로 대학진학(2년제, 4년제), 일반 사회 기업체로 진출?

전원 **전문부사관** 임관 / e – Mu 대학진학 및 졸업 / 전문 특기 장려금 전원 지급

- 임기제 부사관 임관 시 독신자 숙소 제공 및 영외거주 출퇴근 가능
- 부사관 19년 6개월 이상 장기근속 시 연금 수혜, 전역 시 국방부 및 학교 취업지원 프로그램 지원
- 최단시간에 목돈마련 가능(실질임금이 높아 80% 저축 가능)

| 착안점 |
1. 입대 전에 군특성화고등학교에서 기술훈련을 받고, 관련 기술병으로 군복무를 마치고, 전역 후에는 취업지원을 받을 수 있다.
2. 입대 후 3년 내에 군복무와 전문학사(정규과정)학위 취득을 동시에 할 수 있다.
3. e-MU 대학 졸업 및 군부사관인 직업군인이 될 수 있다.

진로 선택의 기로에서 '진학'이 아닌 '선취업'의 길을 걸은 제자들의 삶은 어떻게 달라졌을까? 4년이 지난 시점에 '3분 인터뷰' 형식으로 그 궁금증을 풀어본다.

🕐 3분 인터뷰

아무것도 하지 않으면 아무 일도 일어나지 않는다

자이툰 부대를 제대하고 야심 차게 사업을 시작했지만 두 차례 연거푸 실패하는 어려움을 겪었다. 위기를 극복하고 재기할 수 있

었던 계기는 결국 사람이었다. 위기를 이겨내면 기회가 된다. 또한 위기에 처하면 진정 내게 힘이 되는 사람이 누구인지 비로소 알게 된다. 위기에 다시 빠지지 않기 위해, 그리고 스스로 일어날 힘을 얻기 위해 나는 스스로 발전해야 할 필요성을 느꼈다. 다시 공부에 힘을 쏟는 이유다.

코로나19 상황으로 피트니스센터를 운영하는 데 어려움은 없나요?

두 번의 실패를 딛고 배수의 진을 치고서 피트니스 사업을 시작했습니다. 더 물러날 곳이 없다는 절박감 때문에 많이 힘들었죠. 그런데 그게 끝이 아니었어요. 임대 문제로 갑자기 피트니스센터의 문을 닫아야 하는 위기가 닥쳤거든요.

바로 그때 오랜 시간 회원들께 성심을 다한 노력이 보답으로 돌아왔습니다. 또한 주변에 도움이 되고 싶어 꾸준히 봉사한 일도 힘이 되어주었습니다. 결국 사람이 힘이었습니다. 제가 위기에 빠지니 도와주시는 분들이 많았거든요. 그 덕분에 코로나 상황이지만 불황을 모르고 잘 운영하고 있습니다. 철저한 방역으로 센터를 관리한 것도 한몫했죠.

저 스스로 업그레이드해야겠다는 생각이 들어서 용인대 체육학과에 진학했는데, 사업을 정상화하느라 졸업을 못 하고 있습니다. 사업이 안정되면 대학 졸업이 우선순위로 올라가겠지요?

특전사를 지망하는 후배들에게 경험을 나눠주고 있다면서요?

학창 시절 제가 선생님께 도움을 많이 받았잖습니까? 세상을 잘 모르는 고교 시절 한때의 실수가 훗날 얼마나 뼈저린 아픔으로 다가오는지 누구보다 제가 잘 알죠. 다행히 저는 그 위기를 잘 헤쳐 나왔고 해외 파병을 다녀온 경험까지 있으니, 특전사를 염두에 둔 후배들에게 멘토 역할을 할 수 있다고 생각했습니다.

현재 특전사 부사관을 지망하는 15명의 후배를 위해 멘토 역할을 하고 있습니다. 선생님이 강남영상미디어고에 계실 때 가르치셨던 제자가 4년 3개월의 군복무를 마치고 전역한 뒤 최근에 제 제자가 되었습니다. 하하하!

지금도 봉사활동과 재능기부를 하고 있나요?

예전부터 봉사단을 만들어 지역봉사와 재능기부를 꾸준히 해왔습니다. 대우휘트니스센터 나눔회를 만들어 크리스마스의 기적을 실천하는 일을 하고 있는데, 매년 약 500만 원의 장학기금을 조성해서 인천 부평구 청천2동 지역에 있는 다문화 가족의 주택 개량을 위해 도움을 주고 있어요. 쾌적하게 생활하실 수 있도록 실내 인테리어를 개량하는 등 보금자리 만들기에 기부하는 봉사활동도 하고 있고요. 또 전세 임대주택의 계약금을 마련해서 특전사 동기, 특전사 제자들과 함께 이사를 도와드리는데, '청천2동의 숨은 영웅들'이라는 제목으로 신문에 소개되기도 했습니다. 쑥스럽지만 지금의 제가 뿌듯하고 자랑스럽습니다.

장학금 전달도 꾸준히 하고 있는 것으로 알고 있는데 앞으로 어떤 계획이 있나요?

선생님이 아시는 것처럼 저는 매우 어렵게 고등학교를 졸업했잖아요? 가정 형편도 어려웠지만 신중하게 진로를 선택해야 할 시기에 방황하느라 학교생활을 제대로 하기 어려웠습니다.

그런데 사회생활을 하고, 사업을 하면서 공부를 시작해야겠다는 생각이 들더군요. 이런 생각을 하게 된 것도 방황하던 시절 선생님께서 저를 잘 잡아주신 덕분입니다. 그 고마움을 어찌 잊겠습니까?

조금이나마 보답하는 의미에서 선생님이 근무하시는 학교 학생 중에 가정 형편이 어렵지만 성실하게 학교생활을 하는 학생들에게 도움을 주고 싶습니다. 선생님이 이전에 계시던 학교에서 장학생을 선정해 도움을 주었던 것처럼요. 올해는 모교 학생에게도 장학금을 기탁하고 싶은데, 선생님께서 장학생을 발굴해주시면 고맙겠습니다.

후배들에게 하고 싶은 말이 있나요?

제가 휘트니스센터에서 수강생들에게 자주 하는 말이 있습니다. "아무것도 하지 않으면 아무 일도 일어나지 않는다.", "행동으로 논리를 대변하고, 결과로써 과정을 입증한다." 이것이 저의 생활신조입니다. 마찬가지로 후배들에게 "말보다 행동"이라고 외치고 싶습니다.

2

박태준, 삼성중공업 입사 후
부산대를 졸업하다

**세계여행을 즐기는 배낭족 삼성맨,
여행작가로 등극하다**

"태준아, 합격했다!" 그는 2006년 당시 인천기계공고에서 영민한 학생이었다. 그러나 전국기능경기대회 메달리스트도 아닌 그가 삼성중공업에서 직원을 뽑는다는 소식을 듣고 도전했는데 무난히 합격한 것이다.

어머니는 외아들인 그가 공고를 졸업한 후 특성화고 특별전형으로 연세대나 고려대에 진학하기를 원했다. 태준이는 충분히 갈 수 있는 실력이 있었다. 그런데 인천기계공고에서 산학협력취업부장

특성화고 학생들의 선택,
이미 변화는 시작됐다

을 맡고 있던 나는 때마침 거제도에 있는 삼성중공업에서 신입사원을 뽑는다는 사실을 알게 되어 취직을 권유했다. 괜찮은 대학을 보내고 싶은 어머니의 로망과 나 사이에 갈등이 생길 수밖에 없었다.

직접 가서 보고 판단하는 게 어떻겠느냐는 나의 권유에 따라 거제도까지 같이 내려간 태준이는 회사 시설과 기숙사 등을 살펴보고 또 면접을 보면서 이 회사에 취업하고 싶다는 마음을 갖게 되었다. 그러나 어린 그로서는 어머니를 설득하는 일이 쉬울 리 없었다.

꾸준히 계속된 나의 설득과 가고 싶다는 자식의 바람 때문에, 대학 진학을 이렇게 포기해야 하나 싶은 마음을 안고서 어머니는 결국 허락해주었다. 그렇게 그는 삼성중공업에 입사했다.

거제도로 내려가서 체력시험과 면접 등 3차례에 걸친 시험을 볼 때였다. 면접관은 태준이가 중학교와 고등학교 시절 스스로 원해서 몽골을 비롯한 여러 나라를 혼자서 배낭여행으로 다녀왔고, 풍토병으로 고생까지 했다는 경험담을 듣고 상당히 흥미를 보였다. 고등학생이 혼자서 배낭여행을? 그의 도전정신이 글로벌 인재를 추구하는 삼성중공업의 인재상에 맞아 떨어진 것이다.

졸업도 하기 전에 삼성중공업으로 취업해서 내려간 기간은 학교에서 현장실습으로 처리되었다. 태준이가 내려간 지 몇 달 뒤 나는 그를 방문했다. 잘 지내고 있는지, 아이에게 어려움은 없는지 추수지도를 겸해서 내려갔을 때 일에 만족해하는 그를 만날 수 있었다.

삼성중공업은 군대 경력을 호봉으로 인정해주고 복직을 인정해준다. 기숙사비나 밥값은 거의 무료에 가까워서 특별히 돈 쓸 일도 없었다. 그런 여러 가지 조건이 그에게는 분명 혜택이었다. 태준이는 자기를 보러온 나에게 약속했다. "군대 가기 전에 1000만 원을 저축해서 보여드릴게요."

취업 후 몇 달 안 되는 기간 동안 실제로 돈을 모아 군대 가기 전에 학교로 찾아와서 환하게 웃으며 통장을 보여주었다. 시간이 지날수록 차곡차곡 돈이 모여서 어머니에게 보태드릴 정도로 여유도 생겼다. 효자 노릇을 단단히 한 셈이다. 이제는 어머니도 그때의 선택을 잘했다며 만족해하신다.

태준이는 여행을 좋아한다. 삼성중공업을 다니면서도 그의 여행은 계속되었다. 연차와 월차를 몽땅 모으면 두 달 정도의 기간이 되는데 그 기간 동안 아프리카와 남미 여러 나라를 다녀온 후 2016년도에는 여행담을 책으로 2권이나 출간했다. 세계 여러 나라 사람들을 만나며 얻게 된 다양한 경험을 잘 녹여냈다는 평가도 받았다. 그

포인트? Point!

＋중요한 결정의 순간에 스스로 선택하라.
무조건 대학 진학으로 방향을 정했다면 삼성중공업이라는 좋은 취업 기회를 잡을 수 없었을 것이다. 또한 대학으로 진로를 정했다면 본인이 좋아하는 여행을 하고 책을 내어 작가가 될 수 있었을까?

＋원하는 일을 하는 방법은 다양하다.
직장에서 일하면서 월차와 연차를 모아 여행이라는 취미생활을 즐겼다. 그 경험을 책으로 발간하고 수익금 일부를 기부까지 하고 있다. 일거삼득 이상이 아닌가?

가 또 다른 직업, 여행작가로 등단한 순간이었다. 이제는 사보에 글을 올리면서 회사 홍보를 하는 것은 물론이고 주변 동료들에게 동기를 부여하는 일까지 하고 있다.

태준이는 저서에서 생기는 수익금의 일부를 기부금으로 사용하고 있다. 그는 동양인으로는 처음으로 킬리만자로를 산악자전거로 등반했다. 자신의 가이드와 함께 말이다.

그는 부산대학교를 졸업했다. 사내대학이란 제도를 활용해 퇴근 후 방과후 수업을 듣고 과제도 냈다. 일하면서 하기 힘든 일정이었지만 즐거운 마음으로 교육대학원에 진학하여 이제는 교사의 꿈을 키워나가고 있다. 그는 35살의 나이에 남들이 부러워하는 연봉을 받으며 15년 차 삼성맨이라는 자부심을 안고 삼성중공업 현장을 종횡무진 누비고 있다.

 사내대학

1. **사내대학의 개념**: 산업체가 소속 재직자의 교육을 위해 직접 사내에 학교를 운영하여 학위(전문학사, 학사)를 부여하는 대학
2. **사내대학 운영 목적**: 근로자의 면학욕구 충족과 전문 직무교육 및 특화교육을 통한 생산성 향상에 기여
3. **설치주체**: 상법 또는 특별법에 의하여 설립된 법인

＊ 종업원 200명이상 사업장(해당 사업장에서 일하는 다른 업체 종업원 포함)

4. 교육대상: 해당사업장에 고용된 종업원/ 해당사업장에서 일하는 타업체 종업원/ 해당사업장과 하도급·협력업체의 종업원 (2013. 12. 31 개정, 2014. 07. 01부터 시행)

5. 수여학위: 전문학사, 학사학위

6. 사내대학 운영 현황

- [대학과정] 삼성전자공과대학교, KDB금융대학교, LH토지주택대학교

- [전문대학과정] 삼성중공업공과대, SPC식품과학대, 대우조선해양공과대, 현대중공업공과대, 포스코기술대

사내대학	산업체	학위(수업연한)	학과명	개교
삼성전자 공과대학교	삼성전자	학사 (3년) 1년 3학기	반도체	2005년 3월
삼성중공업 공과대학	삼성중공업	학전문학사 (2년)	조선해양	2007년 3월
SPC 식품과학대학	SPC그룹	전문학사 (2년)	베이커리	2011년 3월
대우조선해양 공과대학	대우조선해양	전문학사 (2년)	조선해양학	2013년 3월
현대중공업 공과대학	현대중공업	전문학사 (2년)	조선해양학	2013년 3월
			기계전기	
LH 토지주택대학교	한국토지주택공사	학사 (4년)	건설경영	2013년 3월
			건설기술	
포스코 기술대학	포스코	전문학사 (2년)	철강융합과	2014년 3월

| 착안점 |

1. 모든 기업이 사내대학제도를 운영하지는 않는다.
2. 사내대학에 입학하려는 사원이 많다. 회사의 추천 및 근무평가가 좋아야 하므로 직장생활을 충실히 해야 한다.

⏰ 3분 인터뷰

선취업 후학습으로 경제적 기반을 다지고 워라밸을 이루다

지금의 나를 정의한다면, 어느덧 15년 차 경력을 갖춘 노련한 엔지니어에, 텃밭이 있는 전원주택을 소유한, 워라밸을 즐기며 세계여행을 다니는, 행복한 사람이라고 감히 말하고 싶다.

선취업 후진학 제도가 유용했나요?

프로스트의 〈가지 않은 길〉이란 시가 떠오릅니다. 고교 시절 대학 진학을 선택한 친구들을 보면서 제가 느낀 심정이 이 시에 고스란히 담겨 있다고 생각합니다. 살면서 중요한 선택의 기로에 서는 경우가 종종 있잖아요? 이만큼 세월이 흐르고 나니 제가 지나온 길이 보이더군요. 저는 남들과 달리 선취업을 선택했기에 경제적 안정을 일찍 이룰 수 있었습니다. 또한 현장 경험을 통해 실무에 필요한 기술을 훨씬 빨리 터득하고, 경력도 쌓았습니다. 그래서 지금은 후회하지 않습니다. 후배들에게 선취업 후진학 제도를 충분히 고려해보라고 권하고 싶습니다.

5년이 지난 지금 직장생활과 개인생활에 어떤 변화가 생겼나요?

버킷리스트를 실행하며 워라밸을 즐기고 있습니다. 어느덧 경력 15년 차의 노련한 엔지니어가 되었죠. 그사이에 우수한 성적으로 대학을 졸업했고, 직장에서 여러 프로젝트를 성공적으로 수행한 덕에 진급도 했습니다. 근속연수가 늘어날수록 제가 사용할 수 있는 연차도 늘어서 자전거로 4000킬로미터 유럽 종단하기, 사하라 사막에서 별 보기, 적도에서 물구나무서기, 다양한 경험을 책으로 출판하기 등등 고교 시절 만들어놓은 버킷리스트를 하나씩 지워나가고 있어요.

능력과 경력이 쌓이자 해외 현장으로 파견근무를 나갈 기회도 생겼죠. 외국인 동료들과 함께 근무하며 엔지니어로서 제 능력은 한층 업그레이드되기도 했습니다. 그간 해외 파견근무로 미뤄왔던 대학원에 진학하여 공부를 계속할 생각입니다.

해외에서 돌아와 파견 기간에 모은 돈으로 큰 밭이 딸린 전원주택을 샀습니다. 옥수수와 고구마 등을 직접 심고 가꾸는 전원생활의 재미에 푹 빠져 퇴근 이후 일상을 행복하게 보내고 있습니다.

15년 차 직장인이 되고 나서 돌이켜보니 취업이라는 선택이 제 인생의 폭을 넓혀주기도 했고, 여유로운 삶이라는 선물로 돌아왔습니다. 최근 피아노와 색소폰을 배우기 시작했어요. 이처럼 앞으로도 하고 싶은 것을 하나하나 실행하면서 삶을 더 윤택하게 만들 생각입니다.

후배들에게 하고 싶은 조언이 있나요?

진로 선택에 정답은 없다고 생각해요. 다만 더 좋은 선택은 있다고 봅니다. 험난한 길일지라도 자기가 한 선택이라면, 노력해서 전화위복의 기회로 삼을 수 있다고 생각합니다. 진학은 그 시절 내가 가지지 못한 것, 해보지 못한 것에 대한 갈망일 뿐이라고 생각의 각도를 조금 바꾸면 전혀 다른 길이 보인다고 말해주고 싶어요. 저는 남들보다 직장생활을 좀 더 빨리 시작했어요. 진학과 취업이란 선택의 순서가 바뀌었을 뿐인데, 선취업 후진학으로 인생이 훨씬 윤택해졌습니다.

저는 높은 자리나 큰 권력을 위해 노력하기보다는 가족들과 여유로운 일상을 보내며 평범하게 사는 삶을 원했고, 지금 그렇게 살 수 있다는 사실에 무척 감사하고 행복합니다. 비록 명성 있고 유명한 선배는 아니지만 행복한 삶을 사는 모습을 보여줄 수는 있다고 자부합니다. 그렇기 때문에 후배들에게 워라밸을 즐기며 행복한 삶을 사는 길도 생각해보라는 말을 해주고 싶습니다.

3

김선호, 학교기업 창업 후
자동차부품기업에 취업하다

**고교 창업 CEO 경험을 살려
해외영업으로 뻗어나가다**

2003년 인천기계공고에서 산학협력취업부장을 맡았던 나는
꾸준한 비즈쿨 활동을 통해 학교기업의 필요성을 느끼고 있었다.
그러던 중에 인천광역시교육청 주관으로 우리 학교가 학교기업 시
범학교로 선정될 기회를 얻었다. 2년의 시범사업 끝에 학교기업 '스
쿨모터스'가 정식으로 문을 열었다. 학교기업은 학교가 주관이 되며
학교장이 CEO가 된다. 그다음 해 자동차학과 3학년이던 선호는 내
권유를 따라 창업동아리를 만들었다. 이름 하여 창업동아리 '클린모

터스'의 시작이었다.

리더로서 참 잘하고 있다는 생각에 사업자등록을 해서 창업동아리의 의미를 살려 사업을 해보라고 권했다. 선호는 창업 관련 워크숍에 참석하며 본격적으로 공부를 했다. 학생CEO로서 사업자등록도 했다. 투자금을 유치하기 위해 선생님들을 대상으로 사업설명회도 가졌다. 선호의 활동을 기특하게 여긴 선생님들의 도움으로 400만 원의 투자를 받을 수 있었다. 그것이 종잣돈 Seed Money이 되었다. 중소기업청에서 주관하는 창업동아리 지원사업에 참가하여 부족한 자본금을 충당할 기회도 생겼다. 대학생들과의 경쟁에서 당당히 선정되어 300만 원의 상금을 확보한 것이다. 클린모터스 창업동아리 학생들은 모두 선호의 리드에 잘 따라주었고 선호도 정말 열심히 했다. 그러다 보니 수익금도 생겼고 동시에 자동차 사업에 어느 정도 자신감도 얻었다.

인천기계공고를 졸업한 후 사회 경험을 쌓고자 선호는 자동차 용품점에 취업하고 싶어했다. 그리고 어렵지 않게 취업에 성공할 수 있었다. 자동차 계통 학업에도 관심이 많아 인하공업전문대학 자동차과에 진학했다. 인천기계공고 시절 학생CEO로 활동한 경험이 계속 도전할 수 있는 원동력이 되어주었다. 낮에는 기술을 배우며 일하고, 야간에는 전문 지식을 배우며 학업에 집중했다. 배움이 깊어지며 자동차 정비 기술에 자부심이 생긴 선호는 대학을 졸업한 후 자동차정비숍을 차렸다. 하지만 뜻대로 되지 않아 실패했다. 원인을 찾아보니 그중 하나가 마케팅과 영업관리였다. 비록 실패는 했지만, 창업할 때 무엇을 염두에 두고 해야 하는지 경험을 쌓을 수 있었기에 실패가 아프지만은 않았다.

절망하지 않고 더욱 더 많은 경험과 기반을 쌓기 위해 선호는 자동차 네비게이션을 만드는 회사에 입사했다. 해외시장에 주력하는 중견기업으로 9개의 법인을 두고 있는 회사였다. 이 때문에 출장이 잦아 영어는 물론 제2외국어를 사용해야 하는 일이 많았다. 특성화고에서는 영어수업의 분량이 적기도 하고, 선호 자신이 영어보다 기술을 좋아했기에 영어에는 울렁증이 있었다. '미리 영어 공부 좀 해둘 걸…' 하고 후회했으나 마냥 손 놓고 있을 수는 없었다. 아쉬운 사람이 우물을 판다고 했던가. 선호는 정말 간절하게 영어에 매달렸다. 그러자 조금씩 실력이 늘었다. 얼마 되지 않아 무리 없이 해외출장이 가능했다. 캐나다, 미국, 러시아, 중동, 유럽 등을 누비면서

포인트? Point!

✦ 학창 시절 창업할 기회가 온다면 도전하라.
선호는 고등학교 시절 학생CEO로서 창업한 경험으로 도전에 대한 두려움을 없앨 수 있었다. 그것이 대학생활을 하면서 창업에 도전하는 밑바탕이 되어주었다. 경험은 그렇게 중요한 것이다.

✦ 실패도 자산이다.
실패의 경험이란 뼈아프지만 무의미한 것은 아니다. 실패의 원인을 찾고 분석해보면 남들과는 다른 경험이 쌓인다. 그것이 성공으로 가는 노하우가 될 수 있다. 세상 어떤 제품도 단번에 만들어지는 경우는 없다고 봐도 무방하다. 경험이 많을수록 세상 보는 관점이 달라진다.

그곳 사람들이 정비하는 것을 눈여겨보다 보니 그곳의 기술자들이 대우를 받으면서 일하는 모습이 인상적이었다고 한다. 그제야 고고 시절 내가 진로상담을 하면서 호주행을 권했을 때 듣지 않은 것을 후회하기도 했단다.

이제는 후배들을 만나면 멋진 기회를 놓치지 말라고 충고하곤 한다.

"학교에서 호주와 관련해서 자동차정비기술자가 필요한데 지원할 사람이 있냐고 하면 무조건 손들어."

노력을 아끼지 않은 덕분에 그는 이제는 영어도 두렵지 않고 경험도 충분히 쌓아 해외출장을 멋지게 해내고 있다. 그리고 언젠가는 자기 회사를 다시 차릴 생각이다. 실패와 성공이 맞물린 다양한 경험이 자신을 CEO가 되게 해줄 것이라는 믿음이 있기 때문이다.

학교기업과 창업동아리
(인천기계공고 학교기업 스쿨모터스 사례)

1. 학교기업 소개: 스쿨모터스에서는 인천시 교직원을 대상으로 자동차 수리와 점검을 해드리고 있습니다. 최고의 자격증을 소지한 기능장과 정비기술자 및 우수학생들이 정성으로 서비스하며 뛰어난 기술력을 자랑합니다.

2. 학교기업 연혁:

- 2007년 사업 확장(2급 소형정비업)

- 교육청지원 작업장 리모델링 사업구축

- 학교기업 홍보활동 강화

- 고객 확보 및 학교기업 신뢰성 확보

- 기술력 성장

성장

- 2004년 시범학교 지정
- 2005년 1기 사업참여
- 2006년 창업동아리 활동
- 교수학습교재 개발 및 교육

자립기반 구축

- 기존 고객관리를 통한 홍보 강화
- 지속적 매출성장
- 자립 유보금의 확보(인건비)
- 자립화 중장기 사업계획 추진
- 현장실습 및 취업강화
- 첨단화된 시설 및 고객쉼터 구축
- KS인증을 위한 노력

자립화/협동조합

- 학교기업 자립화 기준 설정
- 학교기업 투자 유치 활성
- 협동조합을 통한 조합원 투자 및 출자방법 모색
- 취업률 성장을 통한 졸업생 사후관리 노력을 통한 창업지원 노력(인적 네트워크 구성)
- 학교기업의 지속적인 발전방향 모색

스쿨모터스만의 특별함

01	합리적인 가격
02	최상의 순정부품 사용
03	직업교육 발전에 동참하는 보람
04	컴퓨터 시스템을 이용한 고객관리
05	최첨단 장비와 최고 기술자의 정비

| 착안점 |

1. 특성화고 정규교육 과정인 산업체 현장실습을 학교 내 학교기업에서 마칠 수 있다.
2. 학교기업 창업동아리 활동을 통해 심화기술을 습득함은 물론 기업가 정신을 함양하고 학생CEO가 될 수 있다.

⏰ 3분 인터뷰

고교 시절 동아리 활동을 통해 기술과 경험을 쌓다

나는 인천기계공업고등학교 시절 스쿨모터스 창업동아리 활동을 통해 자동차 정비 기술과 경험을 쌓았다. 그 시절 익힌 기술과 경험이 지금의 나를 이루는 기반이 되었다.

신입사원 시절 생각나는 에피소드가 있나요?

자동차 내비게이션 회사인 오토모티브 제조 회사에 입사했을 때의 일입니다. 해외 고객사로 가서 자동차를 완·조립할 때 우리 회사 제품을 중간에 장착하는 과정의 조립라인에 문제가 생기지 않도록 점검하고 교육하는 업무를 맡았습니다. 출장 업무가 무사히 마무리되어갈 때쯤 갑자기 문제가 발생한 거예요. 완·조립된 차량을 출고하기 전 검수하는 장소에서 우리 회사 제품이 장착된 차량에서만 검수 불합격된 차량이 다수 발생하는 문제가 생겼습니다.

조사 결과 자동차 후진 시 후방감지 기능이 작동하지 않았기 때문이었어요. 이 문제로 우리 회사 제품에 대한 신뢰가 깨질 위기에 처했고, 공장 조립라인 가동이 중지되었습니다. 정말 머리가 하얗게 될 만큼 암담했습니다. 바로 그때 고교 시절 자동차 정비 동아리에서 수도 없이 했던 정비 경험이 큰 힘을 발휘했어요. 불합격 차량을 점검하며 자동차 회로도를 재빨리 확인하기 시작했죠. 고객사는 우리 회사를 노골적으로 의심하고 있었기 때문에 필사적인 마음으로 완·조립된 차량의 부품을 하나씩 분해하기 시작했습니다. 이미 완성된 자동차를 다시 뜯는다는 건 정말 부담스러운 일입니다. 바로 돈 내고 살 수 있는 상품을 그 자리에서 분해해버리는 것과 다름없으니까요. 상품성이 없어지는 거잖아요?

결과적으로 다른 공장에서 조립되는 부품에 커넥터를 제대로 꽂지 않아 발생한 문제라는 사실을 밝혀냈습니다. 해당 부분을 증거 사진으로 찍어 고객사에게 설명하여 오해를 풀 수 있었습니다. 큰 문제를 해결하고 나니 우리 회사에 대한 고객사의 신뢰가 엄청 높아졌습니다. 위기가 곧 기회라는 말을 실감한 소중한 경험이었습니다.

고등학교를 졸업한 뒤 일하면서 대학을 다닌 선호 군의 입장에서 취업과 진학에 대한 솔직한 생각을 들려주세요.

저는 고교 시절 자동차 정비 동아리 활동에 푹 빠져 있었습니다. 정비를 하면 할수록 부족한 점이 너무 많다는 사실 때문에 자동차 공부를 더 많이 하고 싶었어요. 그래서 인하공업전문대학교 자동차학과에 진학해 낮에는 자동차 용품점에서 일하고 밤에는 대학에서 공부했습니다. 그런데 당시 제 주변엔 특별한 목적이나 목표 없이 막연히 진학을 선택한 친구들이 많았습니다. 그래서 그런지 그 친구들은 대학생활을 그저 그렇게 하더라고요. 그런 모습을 볼 때면 저는 차라리 먼저 취업해서 경험을 쌓고, 부족한 부분이 보이면 그때 가서 공부하는 편이 좋겠다는 생각이 들었습니다. 취업의 문 앞에서 학력이라는 요소를 무시할 수 없는 것은 사실이지만 평생학습 시대에 무의미하게 대학생활을 하느니 선취업 후학습 제도를 활용해 진짜 공부를 하는 게 중요하다고 생각합니다.

후배들에게 따로 하고 싶은 조언이 있나요?

고교 시절 자동차 정비 학교기업에서 익힌 특별한 경험과 학생 CEO 활동 경험이 직장생활을 할 때 큰 힘이 되었습니다. 저는 후배들에게 성적을 높이기 위한 공부만이 전부가 아니라고 말해주고 싶어요. 자기만의 특별한 활동을 만들거나 다양한 경험을 쌓기 위해 뭔가에 푹 빠져보는 경험을 꼭 한번 해보라고 얘기하고 싶습니다.

학교 교육에 대해 바라는 점이 있나요?

정신없이 직장생활을 하다가 학교기업 스쿨모터스가 문을 닫았다는 소식을 들었습니다. 저와 함께한 선생님들과 친구들의 땀과 열정이 가득한 추억의 장소이기도 하고, 진짜 공부를 하던 터전이었기에 추억이 많습니다. 폐업하게 된 데에는 그만한 사정이 있겠지만, 거기서 배운 기업가 정신 그리고 경영과 경제 관련 지식 등 고교 시절 교과목에서 익힐 수 없는 많은 것을 배웠던 곳이기에 안타깝습니다. 모쪼록 기업가 정신이나 생활경제처럼 교과서에 나오지 않지만 이후 직장이나 사회에서 꼭 필요한 것을 체득할 수 있도록 도와주는 교육 프로그램이 많이 생기면 좋겠습니다. 정말 필요하거든요.

4

이고은, 대학 진학 대신
한국산업은행에 취업하다

**인천특성화고 중에서 최초로
4차 최종면접까지 통과하다**

"고은아, 너 붙었어! 4차도 붙었어!" 고은이가 영종국제물류고등학교 3학년이던 시절, 성적이 우수한 학생들은 대부분 대학 진학을 염두에 두고 있는 분위기였다. 졸업 후 진학을 희망하는 경우가 70퍼센트나 되었다. 그런 분위기 속에서 고은이는 '인서울' 하지 못할 경우엔 차라리 취업할 생각이었다. 그러던 때 고졸취업정책으로 인해 'SKY' 대학 출신들도 부러워한다는 은행 중의 은행, 한국산업은행에서 고졸채용 공고가 났다. 나는 이것이 큰 기회라는

것을 알았고 이를 놓치면 안 되겠다는 생각에 성적이 우수한 학생들의 마음을 진학에서 취업으로 돌리는 일명 '마인드 전환 대작전'에 돌입했다.

처음엔 꿈쩍도 않던 학생들에게 우리은행의 고졸 채용설명회에 가서 설명을 듣게 했다. 그리고 지속적인 상담을 한 끝에 응시하는 쪽으로 마음을 돌릴 수 있었다. 다행히 고은이를 비롯하여 5명의 학생이 우리은행에 합격하는 쾌거를 거뒀다. 덕분에 대학 진학만 생각하던 다른 학생들의 진로에 대한 마음도 서서히 취업을 고려하는 방향으로 흐르기 시작했다.

성적이 좋은 학생들이 대학 진학과 은행권 취업을 마음의 저울에 올려놓고 가늠해보기 시작한 것이다. 그렇게 조금씩 취업 쪽으로 기울기 시작했다. 3학년 1학기 때 일찌감치 취업이 확정된 고은이는 취업과 동시에 대학 진학을 병행하여 두 마리 토끼를 다 잡고 싶은 마음이 생겼다. 이 때문에 '선취업 후진학'을 지원하는 제도를 찾아보는 등 입사 후 미래까지 준비하는 열성을 보였다.

고은이는 우리은행에 합격했지만 때마침 산업은행에서 고졸채용 공고가 뜨자 새로운 도전을 시작했다. 하지만 산업은행은 채용 절차도 까다롭고 경쟁도 치열했다. 경쟁을 통과하려면 엄청난 스펙이 필요한 것이 아닌가 싶기도 했다.

당시는 워낙 대학에 진학하려는 분위기가 팽배해 있어 은행권 지원의 기본 자격증인 은행텔러 자격증 하나 취득한 학생이 없었다. 물류특성화고등학교였기에 일부 학생들이 물류 관련 자격증과 회계, 그리고 컴퓨터 관련 자격증을 취득한 정도였다. 이런 이유로 고은이는 자기소개서를 쓸 때 다른 금융계열 학생들처럼 화려한 스펙은 없었지만, 교내·외 행사에 적극적으로 활동한 경험을 부각시켰다.

다행히 1차를 합격했으나 2차를 준비하자니 참으로 막막했다. 왜냐하면 학교 과정에는 금융 관련 교육이 없었기 때문이다. 그런데 산업은행은 다른 은행권 고졸채용 공채와 달리 2차 시험에 금융 관련 지식을 점검하는 논술과정이 있었다. 백지 상태에서 맨땅에 헤딩하는 심정으로 나는 방과후 특별지도로 고은이에게 집중적으로 논술지도를 시작했다. 다행히 잘 따라와 주어 짧은 시간에 금융지식을 쌓을 수 있었다. 결국 고은이는 2차 시험까지 합격해 주변 사람들을 깜짝 놀라게 했다. 학교에서 배우지도 않은 교과를 소화하고 시험까지 통과한 것이다.

3차 시험은 합숙면접이었다. 특히 인상적인 것이 체육대회 면접이었다. 고은이는 운동을 잘하는 편도 아니었고 얌전한 축에 속하는 아이라 당황할 수밖에 없었다. 그러나 기지를 발휘하여 응원을 열심히 하는 등 적극적인 모습을 보이면서 3차 시험도 통과했다. 선수로 나오지는 못했지만 응원하고 동료를 배려하는 모습이 면접관에게 좋은 인상을 준 것 같았다.

이제 마지막 관문인 4차 시험, 임원면접이 남았다. 나이 어린 고등학생이 감당하기에는 너무나 어려운 고비였다. 그러나 여기서 포기할 수는 없었다. 나는 그동안 합격자를 배출한 서울 모 학교의 전문가를 모셔서 최종 면접을 준비했다. 마침내 고은이는 4차 임원면접까지 통과하고 최종 합격하는 영예를 얻었다.

'꿈은 이루어진다'고 했던가? 입사 후 산업은행에 '사내대학'이란 제도가 생겼다. 회사에서 대학을 마칠 수 있는 제도였다. 고은이는 사내대학을 통해 그렇게 갈망하던 대학 진학의 꿈도 거머쥘 수 있었다. 집 가까운 인천 지점에서 근무하면서 대학 과정까지 무사히 마쳐 결국 두 마리 토끼를 다 잡는 행운을 누렸다.

고은이는 산업은행에 입사한 후 《매일경제신문》에 고졸채용 이

포인트? Point!

✚ 사내대학 제도를 활용하라.
대학으로 진학하기보다 좋은 취업처에 취업하는 것이 탁월한 선택일 수 있다. 대학을 졸업해도 취업은 보장되지 않는다. 그러나 좋은 기업에 취업하면 필요에 따라 대학 진학을 고려할 수 있다.

✚ 면접에 임하는 태도가 중요하다.
적극적인 이미지를 표출하고, 창의적인 생각으로 도전하는 모습으로 자신 있게 승부하라.

✚ 뜻이 있는 곳에 길이 있다.
문제는 해결하라고 있는 것이다. 부모님과 의견이 달라도 뜻이 확고하다면 부모님을 설득할 힘을 길러야 한다.

✚ 특성화고는 졸업 후 사후관리도 한다.
학교는 취업만 신경 쓰는 게 아니라 졸업 후 사후관리를 통해 학생이 취업처에 잘 적응하도록 도와주고 있다는 사실을 명심하자.

후 우수 신입사원으로 보도되면서 대졸 못지않은 실력을 인정받고 직장생활을 잘할 수 있음을 보여주는 선례로 남았다. 하지만 합격은 끝은 아니다. 중요한 것은 은행 업무를 제대로 잘하는 것이었는데, 이때 특성화고의 '추수지도'가 한몫 단단히 했다. 특성화고는 입사한 후에도 추수지도를 통해 학생들이 취업한 업체 내에서 겪는 애로사항과 문제점을 살펴 졸업 후에도 잘 성장할 수 있게 돕고 있다.

고은이는 대한민국 금융의 1번지라는 여의도 본사로 발령받아 이제 10년 차 베테랑 행원으로서 당당히 그 역할을 다하고 있다.

 은행권 공개채용 가이드

특성화고 성공 사례

- 이고은
- ○○중 졸업
- 2013년 영종국제물류고등학교 졸업
- 한국산업은행 최종합격 (전국 60명)

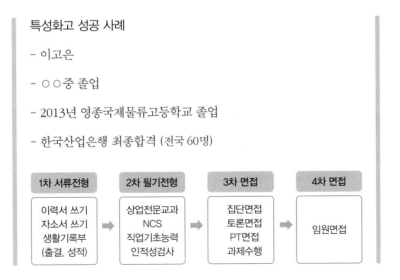

1차 서류전형	2차 필기전형	3차 면접	4차 면접
이력서 쓰기 자소서 쓰기 생활기록부 (출결, 성적)	상업전문교과 NCS 직업기초능력 인적성검사	집단면접 토론면접 PT면접 과제수행	임원면접

[고졸 성공스토리] 獨 직업교육 연수서 희망찾아...産銀 입행했죠

내신관리 가장 중요...친구들과 면접 연습
사내대학 입학 주말마다 금융·경제 '열공'

입력 : 2013.09.25 15:09:07

■ 이고은 (산업은행 인천지점 근무)

 # 어떻게 고졸 취업을 생각하게 됐는지?

고교생 시절 인천시에서 주최하는 직업교육 프로그램에 선발돼
친구들과 직업교육탐색대원 자격으로 유럽 연수를 다녀올 기회가
있었습니다.

독일에서 학력보다는 전문성을 중요시 여기는 가치관. 직업학교의
체계적인 직업교육 시스템 덕분에 일찍이 전문인으로서 성장해
나가는 현지 학생들을 보며 취업을 마음먹게 되었습니다.

 # 고졸 취업을 하기 위해 어떤 노력을 기울였는지?

제일 중요시 했던 건 내신 관리였습니다. 내신은 진학과 취업에 모
두 중요했기 때문에 입학 후 줄곧 최상위 성적을 유지했습니다.

▶ 이름 : 이고은(19)
▶ 소속 : 산업은행 인천지점
▶ 업무 : 외국환 영업
▶ 출신 고교 : 영종국제물류고교
　　　　　　 (지난 2월 졸업)

자료: 《매일경제신문》, 2013년 9월 25일자

| 착안점 |

1. 은행 중 은행이라는 산업은행에 특성화고 출신의 고졸 재학생이 합
   격할 수 있었던 것은 특성화고 학생을 대상으로 하는 공채였기 때문
   이다. 기회를 잘 살린다면 대졸자에 비해 경쟁력이 있다.
2. 한국산업은행 취업은 개인의 명예뿐만 아니라 학교의 명예가 되기도
   한다. 때문에 1차~4차에 걸친 면접을 통과하기까지 지도교사의 아
   낌없는 지원을 받을 수 있음은 물론 전 교직원의 관심사가 된다.

특성화고 학생들의 선택,
이미 변화는 시작됐다

5

단예진, 19살에 국가직
9급 공무원이 되다

**취업도 진학도 스스로 선택할 수 있는
물류특성화고등학교에서 길을 찾다**

중학교 시절부터 대학교는 가고 싶지 않다는 생각을 했다. 특별히 이유가 있어서라기보다는 공부에 별 흥미가 없었고 친구들과 어울려 지내기를 좋아했다. 그런데 중학교 3학년 시절 집이 외진 곳으로 이사하게 되면서부터 조금씩 공부에 관심이 갔다.

고등학교 진학을 고민할 때쯤 무엇을 할까 생각하다가 특성화고로 진학하면 대학을 갈 수도 있고 취업도 할 수도 있다는 사실을 알게 되었다. 그런 선택을 스스로 할 수 있다는 점에 마음이 끌렸다.

취업과 진학이라는 갈림길에서 어느 쪽을 선택하든 자기 의지로 결정이 가능한 것이다. 그 사실이 마음에 들어 결국 특성화고로 진학하기로 마음먹었다.

부모님은 은근히 대학 진학을 바라셨던 것 같지만 직접적으로 드러낸 적은 없으셨단다. 성적에 대해서도 말씀하신 적이 없다고 했다. 예진이는 부모님이 자신을 믿어주고 있다는 사실에 늘 고마워했다. 특성화고로 간다고 했을 때 부모님은 그녀에게 그 이유를 물었다. 아마도 부모님 입장에서는 뜻밖의 이야기였을 것이 틀림없었다. 하지만 평소 예진이의 의견을 존중해주시던 부모님은 결국 예진이의 뜻을 헤아려주었다.

특성화고로 진로를 선택하고 보니 커트라인이 있다는 것을 알게 되었다. 할 수 없이 공부를 열심히 했다. 커트라인은 넘어야 하니까. 떨어지고 싶지 않았다. 목표가 분명하니 공부에 진척이 있었고 결국 영종국제물류고등학교에 합격하게 되었다.

고등학교 생활을 하는 동안에도 어머니는 딸이 대학에 진학하기를 은근히 원하셨다. 예진이도 그걸 알았지만 어머니와 함께 간 취업박람회에서 취업 쪽으로 마음을 굳히게 되었다. 나는 취업박람회 참관을 학생과 부모가 동행하는 형식으로 진행했는데, 아마도 그것이 결정적인 역할을 한 것 같다. 취업박람회장에서 어머니와 함께 온 예진이를 만났다. 어머니와 같이 상담하는 동안 점점 취업에 관심을 보이는 예진이의 모습이 느껴졌다. 예진이는 취업박람회장에서 다양한 진로의 길이 열려 있다는 사실을 깨달았단다.

"그래, 무엇을 하든 내가 쏟은 노력만큼 이룰 수 있어!"

2학년이 된 어느 날 예진이는 학교에 붙은 공고를 보았다. 공무원 시험에 대한 공고였고 선생님들도 추천해주었다.

"너라면 잘 할 거야. 한번 해봐."

갑작스럽게 찾아온 기회였다. 하지만 목표를 세우면 해내는 끈기와 집중력이 있던 예진이는 결국 합격했다. 모두가 부러워하는 공무원의 길이 열린 것이다. 그런데 일하는 곳이 멀어 집을 나와 혼자 살게 되었다. 외로움이 덮치며 우울증에 시달렸다. 하지만 가족과

포인트? Point!

+ 자신의 적성을 찾으려면 발품을 팔아라.
자신이 무엇을 잘하는지 무엇을 하고 싶은지 모를 때가 있다. 진로에 대한 고민이 있을 때는 구체적인 정보를 찾는 것이 중요하다. 취업박람회는 그러한 고민에 도움이 되는 구체적인 정보를 제공해줄 수 있다.

+ 공무원도 적성에 맞아야 한다.
대학 진학이 중요한 것이 아니라 어느 학과에 들어가느냐가 중요하듯이 공무원도 분야가 있다. 적성에 맞는 분야를 목표로 준비해야 합격 후 보람 있는 공직 생활을 할 수 있다.

+ 취업해도 어려움은 있다.
취업을 한다고 모든 고민이나 고난이 끝나는 것은 아니다. 집에서 멀리 떨어져 홀로 지내야 할 수도 있고, 사람들과의 관계에서 어려움을 겪을 수도 있다. 이럴 때는 혼자 고민하기보다는 주변 사람들과 소통하면서 해결방안을 찾는 것이 중요하다.

주변 동료의 도움 속에서 우울증을 이겨냈다. 이제는 당당하게 자신의 미래를 위해 또 다른 도전을 꿈꾸고 있다.

 공무원 시험 가이드

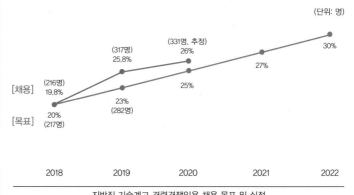

지방직 기술계고 경력경쟁임용 채용 목표 및 실적

공공부문 고졸 채용 확대 계획

자료: 지방공무원법 개정안

직군	행정(260명)			기술(120명)													
직렬	행정	세무	관세	공업			시설		농업	임업	보건	식품위생	해양수산		전산	방송통신
직류	일반행정	회계	세무	관세	일반기계	전기	화공	일반토목	건축	일반농업	산림자원	보건	식품위생	선박항해	선박기관	전산개발	전송기술
선발인원	191	15	45	9	14	17	4	11	16	18	5	6	2	4	2	15	6

2022년 국가직 지역인재9급 선발인원 및 선발직렬

특성화고 학생들의 선택,
이미 변화는 시작됐다

국가직 지역인재 9급과 9급 공무원 비교

	지역인재 9급	9급 공무원
응시자격	특성화고, 마이스터고, 전문대학(기술, 우정직군), 졸업예정자, 졸업자(1년 이내)	18세 이상 누구나
경쟁률	(2022년) 2.5:1 일반행정 2.1:1	(2022년) 22.5:1 일반행정 72.1:1
시험과목	국어, 영어, 한국사	필수: 국어, 영어, 한국사 선택: 직류별 2개 과목 총 5과목
기타	준비기간: 고교 재학 중	노량진 학원가에서 보통 2~3년

2023년 국가직 직류별 선발 예정인원(300명)

직군	직렬	직류	선발인원	임용예정부처 (예시)
행정 (200명)	행정	일반행정	137명	전 중앙행정기관
		회계	13명	교육부
	세무	세무	40명	국세청
	관세	관세	10명	관세청
기술 (100명)	공업	일반기계	14명	우정사업본부 등 그 밖의 중앙행정기관
		전기	10명	조달청 등 그 밖의 중앙행정기관
		화공	3명	중소벤처기업부 등 그 밖의 중앙행정기관
	시설	일반토목	5명	행정안전부 등 그 밖의 중앙행정기관
		건축	9명	우정사업본부, 행정안전부
	농업	일반농업	13명	통계청, 농림축산식품부
	임업	산림자원	5명	산림청
	환경	일반환경	2명	환경부
	보건	보건	2명	보건복지부 등 그 밖의 중앙행정기관
	식품위생	식품위생	2명	식품의약품안전처
	해양수산	선박항해	5명	해양수산부
		선박기관	3명	
	전산	전산개발	14명	과학기술정보통신부 그 밖의 중앙행정기관
		데이터	2명	
		정보보호	3명	
	방송통신	전송기술	8명	관세청 등 그 밖의 중앙행정기관

⏰ 3분 인터뷰

취업 후 7년이 지난 지금, 나는 또 다른 꿈을 꾼다

지금 내 일을 좋아하지만 머물러 있기엔 아직 젊고 하고 싶은 일도 많다. 그래서 나는 오늘도 새로운 목표를 세우고 시야를 넓혀줄 경험과 활동에 참여하려고 노력한다.

취업 당시 고졸이라고 차별받지는 않았나요?

집합교육처럼 각 지역에서 오는 공무원 연수 당시 앳된 모습이어서 그런지, 대학을 졸업했는지 공채 전형으로 들어온 것인지에 대한 질문을 적지 않게 받았습니다. '지역인재'라는 저의 대답이 몇몇 사람들에게는 성골과 진골처럼 혈통을 따지는 척도에 부합하지 못했기 때문인지 모르지만, 질문했던 분들로부터 그다지 환대를 받지 못한 기억이 있어요. 지역으로 발령받은 동기들과 이야기를 나눠보면 가끔 그런 시선을 받은 적이 있다고 해요. 하지만 동기들 역시 자기 자리에서 맡은 일을 묵묵히 잘 해내고 있더군요.

개인적인 능력과 기관의 인사 사정에 따라 편차는 있지만 벌써 7급으로 승진한 동기들이 있다는 사실만 봐도 고졸이라는 이력 때문에 우리의 업무능력에 의구심을 가질 이유는 없다고 생각합니다. 제 경우 현장에서 고졸이라고 업무에서 차별받는 부정적인 경험은 대단히 드물었어요.

특성화고 학생들의 선택,
이미 변화는 시작됐다

선취업 후진학 제도를 활용해 진학할 마음이 있나요?

단지 학위 취득을 위한 진학이라면 대답은 'NO'입니다. 제 주변에 일하면서 대학에 가거나 자기계발을 할 수 있다고 힘을 실어주는 분이 많이 계셨어요. 실제로 근무하면서 야간 대학교를 다니거나, 방송통신대학교나 학점은행제 등을 활용해 학위를 딸 기회는 많은 편입니다. 그런데도 제가 아직 대학에 진학하지 않은 이유는 흥미를 끄는 학과가 있는 대학을 찾기가 쉽지 않았고, 학위 취득만을 목적으로 하는 진학은 시간 낭비이자 돈 낭비라고 보는 제 가치관에 반하기 때문이었어요.

공직생활을 계속할 수 있었던 원동력이 있나요?

공직에서 일하며 인간 대 인간으로 서비스와 보람을 주고받을 수 있었습니다. 도움이 필요한 민원인들에게 도움을 드리면 제게 고마움을 표하는 분들이 계십니다. 비록 말 몇 마디지만 일한 보람을 느끼게 해주는, 가장 큰 활력소거든요. 그렇게 재충전하고 다시 일할 힘을 얻습니다.

공무원 직종에서 일하면서 느낀 점을 간략히 얘기해주세요.

제 힘으로 경제력을 갖게 되니 또 다른 목표가 생겼어요. 저는 지금 직장이 평생직장이 될 것이라는 고정관념에 매여 있지 않거든요. 여기서 힘을 다해 만족스럽게 일하다가 다른 기회가 생기면 도전할 겁니다. 그게 무슨 일인지는 구상 중이라서 함부로 말하기는 어려우니 이해해주세요.

공무원이라는 직종이 안정적인 것은 사실이지만, 그 때문에 새로운 일에 도전하고자 할 때 마음에 장애가 되는 부분도 있습니다. 어떤 때에는 좀 답답한 마음이 드는 것도 사실이고요. 그럴 때 이 길로 쭉 가는 것만으로 과연 괜찮을까 하는 질문을 수없이 합니다. 하지만 제가 저를 믿지 않으면 누가 저를 믿겠어요?

100세 시대를 사는 우리는 필연적으로 제2, 제3의 직업을 탐구하지 않으면 안 되는 현실에 살고 있어요. 어쩌면 공직에도 변화의 바람이 부는 시기가 오지 않을까 하는 생각도 들고요. 시대의 흐름에 따라 유연하게 대처할 수 있도록 자기계발을 게을리하지 않을 생각입니다.

후배들에게 하고 싶은 말이 있나요?

제 인생 목표가 무엇인지 자세히 설명할 수는 없지만, 저처럼 지역인재 전형을 준비하고 있거나 하고 싶은 후배들에게 꼭 해주고 싶은 말이 있어요. 열심히 공부해서 공무원이 되었다면 그 자리에 흠뻑 빠져 열심히 일하며 보람을 느껴보라는 거예요. 공직에 대해 깊게 생각해보지 않은 상태에서 덜컥 시험에 붙으면, 일하면서 오랜 시간 이게 맞는 길인지 아닌지 방황할 수 있어요. 그럴 때는 주변 사람들의 판단과 시선에 흔들리지 말고 자신을 믿으라고 말해주고 싶습니다.

6

최한음, KT&G 입사 후
평생학습을 시작하다

칠전팔기의 도전으로 마침내 꿈을 이루다

"또 떨어졌어? 도대체 왜? 어쩌니, 힘들어서….” 한음이의 고
개가 뚝 떨어졌다. 1차 합격만 7번째다. 2차 면접에서는 왜 자꾸 떨
어지는 걸까? 한음이는 친구들과 선생님들을 볼 면목이 없다고 고
개를 떨궜다. 축 쳐진 어깨를 보니 내 가슴이 아려왔다.

영종국제물류고에서 진로취업담당부장으로 있었던 나는 은행에
서 직원 선발 공고가 뜨자 당시 3학년이던 한음이와 친구들에게 알
려주었다. 영종국제물류고는 상업계 고등학교로서는 유일하게 남

학생이 있다. 은행권에서 고졸을 채용할 때는 여학생을 선호하는 편이다. 그렇지만 적은 수라도 남학생도 필요하기에 은행권에 관심 있는 남학생이라면 당연히 공채에 응시할 자격이 있다. 전국적으로도 상업계 특성화고 출신의 남학생은 수가 적어서 경쟁률이 여학생보다는 낮은 편이다. 진로상담을 담당하는 나로서는 이런 좋은 기회를 놓치고 싶지 않았다.

3개 학급밖에 안 되는 조그만 학교에서 무려 5명의 우리은행 합격자가 나왔다. 그중 2명이 남학생이었다. 그런데 매번 한음이가 빠져 있는 것이다. 시중 은행권에 취업한다는 것은 일반고 학생들이 'SKY' 대학에 붙는 것만큼이나 어려워 매우 자랑스러운 일이었다. 이로 인해 지방신문에 보도가 나가고 영종물류고등학교가 특성화고등학교 중에서도 명문으로 이름을 날리는 계기가 되었다.

금융권의 취업 기회는 계속 다가왔다. 한음이는 1차는 붙고 2차에서 줄기차게 떨어졌다. 그래도 뜻을 꺾지 않고 도전을 계속했다. 하지만 2차 탈락이 계속되자 의기소침해지는 것은 어쩔 수 없었다. 괜찮은 취업처는 대개 학교의 추천이 있어야 하는데 한음이는 실력도 있고 의지도 강했던 터라 다른 친구들에 비해 꽤 많은 기회를 누린 것은 사실이었다. 그런데 추천이 무색하게 계속 낙방하니 주변 친구들과 선생님들을 볼 면목이 점점 없어진 것이었다.

낙담하긴 했으나 도전을 멈출 수는 없었다. 7번째 떨어지고 난 이후 한음이는 자신을 돌아보게 되었다. 2차에서만 자꾸 떨어지는 원인을 찾고 싶었다.

'도대체 내가 어디가 어때서? 실력 되지, 의지도 충분하지, 목소리 나쁘지 않고, 발표 잘하고, 외모는 당연히 남자답고….'

'그래, 남자답지. 지나치게 남자답지. 만약 내가 은행창구에서 고객을 상담한다면 겁을 주려나? 그래! 이거였구나!'

자신의 약점을 파악한 한음이에게 은행권보다 더 좋은 기회가 찾아왔다. 담배인삼공사의 후신인 KT&G에서 고졸 공채 공지가 뜬 것이다. 한음이는 희망이 훅 다가오는 것을 보았다. 놓칠 수 없는 기회였다. 이번에도 1차는 단번에 붙었다.

"그래, 이제 2차 면접 준비하자."

면접하는 날 그는 자기소개서를 차트로 만들어 둘둘 말아 가지고 들어갔다. 한음이는 특유의 배짱으로 면접관 앞에서 차트를 쫙 펼치고는 자신을 당당하게 소개하는 호기를 부렸다. 그의 당당함과 자신감, 그리고 패기가 면접관의 마음을 움직였다.

"심봤다! 아니, 합격했다!"

한음이는 칠전팔기의 노력과 의지를 보여줬다. 8번의 도전 끝에 마침내 좋은 직장에 취업하게 된 것이다. 신입사원 연수를 대졸자와 똑같이 받았다. 똑같은 직무를 수행하면서 자신의 부족한 부분을 채우기 위해 아침에 1시간 더 일찍 출근해 업무를 준비했다.

어렵게 입사한 터라 누구에게도 지고 싶지 않았다. 그렇게 자존심을 지켜냈고, 이제는 '사보'에 우수사원으로 소개될 만큼 자신의 자리에서 역할을 충실히 수행하고 있다.

공사公社는 군대를 가도 경력을 인정받는다. 또한 호봉 승급도 좋고 안정적이어서 누구나 가고 싶어 하는 일명 '신의 직장' 중 하나라 할 수 있다.

　한음이는 경희대학교 사회교육원에서 부족한 학업을 병행하는 '선취업 후진학'으로 대학 과정을 마쳤다. 이제는 경영대학원에 진학할 꿈을 안고 주경야독하며 하루를 바쁘게 보내고 있다.

포인트? Point!

✚ 회사의 인재상과 직무를 정확히 파악하고 준비하라.
취업처의 인재상과 직무를 정확히 아는 것은 도전 기회와 합격 승률을 높이는 기본이다. 적성에 맞는 곳인지도 잘 따져보아야 한다.

✚ 실패의 원인을 찾아 극복하면 실패는 성공의 어머니인 게 맞다.
실패의 원인을 찾아내지 못하면 성공의 열쇠를 잃는 것과 같다. "도대체 내가 뭐가 문제야?" 하고 묻기를 두려워하지 마라. 문제라면 풀면 된다.

✚ 안 되면 돌아가는 것도 방법이다.
실패의 원인을 찾고 나면 진로를 재점검해야 할 수도 있다. 그렇다고 주눅 들고 슬퍼할 일은 아니다. 미래에 어떤 일이 있을지는 아무도 모른다. 인생지사 새옹지마임을 잊지 말자.

✚ 강점을 살려라.
노력한다면 대졸자와 경쟁해도 밀리지 않는다. 대학을 나와야 한다는 생각은 버려라. 중요한 것은 자신의 강점을 충분히 피력하는 것이다.

평생학습 가이드

1. 학점은행제 개념: 학점인정 등에 관한법률(법률 제6434호)에 의
   거하여 학교에서 뿐만 아니라 학교 밖에서 이루어지는 다양한
   형태의 학습 및 자격을 학점으로 인정받을 수 있도록 하고 학점
   이 누적되어 일정 기준을 충족하면 학력인정과 함께 학위취득도
   가능하게 함으로써 궁극적으로 열린교육사회, 평생학습사회를
   구현하기 위한 제도

학교에서의 학습경험 > 다양한 평생교육의 결과 > 학점인정 > 학위수여

2. 학위의 구분

학사학위

*4년제
(교양 30학점 / 전공 60학점 이상)
: 총 140학점
타전공 학사학위 → 전공학점 48학점 이수
타전공 전문학사학위 → 전공학점 36학점 이수

전문학사학위

*2년제
(교양 15학점 / 전공 45학점 이상)
: 총 80학점

이수학점 중
학점은행제 평가인정
학습과목 이수학점
또는 시간제등록
이수학점이 반드시
18학점 이상 포함되어야 함

평생학습 관련 교육부 보도자료 [2017. 8. 8(화)]

- 교육부(부총리 겸 교육부장관 김상곤)는 정규대학을 졸업한 사람만
  자격취득이나 일정 업무 수행을 할 수 있도록 제한되어 있는 법

령 규정을 정비한 '기술사법 시행령' 등 19개 대통령령 일부개정령안이 8월 8일(화)에 열린 국무회의를 통과하였다고 밝혔다.

- 현재 '독학학위법' 또는 '학점인정법'에 따라 학위를 취득한 사람은 '고등교육법'에 따른 (전문)대학을 졸업한 사람과 동등한 수준 이상의 학력이 있는 것으로 인정되고 있음에도 불구하고, 일부 법령은 합리적인 이유 없이 대학을 졸업한 사람만 일정 자격을 취득할 수 있도록 제한하고 있어, 불합리하다는 지적이 있었다.

- 이번 법령 개정은 독학학위제나 학점은행제와 같은 평생학습제도를 통해 취득한 학위도 해당 학력요건에 포함하도록 하여, 정규대학 졸업자와 동등하게 대우받을 수 있도록 법령을 정비한 것이다.

【참고】학력인정 관련 근거 법령

• 독학에 의한 학위취득에 관한 법률(독학학위법)

  제6조(학위수여 등) ① 교육부장관은 「고등교육법」 제35조제1항에도 불구하고 제5조제1항제4호에 따른 학위취득종합시험에 합격한 사람에게는 학위를 수여한다.

• 학점인정 등에 관한 법률(학점인정법)

  제8조(학력인정) ① 제7조에 따라 일정한 학점을 인정받은 자는 「고등교육법」 제2조제1호에 따른 대학이나 같은 법 제2조제4호에 따른 전문대학을 졸업한 자와 같은 수준 이상의 학력이 있는 것으로 인정한다.

> 제9조(학위수여) ① 교육부장관은 고등학교를 졸업한 자 또는 이와 같은 수준 이상의 학력이 있다고 인정된 자로서 제7조에 따라 일정한 학점을 인정받고 대통령령으로 정하는 요건을 충족한 자에게 학위를 수여한다.

- 홍민식 교육부 평생직업교육국장은 "이번 개정으로 학력·학벌에 따른 차별을 철폐함으로써 공정한 사회가 구축되고, 평생학습제도에 대한 인식이 개선되어 성인의 평생학습이 활성화될 것으로 기대된다"라고 말했다.

⏰ 3분 인터뷰

1등이 아니어도 괜찮아, 한 걸음씩 걸어가면 돼

평범한 고졸로 시작한 내가 30대를 코앞에 두고 있다. 특별히 잘난 인생도 아니고, 남들이 부러워할 정도의 인생을 살고 있다고 말하기는 어렵지만, 하늘에 부끄럽지 않을 정도로 살고 있으니 행복한 편이라 자부한다. 10급 고졸 사원으로 시작해 일반영업사원에서 핵심영업사원이 되었다가 지사관리(인사, 서무, 판매) 업무를 거쳐 현재는 서울 강남에 있는 KT&G 본사에서 근무 중이다.

근황을 알려주세요.

회사생활을 하다 보니 공부해야 할 필요를 느껴 경희대학교 사회

교육원 4년 과정을 마쳤습니다. 지금은 인천에서 본사로 옮겨 근무 중입니다. 일찍 입사한 덕분에 대학 졸업하고 들어온 친구들보다 제가 호봉이 더 높습니다.

직장생활을 어떻게 잘 적응할 수 있었나요?

처음 입사했을 때 할 수 있는 일이 별로 없었어요. 가만히 책상에 앉아 있거나, 책 읽기, 간단한 업무 지원 정도가 업무의 전부였다고 해도 과언이 아니죠. 돌이켜보면 이해하기 어렵지만 당시에는 입사한 지 얼마 안 되었을 때라 제게 주어진 일에 당황하곤 했죠. 사실 입사해서 일하다 보면 모두 자기 업무에 바빠 신입이라고 해도 실질적인 도움을 주긴 어렵거든요. 이런 과도기에 많은 친구들이 실망하여 퇴사를 생각하기도 하고 실제로 그만두기도 합니다. 그런데 제가 경험해보니 고졸 사원 중 특히 남학생들에게는 이때가 인생이란 긴 여정의 스타트라인을 정할 수 있는 시기가 아닐까 싶습니다.

입사 후 고정적인 업무가 생기지 않아 실망감도 들었지만, 인턴 수습기간에 저는 회사의 문화, 규정, 지침, 복리후생 등 전반적인 문화를 익히고 분위기에 적응하려고 노력을 많이 했습니다. 아울러 선배와 상사분들께 저를 각인시키기 위해 신경을 많이 썼습니다. 고등학교를 막 졸업하고 들어온 친구들은 직장 선배들에게 그저 귀여운 동생 정도일 뿐입니다. 〈미생〉이라는 드라마를 본 분이라면 공감하실 거예요. 딱 그 상황이라고 보면 됩니다. 바로 그때 저는 직무에 따른 업무를 파악하고, 회사의 전반적 경영 시스템을 파악하기 위한 노력을 게을리하지 않았습니다. 이게 나중에 큰 도움이 되었어요.

직장생활에서 오는 어려움을 극복하는 방법이 있나요?

보통 입사 후 3~4년이 지나면 느끼는 감정이 있어요. '퇴사가 답이다.', '혹은 내가 왜 이러고 살지?' 같은 생각이 훅 치고 들어오죠. 하루하루가 바쁘고 고되기 때문에 어떨 때는 사람 사는 인생 같지 않다고 느끼기도 하고요. 그래도 멈추면 안 되는 게 있습니다. 바로 자기계발을 위한 노력이죠.

야간 대학교, 주말 대학교, 대학원, 자격증 등 필요하다고 생각되면 끊임없이 자기계발을 위해 노력하세요. 나중에 느낄 겁니다. 고졸과 대졸의 초봉 차이는 있기 마련입니다. 하지만 노력하면 이 간극을 줄일 수 있습니다. 우리는 20살부터 직장생활을 시작한다는 사실을 꼭 기억하세요. 시간의 힘을 잘 활용하면 대졸사원과의 연봉 격차를 극복할 수 있을 겁니다.

후배에게 해주고 싶은 조언이 있나요?

저의 경우 늘 옳은 선택을 했다고 생각하지는 않지만 매사에 최선을 다할 수밖에 없더라고요. 지칠 때도 있고 힘들 때도 있겠지만, 열정과 끈기로 포기하지 말고 끝까지 도전하는 삶을 살 수 있길 바랍니다. 젊을 때 해외여행도 많이 다니길 권합니다. 안목이 넓어질 거예요. 그리고 한 가지 더. 실패를 두려워하지 마세요! 실패는 결국 우리 인생을 풍요롭게 하는 밑거름이 될 것이고, 발전의 계기로 삼는다면 멋진 어른으로 성장할 수 있으리라 생각합니다.

7

김현지, 외국계 기업에 취업한 뒤
숭실대학교를 졸업하다

경험을 바탕으로 전문성을 기르는 길을 모색하다

LSG스카이셰프 한국지사 구매팀에서 근무한 지 3년 6개월
이 넘어간다. 항공기 기내서비스에 사용할 신문, 세탁물과 기타 서
비스 물품들을 구매하다 보니 외국에서 구매할 일도 꽤 있어 영어는
기본이다. 현지는 고등학교 시절부터 영어회화를 열심히 공부한 결
과 업무에서 톡톡히 덕을 보고 있다.

현지가 다니는 회사는 사장님은 영국인이고, 셰프는 호주인이다.
영어를 접할 기회가 많고 기본적인 업무도 영어로 메일을 주고받으니 어학 실력이 계속 늘 수밖에 없는 구조다. 하지만 입사 초기에는 외국계 기업의 시스템에 익숙하지 않아 힘들었다. 나이가 어리다고 실수를 봐주는 법도 없었다. 이 때문에 힘은 많이 들었지만 맡은 일을 잘 수행하게 되니 계속해서 어려운 지시가 내려왔고 요구사항도 많아졌다.

스트레스가 커지면서 급기야 입사한 지 1년 6개월 만에 퇴사를 염두에 두고 모교인 영종국제물류고를 찾아와서 나에게 어려움을 호소했다. 회사를 그만두고 대학 진학을 하고 싶다며 상담을 청했다. 나는 직장생활이란 다 고비가 있으니 6개월만 참고 해보라고 다독여 돌려보냈다. 2개월 정도 지났을까? 현지 아버님이 기쁜 목소리로 전화를 하셨다.

"현지가 승진했습니다. 선생님, 고맙습니다."

아시아 본사가 있는 홍콩으로부터 승진 소식이 온 것이다. 입사 지도에서부터 고비일 때 현지를 격려해준 것을 고맙게 느끼신 모양이었다. 현지는 함께 입사한 대졸사원보다 먼저 승진한 첫 사례가 되었다. 외국계 기업은 역시 학력보다는 능력을 중시하고 능력 있는 사원을 인정해주고 성장시키는 시스템이 확실하게 되어 있다.

열심히 하면서도 그래도 혹여 모자랄까 싶어 현지는 토익학원도 다니고, 체력 관리를 위해 정기적으로 운동도 하고 있다. 그녀는 자신의 강점을 책임감과 더불어 어학 실력과 체력으로 생각하고 있다.

항공사에 물품을 납품하는 일을 하다 보니 생각지도 못한 일이 언제든 일어날 수 있다. 그러니 대처 능력도 좋아야 한다. 업무 경계가 분명해서 담당자가 없으면 문제가 생기기 쉬운 까닭에 한밤중에 전화를 받아야 하는 일도 있어 핸드폰은 항상 옆에 두고 생활한다. 어떻게 보면 퇴근해도 근무시간과 다를 바 없음에도 이제는 오히려 그런 부분이 마음에 든단다. 알아서 일하고 스스로 책임지는 것이 주체성이 강한 그녀와 잘 맞기 때문이다.

현지는 근래 '선취업 후진학' 제도 중의 하나인 '재직자 특별전형'으로 숭실대학교 국제무역학과에 들어갔다. 산업대학과 달리 지원이 많지 않아 학비 부담이 있지만 스스로 벌어서 충당하니 문제될 것은 없었다. 그러나 대학을 가기 위해 몇 가지 해결할 문제가 있었다. 24시간 내내 긴장을 늦추지 않고 처리해야 하는 그녀의 업무를 학교에 있는 시간만큼은 누군가가 메워줘야 한다는 것이었다. 다행히 회사에서 현지의 학업에 대한 의지가 본인의 발전뿐만 아니라 회사에도 도움이 된다고 판단해 대학졸업자를 대체인력으로 채용해 그녀가 대학 가는 시간 동안 대신 일하도록 배려해주었다. 현지라는 훌륭한 인재를 놓치고 싶지 않았기 때문일 것이다. 현지는 회사와 임시직 직원에게 감사하는 마음으로 오늘도 열심히 전문성을 기르기 위해 노력하고 있다.

현지는 중학교 때 스스로 특성화고 진학을 선택했다. 어린 나이에 인문계 고등학교와 대학교는 그냥 듣고 적고 졸업하는 게 전부인 것으로 보였다. 과연 그런 공부가 자신에게 도움이 될까 의문스러웠던 것이다. 현지는 업무에 사용할 수 있는 교육을 해주면서 취업까지 연계해주는 특성화고가 마음에 들었다. 그렇게 그녀는 특성화고에 진학한 뒤 꿈을 발전시켜 외국계 기업에 취업한 것이다. 업무가 숙달된 때 대학에 입학해 강의를 들으니 대부분의 내용이 머릿속에 구체적으로 그려질 정도였다.

"이 부분은 내 업무에 이렇게 적용하면 되겠네! 그래, 나도 이런 적이 있었어. 이럴 때는 이렇게 해서 풀 수 있겠구나. 과장님이 그때 나에게 서류를 주었을 때 상대는 이러이러한 처리를 했겠구나…."

실무에서 가졌던 의문을 공부하면서 풀어나갈 수 있겠다는 생각이 들자 의욕과 더불어 자신감이 불끈 솟았다.

'이래서 경험이 정말 중요한 거야!'

경험한 사람들은 공부하는 내용에 대한 이해가 빠를 수밖에 없다. 지금 배우는 것을 업무에서 활용할 생각을 하니 바쁜 와중에 대학에 다니느라 들이는 시간과 비용이 전혀 아깝지 않다. 헛돈을 쓰

포인트? Point!

✚ 경험이 선행되지 않은 이론 교육을 경계하라.
업무는 경험이 선행되지 않으면 이론을 구체화하기 어렵다. 그만큼 전문성에서는 한 발 늦을 수밖에 없다. 원하는 직업이 있다면 가급적 풍부한 경험을 쌓고 전문적인 이론을 병행하여 전문성을 기르는 편이 좋다.

✚ 외국어 공부는 꼭 해두자.
외국어 실력은 강점이 된다. 여행할 때 사용할 수 있을 정도의 수준은 되어야 한다. 업무에 적용할 정도면 말할 나위 없이 좋을 것이다.

는 게 아니니까. 그런 그녀도 속상한 때가 있단다. 기껏 직장 일을
마치고 서둘러 학교에 갔는데 '휴강'이라는 공지가 붙어 있으면 화
가 난단다.

현재 현지는 자신감이 넘치는 커리어우먼으로 성장하고 있다.

 재직자 특별전형 가이드(수도권 대학 중심)

1. **지원자격:** 고등교육법시행령에서 정한 특성화(전문계)고등학교
   졸업자로서 고교 졸업일 이후 아래의 산업체에서 근무경력이 입
   학연도 기준 3년 이상 재직 중인 자
   가. 국가, 지방자치단체 및 공공단체(소속 직원의 경우)
   나. 근로기준법 제 11조에 의거 상시 근로자 5인(사업주 포함) 이
      상 사업체
   다. 4대보험 중 1개 이상 가입 사업체(창업, 자영업자 포함)

2. **전형방법:** 서류전형 및 면접 100%(수능성적 없음), 학생부

3. 특성화고 재직자 특별전형 실시 대학 증가

구분	2023년 대입	2024년 대입
특성화고교재직자	5497명	6060명

특성화고 재직자 특별전형

4. 추진배경: 선취업 후진학 풍토 조성을 위한 특성화고·마이스터고 졸업생 대상 전형(* 정원외 특별전형), 일-학습 병행을 통한 이론과 실무를 겸비한 해당분야 전문가 양성

5. 개요

가. 대상: 고등교육법시행령에서 정한 특성화(전문계)고등학교 졸업자이면서 3년 이상 산업체 재직자(고등교육법시행령 제29조 제2항 14호)

나. 학교별 자체 정원 조정을 통해 재직자를 위한 모집단위 신설(고등교육법시행령 제28조 3항과 관련된 학과보건·의료 및 교원양성 관련학과 제외)하여 교육의 질 담보와 교육여건 및 수업방식에 있어 산업체 재직자의 근무손실이 없도록 별도 반 개설·별도 교육과정 개발·운영(야간, 주말, 사이버 과정 등)

다. 수능 없이 무시험 특별전형으로 선발하며, 입학사정관이 학업계획, 재직경험, 고교생활기록부 등을 검토하지만 구체적 기준은 학교마다 차이가 있음

라. 대입 상담: "KCUE 대학입학정보"

http://univ.kcue.or.kr/ [전화상담: 1600-1615]

| 착안점 |

1. 재작자특별전형을 통해 신입생을 선발하는 학교는 2010년 최초 중앙대를 비롯하여 공주대, 건국대, 3개교 219명 모집을 시작으로 해마다 증가하고 있다.
2. 재직 기간의 산정 기준은 1개 회사에 연속 3년간이 아니라 전직 시 근무 기간을 합하여 3년이면 된다.

8

오미양, 강소기업에 취업한 뒤
산업대학교를 졸업하다

**취업해서 경력을 쌓고 대학은
내가 번 돈으로 다니겠어**

가정 형편이 어려워 중학교 시절부터 미양이는 대학 진학
은 염두에 두지 않았다. 인문계 고등학교로 가서 대학 진학을 해도
무난한 성적이었으나 집에서 대학 학비를 대줄 형편이 되지 않으리
라는 것을 일찌감치 알고 있었기 때문이다. 뉴스에서 간간이 청년
실업률이 높다는 이야기를 들었고, 대학 등록금을 은행 대출로 마련
해야 한다는 사실도 인지하고 있었다.

'만약 대학을 갔다고 치자고. 그럼 쭉 학자금 대출을 받아야 하는

데, 취직이 안 되거나 늦어지면 어떻게 될까? 난 빚지는 건 싫어!'

미양이는 어려도 빚은 지지 않겠다는 신조가 있었다. 그런 그녀의 눈에 어느 날 특성화고가 들어왔다. 그중 물류고가 마음에 들었다. 경쟁력이 있겠구나 싶었다.

그렇게 들어간 고등학교 시절은 정말 행복했다. 다른 학교에 비해 선생님도 많았고 중학교 때보다 선생님과 학생들의 관계가 돈독했다. 학생 수가 100명 정도밖에 되지 않다 보니 친구들과의 관계도 그렇고 선후배 관계도 아주 좋았다. 좋은 선택을 했다는 사실에 뿌듯했다.

고등학교 1학년 때에는 진학을 염두에 두는 아이들이 꽤 있어서 미양이도 진학을 염두에 두기도 했다. 친구 따라 강남갈 수도 있지 하는 마음이었나 보다. 고등학교 2학년이 되면서 진로상담부장으로 있던 나에게 '선취업 후진학'에 대한 이야기를 듣고 공감이 되었는지 생각이 바뀌기 시작했다.

'맞아, 취업부터 해서 경제력을 갖자. 필요하면 내가 벌어서 대학 가지, 뭐!'

물류회사에 들어간다는 생각은 미처 못 했다. 그런데 얼떨결에 면접 본 곳에 떡 하니 붙은 것이다. 너무 쉽게 풀린 게 아닌가 싶은 생각이 들 정도였다. 그렇게 사회생활의 첫발을 디뎠다.

처음 1년은 힘들었다. 회사 내 인간관계, 상사와의 관계, 업무 외에도 꽤 복잡한 것들이 있었다. 학교에서는 경험해보지 못한 일들이 그녀를 짓눌렀다. 하지만 하루하루 지나가고 해가 바뀌면서 업무에 손에 익고 인간관계를 어떻게 해야 하는지도 알게 되었다. 조금씩 경험이 쌓였다.

회사에 완전히 적응하고 나니 마음에도 여유가 생겼다. 그간 무조건 처리했던 업무에 대해 궁금한 것들이 자꾸 생겼다. 경력도 있는데 왜 그렇게 하는지 모르고 막연히 일하는 것에 자존심도 상했고, 이왕 하는 일인데 왜 그렇게 돌아가는지 이유나 알면서 일하자 싶었다.

대학을 가야겠다고 생각했다. 고졸 직장인을 위한 여러 전형 중 오로지 직장인만을 위해 특화된 청운대학교로 진학을 결정했다. 일하면서 4년제 산업대학교인 청운대학교를 다니기 시작했다. 배움

포인트? Point!

✦ 자신만의 신조를 세워라.
어떤 길을 가든 나름 신조를 세우는 것이 필요하다. 신조란 자신의 가치관에서 나온다. 신조가 있는 사람은 신조가 없는 사람보다 행동을 함에 있어서 경계가 생겨 해야 할 일과 하지 말아야 할 일을 구분하기 쉬워진다.

✦ 가급적 빚은 만들지 말자.
빚도 자산이라는 말이 있지만 수중에 돈 한 푼 없는 사람에게는 악마보다 무서운 것이 빚이다. 사회생활을 처음 하면서 함부로 빚을 지는 일은 경계해야 할 일이다. 고등학교를 졸업함과 동시에 신용카드부터 만드는 경우가 있다. 그 또한 취업이 되지 않은 상태에서 경제관념이 뚜렷하지 않은 때에 만들면 얼마 지나지 않아 목을 죄는 사슬이 될 수 있음을 알아야 한다.

이 깊어지면서 궁금했던 것들이 하나씩 풀려갈 때마다 대학에 진학하길 잘했다고 생각했다.

일하랴 공부하랴 뛰다 보니 하루가 어떻게 가는지 모를 때도 있었다. 시험 때는 잠이 모자라 좀비처럼 다니기도 했다. 그래도 만족스러웠다. 5학기를 넘어가는 동안 성적도 우수했고 국가장학금까지 받았다. 2개 학기는 학비 면제를 받았고, 2개 학기는 20만 원 정도씩만 들었다. 입학해서 현재까지 들어간 돈은 180만 원도 안 되고, 그마저 스스로 번 돈으로 충당한 것이었다.

학비 대출을 받은 적 없으니 빚도 없다. 스스로 번 돈으로 자기계발을 할 수 있다는 만족감이 그녀를 행복하게 했다. 취업하지 않고 대학에 진학한 친구들을 가끔 만나 이야기를 나누다 보면 다들 부러워하는 눈치다. 대학 다니느라 대출도 많이 받았고 실업률이 나날이 심각해지니 자기들도 그 대열에 끼게 될까 봐 많이 불안하다는 것이다. '차라리 먼저 회사 다니고 진학했더라면 이런 고민을 하지 않았을 텐데.' 하며 후회하는 친구들을 볼 때마다 마음이 편하지는 않다. 모두 잘 풀리길 바라는 마음이다.

산업대학교 진학 가이드

1. 산업체 위탁교육이란: 산업체 재직 중인 자로 일과 학습을 동시에 할 수 있는 제도

2. 운영현황

   - 4년제:

     청운대학교(인천) - 공연영상예술대학(3개과), 호텔관광대학(2개과), 창의융합대학(4개과), 보건복지대학(2개과), 사회서비스대학(6개과), 공과대학(7개과), 경영대학(3개과)

     호원대학교(군산) - 공학계열(5개과), 인문사회계열(7개과), 예체능계열(4개과)

   - 전문대학:

     서울권(4개 대학) - 동양미래대, 명지전문대, 인덕대, 한영여자대

     경기권(16개 대학) - 경기과학기술대, 경민대, 김포대, 농협대, 대림대, 동남보건대, 동원대, 부천대, 서정대, 수원과학대, 신안산대, 안산대, 여주대, 연성대, 오산대, 용인예술과학대

     인천권(2개 대학) - 경인여자대, 인하공업전문대

     대전·충청권(6개 대학) - 대덕대, 대전과학기술대, 백석문화대, 신성대, 아주자동차대, 충청대

     강원권(2개 대학) - 송곡대, 강릉영동대

     부산·울산·경남권(6개 대학) - 거제대, 경남정보대, 동의과학대, 부산경상대, 부산과학기술대, 울산과학대

대구·경북권(6개 대학) - 가톨릭상지대, 경북전문대, 계명문화대, 구미대, 영남이공대, 영진전문대

광주·전라권(8개 대학) - 군장대, 서영대, 순천제일대, 전남과학대, 전주기전대, 전주비전대, 조선이공대, 한영대

제주권(1개 대학) - 제주한라대

3. **전형방법:** 서류전형(무시험)

1분 인터뷰!

Q. 산업대학교를 선택한 구체적 이유는 무엇인가요?

A. 산업대학인 청운대학교를 선택한 가장 큰 이유는 직장인만을 위해 설립된 학교이기 때문입니다. 재직자특별전형을 실시하는 다른 4년제 학교의 경우, 입학전형의 하나일 뿐이라 재직자전형으로 입학한 학생들을 위한 배려가 적다고 생각했어요.

예를 들면 직장인 입학생들은 원하는 과를 선택하기도 어렵고, 시간표가 교수님과 학교 스케줄에 맞게 고정적으로 운영되므로 직장인들에게는 부담이 커요. 출장이나 야근이 잦은 고졸 직장인에겐 학업에 지장을 줄 수 있는 요소죠. 제가 그랬습니다!

하지만 산업대학의 경우 오로지 직장인들만 입학이 허락되고 그에 맞게 운영되므로 다른 4년제 학교보다 선택할 수 있는 과가 다양합니다. 현재 학교에 22개 학과가 개설되어 있고 원하는 강의를 원하는 시간대에 맞게 조정할 수 있어요.

제가 좋은 사례가 된다면 어딘가에서 저와 같은 고민을 할 후배들을 위해 아낌없이 경험을 나누고 싶어요.

9

신우흠, 창업동아리에서 배운
정신을 발휘하여 도전, 또 도전하다

**글로벌 인재가 되기 위해 일본 어학연수를 마치고,
영국 유학을 준비하다**

"우흠아, 너 중국어 정말 잘한다. 그런데 우리말 수업은 이
해되니?"

중학교 1학년 2학기 때 중국에서 전학을 온 우흠이는 영종국제
물류고등학교에서 꼴찌를 하다시피 했다. 한국어가 서투르기 때문
이었다. 그래도 학교생활에 참 열심이었다.

2학년 때는 창업동아리 회원으로 가입해서 부지런히 활동했고,
3학년이 되어서는 컴퓨터 조립 실력을 발휘해 창업도 했다. 그야말

로 고등학생이 CEO가 된 것이다. 낮에는 열심히 공부하고 밤에는 사업에 몰두해 10개월 만에 1000만 원의 순이익을 남겼다.

그 덕분에 창업동아리 대표 자격으로 나와 함께 일본 학생들과 이루어지는 창업캠프에 참여했고, 캠프가 끝나자 일본 대학을 방문해 견학도 했다. '피나는 노력'이란 표현이 아깝지 않은 학생이었다. 뜨거운 열정 앞에선 언어장벽이란 그저 시간이 필요할 뿐인 사소한(?) 문제였나 보다. 어느 날부터인가 그는 우리말을 유창하게 하더니 일본어에도 도전했다. 하루는 한국어를 모국어로 하는 아이들도 따기 어려운 '펀드투자상담사' 자격증을 취득했다며 웃기도 했다.

우흠이는 일본 창업캠프를 다녀온 뒤 일본에서 취업할 계획을 세웠으나 나이 때문에 취업할 방법이 없자(당시 만 17세), 고등학교 졸업 후 일본으로 워킹홀리데이를 신청하려 했다. 그런데 그마저 같은 이유로 무산되어 어학연수 형식으로 일본에 혈혈단신으로 떠났다.

부족한 일본어 실력은 현지에서 공부하며 결국 극복해냈다. 단 1년 사이에 일과 언어라는 두 마리 토끼를 잡은 것이다. 현재 우흠이의 일본어 실력은 거의 일본 원어민 수준이다.

'이제는 국제 공통어인 영어를 정복하자!'

일본 어학연수를 마치고 돌아온 그는 영국 유학을 준비하고 있다. 한국의 대학은 학문 탐구보다는 취업을 위한 스펙 경쟁에 치우쳐 있다고 보았기 때문이다. 어린 나이에 언어장벽을 극복하고 한국어, 중국어, 일본어를 유창하게 해내더니 이제는 영어까지 차분하게 단계를 밟아 미래를 준비하는 우흠이가 기특하고 대견할 뿐이다.

하이텍고등학교에서 진로직업상담부장을 맡게 된 나는 우흠이가 하이텍고등학교 창업동아리 학생들에게 좋은 롤모델이 될 것이라는 사실을 믿어 의심치 않았다. 그래서 학생CEO 때의 경험담을 들려줄 수 있겠느냐고 요청했고, 그는 자신의 경험담을 재능기부 특강으로 풀어냈다. 그가 후배들에게 한 말의 요지는 "경험이 인생에서 제일 중요하더라"였다. 그는 후배들을 독려했다. 도전하라고. 해외로 나가 그들의 문화를 직접 체험해보라고.

참, 고등학교 3학년 시절 우흠이가 학생CEO일 때 번 1000만 원은 어떻게 활용했을까? 그는 그동안 자기 때문에 고생하신 부모님을 위한 일본 효도여행 경비, 자신의 발전을 위한 일본 어학연수비

포인트? Point!

✚ 도전정신을 행동으로 발휘하라.
고교 시절 창업동아리 활동과 학생CEO로서의 경험이 그를 일본 창업캠프로 이끌었다. 그런 경험이 미래를 준비하며 일본으로 어학연수를 갈 수 있게 한 원동력이다. 또한 언어장벽을 극복한 것도 분명한 목표를 잡고 피나는 노력으로 도전했기 때문이었다.

✚ 경험이 제일 중요하다.
경험해보지 않고는 제대로 알 수 없다. 직접 경험하기 어려울 경우 책을 통해 간접 경험을 쌓으면 된다. 그러나 기회가 온다면 지체하지 말고 직접 경험해보기 바란다.

로 사용했다.

　나는 우흠이를 생각하면 앞으로 무엇으로 성공할지 벌써부터 궁금해진다. 환하게 웃으며 당당하고 멋진 모습으로 돌아올 날을 기대해본다.

직업의 시대,
이렇게 준비하자

1

앞으로 무엇을 하고 살지
진지하게 생각하는 시간을 가지자

사람이란 살다보면 정말 막막할 때가 있다. 주변을 둘러보면 다른 사람들은 모두 자기 길을 잘 찾아가고 있는데 나만 동떨어진 느낌, 나만 길을 잃은 느낌, 그런 기분을 느낄 때가 있다. 그런 일을 겪는 시기가 다르고, 마침 눈앞에 만나고 있는 사람이 다르며, 표현하는 방법이 다를 뿐인 경우가 꽤 있다.

　이럴 때 도움이 된다고 하는 방법에는 여러 가지가 있다. 독서도 도움이 되고, 버킷리스트를 작성해보는 것도 좋다. 운동하는 것도 도움이 되고, 여러 사람들과 이야기를 해보는 것도 도움이 된다. 당연히 명상도 도움이 되겠지?

그런데도 인생의 나침반이 제멋대로 도는 느낌일 때, 마치 버뮤다 삼각지대 안으로 홀로 빠진 느낌이 들 때 앞에서 소개한 갭이어 Gap Year를 가져보는 것은 어떨까? 하던 공부나 일을 잠시 멈추고 여행, 봉사활동, 인턴, 창업, 교육 등 다양한 경험을 쌓으면서 앞으로 진로를 어떻게 설정할까 생각하고 방향을 찾는 시간을 보내보는 것이다. 그 시간은 그냥 노는 시간이 아니다. 자신을 가다듬기 위한 시간이다.

tvN에서 방영된 해외 배낭 여행기를 담은 리얼 버라이어티 텔레비전 프로그램 〈꽃보다 청춘〉은 많은 젊은이의 가슴에 불을 질렀다. 2016년 〈꽃보다 청춘〉 아프리카편에서 나미비아 사막을 여행하던 젊은 여성에게 배우 류준열이 대단하다고 하자 그 여성이 대답한 말이 있다.

"욜로"YOLO

이 말은 "You Only Live Once"라는 말로 '한 번뿐인 인생'이란 의미다. '현재 이 순간에 충실하라'는 의미의 라틴어 '카르페 디엠'Carpe Diem과도 일맥상통하는 말 같다. '욜로'는 좋은 곳에 쓰면 좋은 의미가 되고 뜻이고 나쁜 곳에 쓰면 나쁜 의미가 된다. 여러분은 어떻게 사용하고 싶은가?

갭이어는 인생의 나아갈 방향을 잃었을 때 혹은 어떻게 살 것인지 생각할 시간을 갖고 싶을 때 자신을 들여다보는 기회를 주는 시간이기도 하다. 이렇게 경험을 쌓은 많은 사람들 중 몇 사람의 사례를 잠깐 소개하겠다.

처음으로 소개할 주인공은 닭장 밖으로 나온 청년 NGO 대표, 김희범이다. 그는 남들 가는 대로 대학에 들어가면 행복하게 사는 법을 배울 줄 알았단다. 취직이 잘된다는 전기과를 들어가라 하니까 들어갔다. 그런데 고등학교와 차이가 없다는 걸 깨닫는 순간 스스로 학교에서 버려졌다. 해병대에 자원입대해서 군 생활을 하면서 동기들과 이야기를 나누며 자신이 '우물 안 개구리'였음을 깨닫는다. 열심히 살았다고 생각했으나 '여권'과 '비자'의 개념도 몰랐고 비행기는 수학여행 때 타본 게 전부였는데, 동기들은 그게 아니었던 것이다. 비슷한 나이지만 전혀 다른 경험을 한 그들 앞에서 한없이 작아 보이는 자신을 발견했다. 군복무를 마친 후 그는 국토종주, 유럽 배낭여행, 백두대간 산행 등 다양한 경험을 하고 학교로 돌아왔다. 자신이 관심을 두고 있던 관광경영으로 전과를 하려 했으나 인정되지 않자 학교를 그만둔다.

원하지도 않는 공부를 하는 것은 시간낭비라고 생각해 갭이어를 가지기로 하고 도피성으로 터키로 무작정 해외여행을 떠난다. 시간은 많고 돈은 없어 28킬로그램이나 나가는 배낭을 메고 걸어서 170일을 여행했다. 독일, 네팔, 인도까지 여행하는 도중에 가장 크게 느낀 것이 '사람'이었다. 가장 잘사는 나라와 가장 못사는 나라의 모습을 직접 확인하고 싶었다. 아침에 밥을 퍼주는 봉사활동을 간 적이 있는데 아침밥 한번 먹겠다고 몰려오는 수백 명의 아이들을 보면서 자신이 해야 할 일을 찾았다. 지금은 그 경험을 토대로 NGO 대표로 활동하고 있다. 이제는 기업에 초청받아 강연도 하고 대기업 연봉의 스카우트 제의도 받고 있다. 하지만 그는 대학 중퇴에 자격증이나 토익성적표조차 없다고 한다. 그런 그가 말한다.

"정말 좋아하는 일을 찾아서 즐기면서 노력하면 돈은 무조건 따라오게 되어 있습니다. 그 좋아하는 일을 아직 찾지 못했다면 갭이어를 가지세요. 질질 끌 게 아니라 당장 휴학하고 이것저것 다 해보셔야 해요. 좋은 사람을 찾는 일도 사람을 많이 만나봐야 하는데 좋은 일이라고 다르겠습니까? 많은 일을 해보세요."

— 〈100인의 갭이어〉 소개 중에서

갭이어와 비슷하지만 좀 다른 개념인 워킹홀리데이working holiday 에 대해서도 간단히 설명하고 지나갈까 한다. 워킹홀리데이는 협정 체결 국가 청년(대체로 만 18~30세)들로 하여금 상대 국가에 체류하면서 관광, 취업, 어학연수 등을 병행하며 현지의 문화와 생활을 경험할 수 있게 해주는 제도다. 우리나라는 현재 호주, 캐나다를 포함한 20여 국가와 워킹홀리데이 협정을 맺고 있다. 워킹홀리데이에 참가하려면 해당 대사관·영사관 또는 이민성에 워킹홀리데이 비자를 신청해야 한다. 이 비자는 해당 국가 및 지역에 체류하는 동안 여행과 일을 할 수 있는 '관광취업비자'로 현지에서 관광 경비 조달을 위해 합법적으로 임시 취업을 할 수 있도록 허용하는 비자다. 관련 정보는 '외교부 워킹홀리데이 인포센터' 사이트로 들어가면 된다.

다음으로 소개할 주인공은 장래 희망이 교사였다가 밴쿠버 대형 골동품 가게 매니저가 된 허건이다. 2015년 6월 30일 중위로 군 복무를 마치고 취업준비생이 된 지 9일 만에 그는 워킹홀리데이 비자를 받아 캐나다로 출국했다. 사범대학을 졸업한 그는 중등임용시험을 준비할 예정이었으나 우연히 알게 된 워킹홀리데이 모집을 통해 밴쿠버에 도착한다. 부족한 영어실력(토익 480점)에도 불구하고 자신감과 용기, 성실함으로 3번에 걸친 도전 끝에 스타벅스에서 일했고 스타플렉스를 거쳐 현재 밴쿠버에 있는 대형 기념품 가게 매니저로 일하고 있다.

규모가 큰 가게인 만큼 아시아, 유럽, 남미 등에서 온 수많은 관광객과 소통한다. 가게 주인으로부터 영주권을 줄 테니 매니저를 해달라는 말에 부모님과 의논하면서 "네가 맨 처음 설계한 목표가 무엇이었는지 다시 한번 생각해보라"는 조언을 듣고 영주권은 취득하지 않기로 하고 매니저로서 활동 중이다. 그는 말한다.

"청년실업률이 10%에 육박하는 현실에서 남들처럼 취업 전선에 발버둥 치는 시간이 아까웠어요. 그래서 차라리 시간을 좀 더 투자해서 향후 글로벌 시대에 경쟁력을 갖추기 위해 준비부터 차근차근 다지는 것이 바람직하다고 생각했죠. 이렇게 해외 견문을 넓히고 국제적 감각과 전략적 사고를 갖추는 데는 워킹홀리데이 프로그램 참여가 저한테는 최선의 선택이었어요."

— 〈외교부 워킹홀리데이 인포센터 체험수기〉 중에서

이래도 의욕이 안 생긴다면 다음 주인공의 이야기를 보는 것은 어떨까?《영어책 한 권 외워봤니?》라는 책의 저자이자 시청자에게 큰 즐거움을 안겼던 MBC 시트콤 〈뉴논스톱〉을 연출해 2002년 백상예술대상 신인연출상을 받은 김민식 PD는 나름 파란만장한 인생 역전을 겪은 이다.

고등학교 때 내신 등급이 15등급 중 7등급으로 1지망에 실패해서 원하지 않은 학과에 들어가 고민했단다.

'난 무엇을 하고 살아야 할까?'

그러다 유럽 여행을 갔다. 거리의 악사를 보며 그들의 삶이 부러웠단다. 돈은 많이 벌지 않아도 좋으니 재미있고 즐거운 일을 하고 싶다고 생각하면서 다시 고민했다.

'내가 무엇을 좋아하지?'

생각해보니 책을 좋아하고 다른 사람한테 이야기를 들려주는 것도 좋아해서 스토리텔러로 살고 싶었지만 현실은 치과 영업 세일즈맨이 된 그였다. 스토리텔링 특기를 살려 다른 치과의사들의 사용 후기를 에피소드 형식으로 각색해 들려주었으나 재미있게 들어주는 치과의사가 없자 다시 고민에 빠졌다.

'이야기를 만들 재능은 없어도, 다른 사람의 이야기를 옮기는 건

잘할 수 있지 않을까?'

결국 외대 통역대학원에 들어가 통역을 맡아 하기 시작했는데, 사람들한테서 당신이 한 통역이 실제 연설보다 훨씬 재미있더라는 평가를 들었다. 그 말은 연사의 본래 의도에 충실하지 못하고 자기도 모르게 재미있게 각색한다는 말이었다. 그 순간 깨달았다.

'아, 나는 다른 사람의 이야기를 충실하게 옮길 수 있는 사람이 아니구나.'

결국 통역사도 그만두고 MBC 예능 PD로 10년을 일하고 드라마 PD가 되었다. 그러고는 〈내조의 여왕〉〈글로리아〉〈여왕의 꽃〉을 만들었다. 예능 출신 PD를 곱지 않게 보는 시선도 있었다고 한다. 어떤 일을 하려고 할 때 그는 무엇을 기준으로 선택할까?

"드라마 연출이 만만하다고 느낀 적도 없고, 드라마를 감히 안다고 생각한 적도 없어요. 다만 어떤 선택을 할 때, 나의 기준은 하나입니다. '재미있을까?' 답이 Yes라면 그냥 한번 해봅니다. Why not? 짧은 인생, 내가 좋아하는 일만 하고 살기에도 빠듯한데 굳이 남 눈치까지 살필 이유는 없잖아요? 그게 유럽에서 만난 가인들에게 배운 삶의 자세이자 딴따라의 자세입니다."

그는 말한다. 직업은 꿈이 아니라고. 의사가 되고, 변호사가 되고, 피디가 되는 것이 꿈이 아니라 그 직업을 통해 무엇을 하느냐가 진짜 꿈이라고. 의사가 되어 아픈 사람을 도와주고, 변호사가 되어

정의를 실천하고, 피디가 되어 재미난 이야기를 만드는 것, 그게 진짜 꿈이라고 말한다.

"의사가 아니라도 아픈 사람을 도울 수 있는 길은 있어요. 변호사만 사회 정의를 실천하는 건 아니에요. 피디가 아니라도 이야기를 만들고 나눌 수 있어요. 블로그도 있고 팟캐스트도 있고 유튜브도 있어요. 개인이 미디어를 만들기 이렇게 좋은 세상에서 방송사 PD라는 직업에 너무 얽매이지 않았으면 좋겠어요."

- 김민식 PD 블로그, '공짜로 즐기는 세상' 중에서

내 몸에 맞는 티셔츠 하나 고르려 해도 발품을 팔아야 한다. 하물며 평생을 할 일이라면? 지금부터라도 자신이 하고 싶은 것이 무엇인지 진지하게 생각하고 또 찾아보자. 갭이어든 워킹홀리데이든 어떤 방법이든 좋다. 진정으로 하고 싶은 일을 찾아 떠나는 여행은 결코 인생을 허비하는 시간이 아니다.

2

평생 학습의 시대, 끝없이
배우면서 끈질긴 승부를 하자

컴퓨터로 작업하다 종료를 하려고 하는데 "업그레이드 중이니
끄지 마세요"라는 표시가 뜨면서 한참을 컴퓨터가 먹통인 경우가
있다. 5분~10분이면 그냥 기다려도 괜찮은데 도무지 끝날 기미가
보이지 않을 때가 있다. 하필 약속이라도 있을 때면 발을 동동거리
다 그냥 강제종료하고 직장을 나서게 된다. 이런 일이 몇 번 반복되
다가 어느 날 컴퓨터가 먹통이 되는 일도 발생한다. 하필 그런 때 중
요한 서류를 작업하다 날려먹는 일이 생긴다. 목 뒤가 뻣뻣해지면

서 분노가 폭발하는 순간이다. 하늘을 향해 아무리 "저한테 왜 이러세요!" 하고 소리쳐도 소용없다. 답은 컴퓨터 수리기사가 해주니까. "포맷 하셔야 되겠는데요"라는 답이 제일 무섭다. 업그레이드 몇 번 안 했다고 포맷이라니! 소중한 내 자료 돌려줘!

앞으로 이런 일이 직업에서도 나타날 것이다. 우리가 유용하다고 생각하는 지식의 수명이 점점 짧아진다는 얘기다. 하버드 대학교의 새뮤얼 아브스만 박사는 《지식의 반감기》라는 저서에서 방사성 동위원소 덩어리가 절반으로 붕괴되는 반감기를 가지는 것처럼, 우리가 알고 있는 지식의 절반이 틀린 것으로 드러나는 데 걸리는 시간에 대해 이야기한다. 지식에도 유효기간이 있다는 말이다. 물리학은 13.1년, 경제학은 9.4년, 심리학은 7.2년, 역사학은 7.1년 그리고 응용지식은 이보다 짧다고 한다. 그런데 우리는 오류가 밝혀진 다음에도 낡은 지식에 매달리는 경향, 즉 '지식의 관성'을 가지고 있다고 한다. 이걸 깨닫고 지식의 습득보다는 변화하는 지식에 적응하는 것이 더 중요하다고 하면서 덧붙인 말이 있다.

"역설적으로 기억에 기대지 않음으로써 좀 더 업데이트된 지식을 얻을 수 있다."

지식을 무조건 암기하는 것으로는 자리를 유지하기가 어렵다. 어떤 기술을 가졌든, 어떤 능력을 가졌든, 컴퓨터 시스템을 업그레이드하듯 자신을 연마하여 향상시키지 않으면 어느 순간 그 직업으로는 살 수 없게 되는 순간이 올 것이다. 평생을 노력하며 살아야 한다면 좋아하거나 즐기는 일이 아닌 경우 과연 잘할 수 있을까?

학습學習이란 단어에서 '습習'의 어원을 잠깐 생각해보자. 누구는 '익힐 습'이란 이 글자는 '태어나 아직 날지 못하는 새가 날기 위해서 자신의 날개羽를 스스로自 퍼덕임을 반복해서 나는 법을 익힌다'는 뜻이라고 한다. 또 누구는 '날지 못하는 어린 새가 자신의 날개羽를 수백 번百 퍼덕임을 반복해 나는 법을 익힌다'는 의미라고 한다. 날개가 있으니 당연히 날 수 있을 거라고 생각했던 새들마저도 새끼 때부터 꾸준히 날개를 퍼덕이며 나는 연습을 해야만 날 수 있다.

나는 초등학교 시절 둥지에서 떨어진 참새 새끼를 본 적이 있다. 크기는 일반 참새의 반 정도밖에 안 되었고, 나무 위에서 떨어진 것은 분명한데 둥지가 어디에 있는지, 얼마나 높은 곳에 있는지 알 수 없어 결국 제자리에 올려주지 못한 일이 아직도 기억난다. 근처에 어미가 있어서 주변을 날아다녔는데 사람이 있으니 다가오지 못하고 울기만 했다. 어린 새는 날지 못하니 둥지로 올라갈 수 없고, 어미 새는 손이 없으니 어린 참새를 둥지에 올릴 수 없었다. 지금 생각해도 마음이 짠하다.

이처럼 새들도 수없이 나는 연습을 해야 날 수 있다. 인간도 마찬가지다. 내가 좋아하는 일을 택했다 해도 그 분야에서 제대로 자리 잡으려면 어린 새처럼 반복적으로 연습하고, 또 실패하고, 또 연습하고, 실패하고를 반복하는 수밖에 없다. 그러는 사이 생각지도 못했던 고난이 엎친 데 덮친 격으로 다가오는 경우도 있다. 경험으로 치자면 아주 색다른 경험일 것이다. 그래서 실패도 자산이다. 그런 실패가 없다면 무엇으로 잘못된 부분이나 보완해야 할 부분을 알아 낸단 말인가?

어린 시절 에디슨에 대한 이야기를 읽을 때는 그냥 그런가 보다 했다. 그런데 철들고 나서 보니 1만 번의 실험을 거쳐 전구를 발명한 에디슨이 대단해보였다. 숱한 실패를 하고도 계속 도전하다니! 나이가 들면서는 에디슨에게 고맙다는 생각이 들었다. 그리고 지금도 같은 마음이다. 어찌되었든 그의 끈질긴 실험 덕분에 현재 지구 전체가 그의 혜택을 보고 있지 않나?

세상엔 내가 잘 몰라서 그렇지 1만 번은 아니더라도 수천 번의 실패를 당연하게 감수하는 사람들이 많았다. 중국에서 잘나가는 상품인 '휴롬 주스기'를 개발한 주식회사 휴롬의 김영기 회장도 그런 사람이다. 과일과 야채를 한약처럼 짜먹으면 건강에 좋으리란 생각과 선진국에서도 볼 수 없는 제품을 만들겠다는 다짐으로 주스기 개발에 착수하여 수많은 실패와 사업상의 역경을 이겨낸 끝에 마침내 성공한 것이다. 그는 말한다.

"1천 번 해 보고, 안 되면 2천 번 해 보고, 그래도 안 되면 1만 번 해 봐야 합니다. 실패가 쌓이고 쌓이면서 한 걸음씩 나아가게 되는 겁니다."
- 김영기 휴롬 회장 인터뷰 중에서《김해뉴스》, 2016년 1월 13일자)

이처럼 실패해도 오뚝이처럼 일어나는 사람의 정신을 우리는 기업가 정신이라고도 한다. 새로운 것에 도전하고 실패하면 원인을 찾아서 다시 해보고 또 실패해도 굴하지 않고 꿋꿋이 보완해나가서 결국 성공을 거머쥐는 정신, 우리는 그 정신을 혁신정신이라고도 한다. 앞으로 우리가 살아가야 할 세상은 그런 사람들이 우후죽순 생겨나는 시대다. 또한 혼자서 어려우면 힘을 합쳐서 방법을 찾고 어려움을 헤쳐 나가야 살 수 있는 시대이기도 하다.

스스로 한계를 설정해서는 안 된다는 교훈을 전하기 위해 사용되는 예시가 있다. '벼룩의 자기 한계 설정' 이야기다. 어느 생물학자가 20센티미터 이상 뛸 수 있는 벼룩들을 모아 7~8센티미터 높이의 컵에 가둬놓고 유리병 뚜껑을 덮었다. 그러자 벼룩들이 그 안에서 높이뛰기를 하다가 유리병 뚜껑에 부딪히기 시작했다. 그런 일이 거듭되자 벼룩들은 유리병 뚜껑에 부딪히지 않을 정도의 높이까지만 뛰게 되었다. 그 결과 나중에는 뚜껑을 제거해도 벼룩들은 그이상의 높이로 뛰어 탈출할 생각을 하지 않더라는 이야기다.

또 다른 이야기도 있다. 서커스단에서 코끼리를 길들이기 위해 쓰는 방법이란다. 어렸을 때 새끼 코끼리의 뒷다리를 말뚝에 묶어놓으면 처음엔 벗어나려고 안간힘을 쓰다가 시간이 흐르면서 코끼리가 스스로 말뚝 주변을 자신의 한계로 설정해버려 나중에 말뚝을 제거해도 평생 그 주변에서 벗어나지 못하게 된단다. 몸이 커지고 힘이 생겨도 자신의 머릿속에 '난 안 돼'라는 한계를 그으면 능력이 생겨도 할 수 없다는 의미다.

우리는 어떻게 고정관념을 깨고 한계를 뛰어넘을 수 있을까? '수

적석천'水滴石穿이란 말이 있다. 낙숫물이 댓돌(바위)을 뚫는다는 의미다. 작은 힘이라도 끈기 있게 계속하면 성공한다는 교훈을 전하는 말이다. 실패에 기죽지 마라. 그리고 스스로 한계를 정하지 마라.

3
자기이해를 바탕으로
합리적으로 진로를 결정하자

어린 시절 국어교과서에서 〈벌거벗은 임금님〉이란 동화를
읽었던 기억이 있다. 나라를 돌보아야 하는 자신의 임무를 망각하
고, 새 옷 입고 뽐내기만 좋아하는 임금님이 있었다. 새 옷을 입고
거울 앞에서 "나 어때?" 하고 물으면 신하들은 "멋있어요." 하고 앵
무새처럼 반복하는 일이 하루 일과였다. 그런 사실을 알게 된 사기
꾼 두 명에게 속아서 벌거벗고 거리를 행진까지 하게 되는데, 누구
도 진실을 말하지 못하는 와중에 한 소년이 진실을 외친다.

"벌거벗은 임금님이다."

결국 그 임금님은 거리의 웃음거리로 전락했다는 이야기다. 어려서는 재미있기만 했던 이 이야기가 어른이 되어 동화의 이면을 다시 보게 되면서 참 슬픈 이야기였다는 생각이 든다. 자신을 제대로 알지 못해 결국 망신을 당했다는 이야기가 아닌가? 그 임금님이 만약 '나는 멋 내기에 너무 집착하는 경향이 있어'라는 식으로 자신을 파악하고 있었다면 두 명의 사기꾼이 임금님을 속이기는 쉽지 않았을 것이다. 그렇다면 망신도 당할 일이 없지 않았을까?

동화 속 임금은 매번 거울을 보면서 자기분석自己分析을 했다. 그런데 자신을 보는 눈이 없었는지 항상 다른 이에게 물었다. "나 어때?" 그럼, 신하들이 타기분석他己分析을 해줬다. "멋있어요." 하지만 이건 제대로 된 자기분석도 아니고 제대로 된 타기분석도 아니다. '타기분석'이란 용어는 타구치 히사토가 《나도 나를 모르는데 취업을? 하겠다고》라는 책에서 언급한 말로 '타인의 시각으로 본 자기분석'을 의미한다. 사람은 정도의 차이는 있으나 스스로 보는 자기분석 평가와 남들이 봐주는 타기분석 평가에 영향을 받는다. 임금과 신하들은 제대로 된 평가를 내리지 못했으나 이들과 이해관계가 전혀 없는 소년은 진실한 타기분석을 내놨다. 임금님이 벌거벗었다고 말이다. 임금님이 자기분석을 제대로 했더라면, 신하들 중 충신이 한 명이라도 있어 제대로 된 타기분석을 해줬더라면, 사람들 앞에서 망신을 당하지는 않았을 것이다.

이런 동화 속 이야기가 사실은 우리 일상생활 중에서도 일어난다. 특히 취업을 준비하는 이들은 자신이 남한테 어떻게 보일지 신경을 쓰게 된다. 면접관 앞에서 박한 평가를 받고 싶은 사람은 없을 테니까. 이때 객관적인 자기분석이 중요하다. 자신이 살아온 과거와 현재를 돌아보고 미래에는 어떤 모습일지도 스스로 그려보아야 한다. 자신의 성격, 취미, 부모님을 포함한 가족들의 성향 등 환경적 요소와 자신의 강점과 약점 등을 정리해보면서 자신이 어떤 사람인지, 그리고 무엇을 하고 싶은지 등등 방향을 설정해볼 수 있다. 이러한 자기분석이 필요한 이유는 자신의 적성에 맞는 일을 찾기 위함이다.

창업을 하든 취업을 하든 적성에 맞고 즐기면서 할 수 있는 일을 찾는 것은 매우 중요하다. 취업이나 창업을 위한 자신만의 전략을 짜는 데도 큰 도움을 얻을 수 있다. 자신을 돌아보는 방법은 다양하지만 다음과 같이 자기분석 카드를 만들어보는 것도 좋겠다.

	단계	내용	분석하기	
과거	열중했던 일 좋아하는 단어 좋아하는 TV프로그램 좋았던 체험이나 경험		가치관	
현재	내가 아는 나의 장점 내가 아는 나의 단점 학교생활 내가 좋아하는 일		강점 찾기	
미래	이루고 싶은 일 평생 하고 싶은 일		꿈 찾기	

자기분석 카드

칸을 채우면서 글로 자신을 정리해보면 조금 더 객관적인 자신을 발견할 수 있다. 그런데 이런 방법 말고도 권하고 싶은 방법이 하나 더 있다. 자신의 인생 스토리를 적어보는 것이다. 초·중·고등학교 시절 학교에서 또는 친구관계에서 아니면 여행이나 특별한 행사에서 겪은 사건이나 에피소드 등을 적어보고 그때 자신이 느꼈거나 깨달은 것과 행동을 같이 적어보는 방법도 좋은 자기분석이 될 수 있다.

2007년에 제작된 영화 〈Freedom Writers〉가 좋은 예다. 이 영화는 실화를 소재로 만들어졌다. 23살의 초임교사가 캘리포니아의 빈민가에 있는 학교에 부임해 총싸움, 마약, 성폭력, 가정폭력 같은 각종 폭력과 절망에 빠져 하루하루를 보내는 흑인, 동양인, 그리고 라틴계 학생들 150명에게 글쓰기를 지도하면서 학생들이 자기 자신과 세상을 바꿔나가는 이야기다.

하루가 멀다 하고 총격전이 벌어지고, 같은 반 학생들끼리도 인종이 다르다는 이유로 교실에서마저 서로에게 총을 드는 아이들에게 교사는 책 읽기와 글쓰기를 권한다. 그리고 마침내 학생들은 글쓰기를 통해 자신들을 둘러싼 폭력 상황과 편견을 객관적으로 바라볼 힘이 생겼고, 그렇게 현실을 직시하고 극복할 수 있는 힘이 자기 안에 있음을 깨닫게 된다는 내용이다.

이와 같이 글쓰기는 자신을 성찰하고 객관화해 분석하는 데 도움을 주며, 또한 주변의 상황을 이해하고 분석하는 데에도 상당한 도움이 되는 방법이다. 그런데 막상 자기분석을 해보려 하면 딱히 잘하는 게 없어 막막한 감정이 느껴질 수도 있다. 이럴 때는 타기분석이 도움이 된다. 자기분석을 잘해도 그것이 꼭 옳다고는 할 수 없으므로 주위 사람들이 나를 어떻게 생각하고 있는지를 알아볼 필요가 있는 것이다. 그렇다면 타기분석에는 어떤 방법들이 있을까?

첫째, 통지표나 생활기록부에 어떤 내용이 적혀 있는지 확인하는 것이다. 담임선생님은 부모님과 다른 시선으로 나의 성장과 행동을 가까이서 지켜본 사람이다. 그러므로 거기에 적힌 담임선생님의 평가가 타기분석에 도움이 될 것이다.

둘째, 진로적성검사를 해보는 것이다. 진로정보 사이트에서 적극적으로 활용해야 하는 것이 바로 '직업적성검사'다. 질문에 답하기만 하면 장점과 자신에게 맞는 직업을 진단해 결과를 보여준다. 검사하는 데 많은 시간이 들지 않으므로 객관적으로 자신을 보고 싶을 때 해보면 도움이 될 것이다.

직업적성검사를 할 수 있는 대표적인 사이트는 노동부의 워크넷(http://www.work.go.kr), 교육부의 커리어넷(http://www.career.go.kr)이 있으며 무료로 운영 중이다. 직업흥미도검사, 직업가치관검사 등도 할 수 있으며 그 결과를 통해 자신에 대한 타기분석을 할 수 있다.

셋째, 자신이 칭찬받은 일을 살펴보는 것이다. 친구나 부모님 등 주변 사람들에게 칭찬을 받은 일이 있다면, 자신의 장점과 적성을 발견하는 자료가 될 수 있다.

이처럼 자기분석과 타기분석의 결과를 토대로 자신의 강점과 약점을 발견한다면 진로 선택에 하고 싶은 일을 보다 명확하게 알 수 있게 된다. 그런데 한번 생각해보자 우리가 이렇게 자신을 이해해야 하는 이유는 무엇일까? 무인도에서 혼자 살아가는 거라면 이런 분석을 할 필요는 없을 것이다. '인간은 사회적 동물'이라는 아리스토텔레스나 스피노자 같은 철학자의 말을 구태여 떠올리지 않더라도 이 복잡한 세상에서 우리는 다른 사람들과 어울려 사는 존재다.

사회社會란 공동생활을 하는 사람들의 조직화된 집단이나 세계를 말하고, 회사會社란 상행위나 영리를 목적으로, 상법에 근거하여 설립된 사단 법인을 말한다. 나는 '사회'와 '회사'의 한자를 보면서 '아, 인간은 여럿이 모이면 반드시라고 해도 좋을 정도로 상행위를 하는 집단이 생기는구나.' 하는 생각이 들었다. 상품이나 도구만 사고파는 것이 아니라 각자가 가진 능력도 그 대상이 된다. 서로의 장점이 유기적으로 모일 때 사회가 돌아가는 것이다. 여러분이 1인 창업을 해서 회사를 설립하든, 아니면 남의 회사에 들어가든 결국은 자신의

단계		내용	적어보기
1단계	문제 인식	자신의 가치와 목표는?	
		원하는 직업 알기	
2단계	정보 탐색	원하는 진로(직업) 정보 찾기	
3단계	대안 설정	내가 가질 수 있는 진로(직업들) 골라보기	
4단계	대안 평가	진로(직업) 선택 후 발생할 결과 예측/평가	
5단계	의사 결정	자신에게 가장 합당한 진로(직업) 선택	

합리적 의사결정 단계

능력을 남을 위해 사용하는 것이다.

여러분이 앞에서 해본 자기분석과 타기분석은 합리적 의사결정의 문제인식을 위한 전단계라고 보면 된다.

합리적 의사결정 단계를 보면 '아직 생기지 않은 직업은 어떻게 하나?' 하는 의문이 생길 수도 있다. 그래서 '진로'라는 단어가 같이 있다. 예를 들면 음악을 하고 싶다면 합리적 의사결정을 어떻게 하는 것이 좋을까?

악기를 다루고 싶다고 할 경우 관심도에 따라 건반, 기타, 드럼 등 다양한 진로가 있을 수 있다. 정확하게 특정이 되지 않았을 경우 '직업'이 아닌 '진로'로 방향을 잡으면 된다는 의미다. 그리고 합리적인 의사결정 단계를 1~5단계까지 적어보면서 자신을 객관화해보면 처음 생각과 달리 '특수음향'과 연관된 진로가 잡힐 수도 있다.

합리적인 의사결정을 위해 자기분석과 타기분석을 해본 것이고, 이를 기반으로 자타가 인정할 수 있는 진로를 선택하고 직업을 찾아가면 된다. 꼭 위와 같은 합리적 의사결정 단계가 아니더라도 괜찮다. 자신이 진로나 직업을 고르는 데 도움이 되는 나름의 방법을 찾아 그에 맞춰 객관적인 포트폴리오(자기 자료 수집철)를 만들어두면 이후에 진로나 직업을 고르는 데 꽤 도움이 된다는 사실을 기억하자.

4

인공지능이 못하는
융합력과 협업력을 길러라

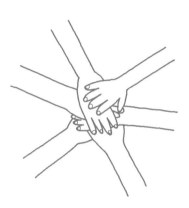

지난 2017년 2월, 아이들이 봄방학으로 학교에 나오지 않는 동안 인천은 각 중학교마다 교사들이 함께 모여 서로 다른 교과를 어떻게 융합해 교육을 진행할 수 있을지 협의하고 융합할 단원을 찾는 작업을 진행했다. 4차 산업혁명 시대에 필요한 교육방법으로 창의융합 교육이 대두되면서 나타난 학교 풍경의 일부다.

인천광역시교육청도 벌써부터 자유학기제에 대한 연수를 모든 교사가 받을 수 있도록 하는 방안을 강구하고 있다. 진도에 영향을 덜 받는 자유학기제 기간에 교사들이 진행해볼 수 있는 '거꾸로교실'이라는 교수방법을 학교 전반으로 확산시키기 위한 자구책인 것이다.

거꾸로교실은 정보기술을 활용하여 학습을 극대화할 수 있도록 강의보다는 학생과의 상호작용에 시간을 더 할애하는 교수학습 방식을 말한다. 기존의 수업방식과 달리 수업 중 교사는 관찰자 내지는 도우미로 활동하며 학생들이 스스로 협업하여 문제를 해결하게 끌어주는 방식인 셈이다.

이뿐만이 아니다. 몇 년 전부터 학교 내외에 뜻이 맞는 교사들끼리 '전문적 학습 공동체'를 구성해서 함께 모여 수업지도안을 계획하고, 수업에 활용할 자료를 찾고 서로 배우는 작업을 통해 교실에서 적용해보는 노력을 기울이고 있다.

이렇게 학교가 바뀌려는 이유는 장래 우리 아이들은 혼자가 아니라 머리를 맞대고 일해야 하는 시대를 살아갈 것이기 때문이다. 협업이 중요한 이유는 서로의 힘을 모으면 '1+1=2'가 아닌 '1+1=2+α'라는 상생의 힘이 나오기 때문이다. 집에서 1인분을 끓일 때와 달리 수십, 수백 인분을 준비하는 전문점에서 끓인 갈비탕에선 깊은 맛이 나는 것과 같은 원리다.

물론 협업 과정 중에 생각지도 못한 갈등이 생길 수도 있다. 하지만 이견을 조율하고 극복하는 과정에서 서로를 존중하고 신뢰하는 마음을 기를 수 있다. 그리고 나보다 못하다고 생각했던 친구한테서 참신한 아이디어가 나오는 모습을 보면 겸손함까지 배우게 된다.

사례를 하나 들어보자. 인기 있는 미국의 과학수사드라마 〈CSI〉 Crime Scene Investigation(과학수사대) 시리즈는 편당 수십 명의 작가가 동원되어 시나리오를 만든다고 한다. 이 작품에는 영웅이 등장하지 않는다. 팀워크를 중요시하며 서로 다른 개성을 가진 등장인물이 힘을 모아 사건을 해결한다. 그런 재미가 주는 감동이 있기에 우리나라에서 방영되기도 전에 입소문을 타면서 불법 다운로드까지 해가며 보는 마니아도 많았다고 한다. 결국 이 시리즈는 전 세계적으로 150여 개 국가에 20억 명이라는 시청자를 보유한 독보적인 인기 TV 시리즈가 되었다.

이는 작가 한 사람의 힘이 아니라 수십 명의 작가가 아이디어를 모은 결과다. 이게 상생의 힘(시너지)이다. 이 드라마는 작가들이 협업할 때 집단지성이 발휘되어 얼마나 강력한 힘을 낼 수 있는지를 보여주는 좋은 사례다. 작품의 완성도가 워낙 높아 15년이나 시리즈로 방영될 수 있었다. 우리나라에서 과학수사 시리즈가 탄생하는 데에도 지대한 영향을 끼쳤다.

협업력과 함께 4차 산업혁명 시대의 인재상에 필수적으로 등장하는 또 다른 능력이 있다. 바로 '창의융합력'이다. 본래 이 단어는 1990년대에 미국국립과학재단National Science Foundation, NSF에서 정한 과학, 기술, 공학, 수학의 약칭인 'STEM'Science, Technology, Engineering, Mathematics에서 시작되었다. 교육 분야에서는 과학, 기술, 공학, 수학 등 교과 간의 통합적인 접근을 의미하며 과학기술 분야의 창의적 융합 인재를 양성하는 것이 그 목적이다. 우리나라에서는 'STEM'에

'STEAM'은 실생활 문제에 중점을 둔 자연스러운 융합을 지향한다.

자료: EBS 〈다큐프라임〉 1127회(2017년 3월 13일)

'예술'Art을 더한 'STEAM' 프로젝트를 추진하고 있다.

창의융합력과 관련된 사례로 미국의 메이커 운동을 들 수 있다. 제조업 최강국이었던 미국은 첨단 금융업 위주로 경제구조가 재편되면서 제조업이 약화되었다. 급기야 2008년 금융위기를 겪으면서 기업이 도산하고 실직자가 증가하여 중산층이 무너지는 사태마저 발생했다. 이에 경제발전의 새로운 동력이 제조업이라는 인식 아래 내놓은 제조업 육성정책 중 하나가 바로 '메이커'와 '메이커 운동'이다. 메이커Maker란 소량의 맞춤형 생산시대에 적합한 융합형 인재들을 말하며, 메이커 운동이란 창의적인 만들기를 실천하는 운동을 의미한다. 이렇게 미국에서 시작된 개발자대회Maker Faire는 우리나라를 포함한 여러 나라에서 그 필요성을 공감하면서 따라서 개최하기 시작했다.

창의융합 교육은 스스로 문제를 찾아내고 이를 해결함으로써 변화를 창조하는 새로운 사고와 융합능력을 갖춘 혁신적 인재상을 추구한다. 미래 세계에는 사물인터넷과 인공지능, 3D프린터 등의 발달로 기존의 많은 일자리가 사라질 것으로 예상되고 있고, 대기업 또한 그 유연함을 따라가지 못해 점차 줄어들 것이라는 예측이 일반적이다. 동시에 온라인을 통한 1인 창조기업이 다수를 차지하게 될 것이라고 전문가들은 말한다. 이런 1인 창조기업에 가장 필요한 능력이 바로 창의융합력과 협업력이다. 창조기업인들끼리 협업도 가능하다.

이런 시대적 변화 때문에 영국과 일본 등에서는 3D프린터 사용에 필요한 코딩을 정규교육과정에 편입시켰다. 우리나라 역시 2018학년도부터 전국 초·중·고교의 소프트웨어교육(코딩 교육)을 의무화했다. 뭔가를 만드는 일에 관심이 있는 학생이라면 개발자대회에 참여해보는 것도 하나의 방법이겠다.

나는 '창의융합형 인재' 하면 세종대왕이 떠오른다. 만 원권 지폐에 앞면에는 일월오봉도, 세종대왕,《용비어천가》의 내용이 그려져 있고, 뒷면에는 혼천의, 보현산 천문대 구경 1.8미터 광학망원경, 국보 제228호 천상열차분야지도天象列次分野之圖가 그려져 있다. 혼천의는 시간과 날짜와 계절을 보여주는 다목적 시계다.

만 원권 지폐에 나온 세종대왕은 어진 임금이자 창의융합형 인재의 대표적인 면모를 보여준다. 백성을 위해 우주의 운행을 이해하는 천문학과 실용적인 기술과학을 접목해 농사에 필요한 기구들을 개발했고, 백성이 쓰기 쉬운 문자를 창제하여 한문을 쓰는 선비들까지도 제 스스로 한문 옆에 한글로 토를 달아 사용하게 만들었으니, 정말 위대한 업적을 남긴 분이 아닌가 싶다.

나는 '창의융합형 인재'라는 말과 함께 떠올리는 단어가 '용접'鎔接과 '접목'接木이다. 접목接木이란 '접붙이기'를 말한다. 접붙이기는 서로 다른 두 개의 식물을 인위적으로 만든 절단면을 따라 이어서 하나의 개체로 만드는 재배 기술을 말한다. 품종이 다른 두 식물을 접붙이면 수확량을 늘릴 수 있을 뿐 아니라 더 강한 품종을 만들어 병충해 등의 피해를 덜 보게 할 수 있단다. 한편 용접鎔接이란 금속이나 유리, 플라스틱 등을 접합할 부위를 녹여서 서로 붙이거나 잇는 기술을 말한다. 용접 기술을 통해 우리는 생활에 편리한 냄비나 프라이팬, 밥솥 등 다양한 기구를 만들어 사용할 수 있다.

이처럼 창의융합이란 개념 자체가 새로운 것은 아니다. 시대의 흐름에 필요가 생긴 것뿐이다. 창의융합력을 길러주기 위해 어떻게 사교육을 시켜야 하나 하고 겁먹지 말자. 아이들이 즐겁게 많이 보고, 많이 듣고, 많이 말하고, 많이 만지고, 많이 느끼고, 많이 생각하게 하면 된다. 단 혼자서만 해서는 안 된다. 협업할 줄 아는 아이로 자라도록 관심과 배려하는 것을 잊지 말자.

5

직업교육을 위한 마이스터고,
직업명문학교 진학을 고려하자

가끔 시간이 되면 〈집밥 백선생〉이라는 TV 프로그램을 즐겨 본다. 나이가 들면 빵집을 해보고 싶다는 꿈이 있었지만, 요리는 인스턴트식품을 가져다 끓여먹거나 데워먹는 수준이라 범접할 엄두를 못 내고 있다. 그런데 이 프로그램을 보면 저렇게 간단하게 요리할 수 있구나 하는 놀라움마저 든다. 사실 깊은 내공이 없으면 다른 사람에게 쉽고 재미있게 요리를 가르치기 어렵다. 백선생이 요리를 잘하는 것은 대학 가서 배운 게 아니다. 순전히 좋아서 시작한 일

이 부와 명예를 안겨주었으니 진로를 잘 잡은 좋은 사례가 아닌가 싶다.

나는 고등학교 시절 대학의 교육에 대해 생각을 정립할 기회가 있었다. 고대 그리스의 수학자로 기하학의 아버지인 유클리드에 관한 이야기를 접한 것이다. 고 양주동 박사의 언급에 의하면 기하학geometry이란 '토지geo를 측정metry하다'라는 의미를 담고 있단다. 내가 기억하는 유클리드의 에피소드를 잠시 이야기해보겠다.

유클리드는 오늘날 대학에 해당하는 자신의 아카데미에서 기하학을 가르치던 중 한 제자의 질문을 받았다.

"이렇게 어려운 기하학이 어디에 쓸모가 있습니까?"

유클리드는 노예를 불러 명했다.

"저자에게 동전 한 닢을 주어서 내보내라. 저 불쌍한 인간은 배운 것으로부터 항상 대가를 얻어야 되나 보다."

어린 나로서는 제대로 이해하기엔 어려운 내용이었다. 하지만 오래 기억에 남았고 '대학이란 단지 돈을 벌기 위해 가는 곳은 아니구나.' 하는 정도의 생각은 확실히 정립되었다.

대학은 배움의 장場이어야 한다. '학문'이나 '의료기술' 등 인류의 발전이나 생명에 관계된 학문이나 기술을 배우거나 고등학교 시절에는 도저히 배우기 어려운 정밀한 기술 등을 배우는 게 아니라 스펙을 쌓고 취업을 위한 과정 정도로 생각한다면, 굳이 대학을 갈 필요가 있을까 하는 의문이 든다. 대학에서 참으로 아까운 시간과 돈을 낭비하는 경우가 왕왕 있기 때문에 하는 얘기다.

어떤 진로를 확립하느냐에 따라 대학 진학이 아니더라도 배울 것은 넘치고 갈 수 있는 곳도 많다. 지금부터 대학이 아니더라도 인생을 멋지게 사는 데 도움이 되는 배움의 장소를 소개한다. 먼저 우리나라부터 살펴보자.

첫째, 특성화고등학교다. 줄여서 특성화고라고 많이 한다. 특성화고는 특정 분야의 인재를 길러내는 것이 목적이다. 현장실습 등 체험 위주의 교육을 전문적으로 실시한다. 관심이 있다면 자신의 소질과 적성이 맞는 학교를 알아보고 진학하면 된다. 특성화고는 다음과 같은 장점이 있다.

1. 학비 걱정이 없다. 입학금과 3년간의 수업료가 장학금으로 제공된다.
2. 우수한 학생에겐 해외 기업에서 일하고 배울 기회를 준다. 글로벌 현장실습이라고 해서 2019년까지는 교육부 주도로 독일, 스위스, 뉴질랜드, 호주, 일본 등지에 파견하여 운영했으며, 지금은 각 시·도교육청에서 재량에 따라 운영하고 있다.
3. 특성화고 출신자로 기능장 이상의 자격과 능력을 갖추고 중소기업 CEO가 추천하면 해외 유학도 다녀올 수 있다.
4. 한국전력공사, 한국수력원자력(주), 한국서부발전, 한국가스공사, 근로복지공단, 국민건강보험공단, 국민연금공단, 인천국제공항공사, 공무원연금공단을 포함해 정부와 지자체 등 공공기관에서 고졸 채용을 20퍼센트까지 확대하고 있다.
5. 특성화고에서 취득한 기술과 군복무 그리고 취업이 연계되도록 군

특성화제도도 개선되고 있다.

6. 특성화고를 졸업하고 취업한 뒤에는 대학에 진학할 수 있는 '재직자 특별전형'이 있는데 앞으로 더욱 확대될 추세다. 또한 특성화고 졸업 후 3년 이상 산업체에 재직한 자가 수능시험 대신 재직경력과 학업 의지만 있으면 입학이 가능한 정원 외 특별전형이란 것도 있다.

둘째, 마이스터고등학교다. 마이스터고는 '산업수요 맞춤형 고등학교'로 유망 분야의 특화된 산업 수요와 연계하여 예비 마이스터 Young Meister를 양성하는 데 그 목적을 둔다. 즉 '전문적인 직업교육의 발전을 위하여 산업계의 수요에 직접 연계된 맞춤형 교육과정 운영을 목적으로 하는 고등학교'인 셈이다.

마이스터고는 졸업 이후 우수기업 취업, 특기를 살린 군복무, 직장생활과 병행 가능한 대학교육 기회 제공을 그 특징으로 한다. 마이스터고의 장점과 특징은 다음과 같다.

1. 수업료, 입학금, 학교운영지원비 등이 모두 면제다.

2. 우수학생과 저소득층 학생에게는 별도의 장학금도 준다.

3. 기숙사도 제공한다.

4. 해외 직업전문학교 등과 연계하여 학생들이 해외에 진출할 수 있도록 지원한다.

5. 입학하여 졸업할 때까지 성취수준을 평가하는 졸업인증제를 통해 우수한 기업에 취업할 수 있는 발판을 제공한다.

6. 취업이 확정된 졸업생은 최대 4년간 입영을 연기할 수 있고, 군복무 시 특기 분야에 근무할 수 있다.

7. 직장에서 3년 이상 근무 시 산업체 재직자 특별전형, 계약학과, 사내 대학 등 취업 후 학위를 취득할 수 있는 경로가 마련되어 있다.

마이스터고는 첫 졸업생부터 3년 연속으로 취업률이 90퍼센트가 넘는 것으로 알려져 있다. 국내에 있는 학교 외에 해외의 기술을 배우는 데 관심이 있는 학생들도 있겠다. 2006년 1월부터 5월까지 《동아일보》가 연재한 '세계의 명문 직업학교를 가다' 시리즈를 찾아보면 도움이 될 것이다. 여기서는 요리, 예술, 기술학교 몇 군데만 알아보겠다.

첫째, 이탈리아 요리학교 입세 코리아Italian Food Style Education KOREA를 소개한다. IFSE는 이탈리아 토리노에 있는 요리학교다. 2006년에 설립된 한국 IFSE는 파올로 데 마리아Paolo De Maria 총괄셰프가 대표다. 그는 현재까지 한국에서 이탈리안 셰프로 활동하고 있다. 건강과 환경을 생각하는 슬로푸드를 기본으로 하는 이탈리아 요리와 식문화를 알리는 데 목적을 두고 있다. 전문가 과정과 일반 취미

자료: ifsekorea.com

반 과정이 있다. 유학을 다녀오지 않아도 이탈리아 요리를 배울 수 있다는 장점이 있다. 또한 이탈리아 학교 요리 단기 연수과정도 제공하고 있다.

둘째, 일본 공학원 전문학교 만화애니메이션과를 소개한다. 2000년 4월에 개설되었고 현재 2년제와 4년제 과정이 있다. 초기 1년 총 학비가 우리나라 돈으로 2023년 현재 1400만 원 정도 든단다. 이 학교는 졸업 후 바로 현장에 투입되어도 제몫을 다하는 인재를 키운다는 방침으로 운영된다. 산학 연계에 의한 실습 중심 커리큘럼에 의해 재학 중 다양한 작품 제작에 참여할 수 있으며, 이런 풍부한 실습 경험을 바탕으로 졸업 후 만화·애니메이션, 게임 업계 등

자료: ncie.neec.ac.jp

폭넓은 분야로 진출할 수 있다. 외국인 학생들의 경우 일본어 수업을 들을 수 있을 정도의 언어 실력이 필수로 요구된다.

셋째, 일본 도쿄 음향예술전문학교ISA(전 음향기술전문학교IST)를 소개한다. 1973년 설립된 일본/아시아 최초의 음향 전문교육기관으로 1~3년제다. 엔터테인먼트사가 집중되어 있는 도쿄타워 옆에 있으며, 최상의 실습 기자재들과 전임교원과 스태프들, 소수정예의 이상적인 교육환경으로 유명하다. 도쿄 도지사 인가의 전문학교로 2023년 현재 7개과로 운영되고 있으며 프로의 제작 환경과 가까운 형태로 교육의 질을 유지하기 위해서 학생 수를 제한하고 있다고 한다.

자료: onkyo.ac.jp

넷째, 미국 LA 시네마 메이크업 학교Cinema Makeup School를 소개한다. 1993년에 세워진 미국 캘리포니아주 로스앤젤레스의 유서 깊은 건축물인 윌서 가의 윌턴극장에 자리하고 있다. 파라마운트, 워너

브러더스, MGM, 디즈니 등 대형 영화 스튜디오와 멀지 않다. 최첨단 분장기술을 습득한 CMS 졸업생의 80퍼센트가 할리우드에 자리를 잡는단다. 영화사에 소속되거나 프리랜서로 활동할 수 있다. 교육은 월~금요일 오전 9시부터 오후 4시까지 쉴 새 없이 진행된다. 과정과 본인 선택에 따라 교육 기간은 차이가 많이 나는 편이다. 교육은 주로 랩(실험실)에서 진행되는데, 영어공부를 정말 많이 하고 가야 한다. 그렇지 않으면 수업 내용을 못 알아들어 과제도 제대로 제출할 수 없다.

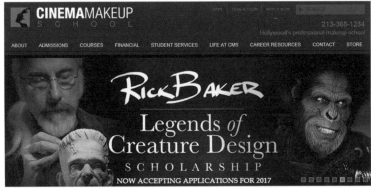

자료: cinemamakeup.com

다섯째, 독일 예나 응용과학 대학Ernst Abbe Hochschule Jena을 소개한다. FH예나는 독일 통일 직후인 1991년 구동독 튀링겐주 예나에 설립된 대학 과정의 기술 전문인력 양성 학교로 광학 분야에서 세계 최고 수준을 자랑하는 곳이다. 특히 이곳의 검안학과의 인기가 높은데 그 이유는 100퍼센트에 가까운 취업률 때문이란다. 학비는 적게 든다. 현재 독일은 고급인력이 부족한 상황이라 부족한 인력을 충원하기 위해 2025년까지 매년 평균 53만 명의 외국인 근로자가 필요하다는 판단을 하고 있다. 취업을 염두에 둔다면 이와 관련된 정보를 좀 더 알아보면 좋을 것 같다. 한국 학생이 검안학과에 입학하려면 독일의 수능시험에 해당하는 아비투어Abitur를 치러 합격해야 하며 독일어 시험(DSH 또는 TestDaF) 합격증도 필요하다. 또한 국내외 안경점 등 광학 관련 분야에서 3년 이상의 실무 경력도 갖춰야 한다.

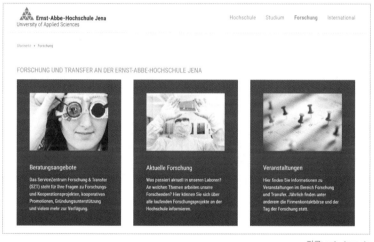

자료: eah—jena.de

여섯째, 스위스 호텔 매니지먼트 스쿨SHMS을 소개한다. 제2외국어 수업을 제외한 전 과정이 영어로 진행된다. 철저히 실무능력 위주의 교육으로 진행된다. 주방에서부터 하우스키핑(객실 정리), 리셉

선, 회계, 파티 플래닝 등에 이르기까지 세부 사항을 꼼꼼하게 가르치기 때문에 호텔 내 모든 직위를 교과 과정 내에서 경험하게 된단다. 교과 과정은 2년 반 과정의 디플롬 과정으로 시작된다. 이곳에서 디플롬 과정을 마치면 미국 호텔·모텔협회가 인증하는 디플롬 자격을 별도의 인증 절차 없이 받을 수 있다.

자료: shms.com

여기서 소개한 교육기관 가운데 독일의 예나 응용과학 대학을 제외하고는 비용이 꽤 비싸다. 배우는 기간과 학교별로 차이가 커서 여기서 일일이 소개할 수 없으나 외국에서 생활하면서 배워야 하니 도전하려면 큰마음을 먹어야 한다. 해당 나라의 언어 습득은 기본 사항이니 우선 언어부터 습득하기 바란다.

6

진로 탐색은 어릴 때부터,
부모의 역할이 중요하다!

나이가 들면서 "어느 집 애가 어떻게 되었대." 하는 종류의 이야기를 많이 듣곤 한다. 돈 좀 있는 집에서 음악 또는 예술 쪽에 재능이 없는 아이한테 집을 세 채나 팔면서 교수 레슨을 시켰는데도 대학 진학을 못 해 해외로 유학을 보냈는데, 거기서도 졸업을 못하고 취업도 안 돼 창피해서 한국으로 못 들어온다는 식의 실패담도 적지 않다.

　큰 아이한테 그렇게 교육비를 투자하면 둘째와 셋째는 왜 자기들에겐 그렇게 안 해주느냐 해서 관계가 틀어지고, 부모들은 노후대책 조차 세우지 못할 정도로 가세가 기울고 마는 식의 이야기도 듣게 된다.

정말 숨이 콱 막히는 기분이다. 나는 과연 아이가 그런 식으로 대학에 진학하고 싶었을까 하는 의문부터 든다. 내 자식은 남들보다 번듯한 직업을 가졌으면 좋겠다는 생각에 자녀의 적성이나 생각은 고려하지 않은 채 부모에 의해 강요된 선택의 결과가 모두에게 좋지 않다면? 과연 아이가 행복하게 살 수 있을까?

'줄탁동시'啐啄同時라는 말이 있다. 알 속에서 병아리가 때가 되면 밖으로 나오기 위해 부리로 껍데기 안쪽을 쪼는데 이를 '줄'(啐, 떠들 줄)이라 한다. 인간으로 치면 '도와주세요!' 하는 신호를 보내는 것이다. 그러면 어미 닭이 그 소리를 듣고 껍데기를 쪼아 새끼가 알을 깨는 행위를 도와주는 것을 '탁'(啄, 쪼을 탁)이라고 한다. 이 두 가지 행위가 동시에 이루어져야 병아리가 알을 제때 잘 깨고 나온다는 것을 일컫는 말이 바로 줄탁동시다. 사람도 이와 다르지 않다. 아이가 하고 싶은 것은 스스로 하게 두다가 어느 순간 도움을 청하는 신호를 보내면 부모는 적당한 만큼만 도와주면 된다.

2011년 방영된 EBS〈다큐프라임〉'마더 쇼크'편에서 아이들이 단어 맞추기 게임을 할 때 부모의 개입 정도를 확인하는 영상이 있었다. 아이가 제대로 못 할까 봐 불안해서 단어 맞추기 게임에 개입하는 한국의 엄마들과 달리 미국의 엄마들은 아이들이 단어를 다 맞출 때까지 최대한 개입을 자제하고 기다려주었다. 아이가 문제를 풀지 못해도 격려만 할뿐 직접적인 도움을 주지 않는 것이다. 미국 엄마가 말한 이야기가 있다.

"매번 하는 방법을 알려주면 스스로 알아서 하는 법을 배우지 못할 거예요."

아이가 스스로 하게 키워온 미국 엄마의 경험이 담긴 말이다. 부모는 자식의 인생을 대신 살아줄 수 없다. 든든한 지지자支持者가 되어 주어야지 선택자選擇者가 되어선 안 된다. 아이에게 무엇이든 스스로 할 기회를 부여해야 한다. 무슨 일이든 처음 하는 아이는 못하는 게 많을 수밖에 없다. 답답하다고 해서 아이가 경험해야 할 일을 대신 해주면 아이로서는 스스로 생각하고 성장할 기회를 박탈당하는 것이나 다름없다.

스스로 성장할 기회를 잃은 아이들은 성인이 되어도 부모에게 기대어 독립하지 않는 '빨대족'이나 부모에 의지해서 사는 '캥거루족'이 될 확률이 높아진다. 과연 늙어서 경제적 수입이 줄어든 부모가 이들을 언제까지 책임질 수 있을까?

2023년 1월 11일자 《한국경제》에 의하면 한때 80만 명에 육박하던 고등학교 3학년 학생 수가 올해 사상 처음으로 40만 명 아래로 떨어졌다고 한다. 2024학년도 대입 선발 인원은 총 51만 명(4년제 34만 4000명, 전문대 16만 6000명)으로 신입생 입학자원인 고3 재학생 기준으로 11만 명이나 부족하다. 책 초반부에 이런 현황을 소개했는데, 재수생 등을 포함해도 4만~5만 명이 모자랄 것으로 추정한다고 하니 문 닫는 대학이 속출할 것으로 예상된다. 대학에 입학해 비싼 등록금을 내고 들어갔는데 어느 날 갑자기 학교가 문을 닫는다면 졸업도 못한 학생들은 얼마나 황당할까?

최근엔 인터넷으로 유명 교수나 강사의 강의를 듣는 것만으로 학점이나 수료를 인정받는 일명 한국식 '무크'K-MOOC도 생겼다. 대학을 갈 필요가 점점 사라지는 세상이다. 이제는 일단 대학은 나오고 보자는 생각에서 벗어날 때다. 세상이 이렇게 변하고 있는데 자녀가 특성화고를 선택하는 경우 반대하는 부모가 적지 않다. 내 아이가 어디가 어때서 일반계고가 아닌 특성화고를 선택해야 하느냐는 생각이다. 그런데 정작 특성화고를 가겠다는 아이들은 철 들은 소리를 하는 경우가 꽤 있다. 특성화고를 선택한 제자에게 그 이유를 물은 적이 있었다.

"빨리 독립해서 처자식 먹여 살려야죠."

중학교 때 반에서 공부를 잘하던 아이였는데, 함박웃음을 지으며 대답한 이유였다.

요즘의 특성화고는 현장 중심 직업제도인 산학일체형 도제학교로 운영되는 학교가 늘어나고 있다. 이는 독일, 스위스의 중등단계 직업교육 방식인 도제식 교육훈련을 우리 현실에 맞게 운영하는 '일학습 병행제' 학교다. 특성화 고등학교 학생들이 2~3학년 때 기업과 학교를 오가며 현장 중심 직업교육 훈련을 받고, 기업체는 우수한 인력을 채용하게 하겠다는 취지다. 교육부는 2015년부터

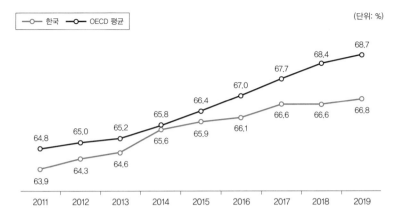

우리나라와 OECD 평균 고용률(15~64세) 추이(2011~2019)

자료: 한국경영자총협회

9개 학교를 대상으로 시범운영에 들어갔다. 왜 이런 제도를 도입한 걸까?

2021년 9월 9일 한국경영자총협회가 〈지난 10년(2011~2020)간 주요 고용지표 국제 비교와 시사점〉이라는 보고서를 발표했다. 내용을 살펴보면 2011~2019년간 우리나라 고용률 순위가 OECD 국가 중에서 꾸준한 하락세를 보인 사실을 알 수 있다. 특히 청년층(15~24세) 고용률은 25.6퍼센트로 OECD 평균 40.7퍼센트보다 15.1퍼센트포인트 낮았다.

위 표를 보면 한국의 고용률이 2015년 이후 66퍼센트대에서 정체되면서 OECD 평균과 격차가 벌어지는 상황을 확인할 수 있다. 보고서를 보면 먼저 취업하고 나중에 직업훈련을 받는 방식의 직업훈련제도가 발달한 북유럽 국가들은 OECD 평균을 웃돌았다.

우리나라 청년층의 부모 세대가 공부할 때는 이런 제도가 없었다. 그러다 보니 대학을 우선시하는 고정관념에 빠져 시대 변화를 이해하지 못하고 특성화고를 가려는 아이를 일단 말리고 본다. 어찌어찌 찬성했다 해도 굳이 남들보다 1년이나 앞서서 현장실습을 나가려 하는 이유를 이해하지 못하겠다며 반대하는 학부모도 꽤 있다. 하지만 현장 중심 직업교육 훈련에 참가한 아이들의 만족도는 그러지 않은 아이들에 비해 상당히 높은 편이다.

또 하나, 부모의 이해가 부족한 제도가 있다. 바로 '군특성화'제도다. 내가 근무했던 도화기계공고는 군대 부사관으로 갈 수 있는 '군특성화고등학교'였다. 군특성화고등학교란 군인이 되기를 희망하는 학생들을 대상으로 입대 전에 군에서 소요되는 첨단장비 기술인력을 맞춤형으로 교육한다. 학생들은 학교 졸업 후 군 입대 기간 동안 자신의 전문 분야에 보직을 받아 근무하게 된다. 이때 군특성화고등학교에서 교육받은 학생들은 학교에서 쌓은 경력을 인정받아 자신의 보직에서 전문성을 발휘할 기회를 부여받는다.

당시에는 부사관에 대한 이해가 부족해 학생들의 신청이 많지 않았다. 그런데 알고 보니 부모의 동의를 받을 수 없어서 신청 못한 아이들이 적지 않았다. 부사관이 될 수 있었음에도 부모의 이해 부족으로 신청하지 못한 아이들 중에는 학교 졸업 후 취업도 안 되어 고민하는 아이도 있었다. 반면 아이의 선택을 존중해주고 동의해준 덕분에 부사관으로 간 아이들은 어엿한 직업군인으로 성장해서 EMU제도E-Military University를 통해 2년제 대학과정까지 마치게 된다. 의무 복무를 마치면 전역하기도 하고, 군부사관으로 진출할 수도 있다. 직업군인이 적성에 맞는다면 진로를 직업군인의 길로 정해 미래를 설계할 수도 있다는 말이다.

내 주변에서 아이들을 남 보기에도 버젓하게 잘 키운 집의 이야기에는 공통점이 있는 것 같다. 자기 일을 스스로 알아서 하게 두고, 고등학교 때부터는 슬슬 독립시킬 준비를 한다는 것이다. 집에서 내보낸다는 이야기가 아니다. 고등학교 선택부터 아이의 의사를 존중한다는 의미다. 대학에 들어가겠다고 하면 등록금도 그냥 대주는 것이 아니라 빌려주는 개념이라는 것을 명확히 하는 부모들도 꽤 있다. 부모도 나름대로 인생이 있고 노후대책도 필요하다는 사실을 자녀들에게 분명하게 알려준다. 그러면 아이들은 언젠가 자신이 부모의 품을 떠나 독립해야 한다는 사실을 명확히 이해하게 된다. 오히려 진지하게 어떤 인생을 살 것인지 부모님과 함께 고민하는 시간을 보내는 경우가 많았다. 자, 여러분은 이제 어떤 부모가 되고 싶은가?

비전이 현실을 만든다

지난 30년간 경험하고 느낀 생각을 책으로 풀어내면서 독자인 학생들과 부모님들이 겪을 혼란을 고민하던 초판 때와 달리 세상은 나의 고민이 무색하게 너무 빨리 변하고 있다.

2015년 4월 20일, 구글이 선정한 세계 최고의 미래학자 토머스 프레이는 광복 70주년을 기념하여 KBS가 기획한 프로그램 〈오늘, 미래를 만나다〉에 출연해 다음과 같이 말했다.

"미래는 우리 주변 모든 사람들의 마음속에서 만들어집니다. 대개 사람들은 현재 결정을 내릴 때 미래 상황을 염두에 두고 결정을 하게 되지요. 보통 사람들은 현재가 미래를 만든다고 생각하겠지만 제 결론은 미래가 현재를 만든다는 것입니다. 우리 머릿속에 있는 비전이 현재의 행동을 결정합니다. … 2030년에는 20억 개의 일자리가 사라집니다.

그러나 60퍼센트는 아직 태어나지도 않았습니다."

그가 미래의 모습을 그리면서 언급했던 네 가지 신기술인 드론, 3D프린터, 자율주행자동차, 소프트웨어(사물인터넷)는 우리에게 더는 새로운 내용이 아니다.

2017년 9월 14일 토머스 프레이는 다시 한국을 찾았다. '4차 산업혁명 시대 미래일자리 대예측'이라는 주제로 열린 그의 강연회에 나도 참석했다. 토머스 프레이는 2년 전 특강에서 소개했던 4가지 기술에 인공지능AI과 가상현실VR 등 새로운 4가지 기술을 더한 세상에서 나타날 미래일자리를 소개했다. 아울러 '대학 무용론'을 이야기했다. 그의 주장은 가히 충격적이었다. 대학을 졸업하기 위해 들어가는 4년이라는 시간과 비용이 너무도 비생산적이어서 가성비 최악의 투자라는 것이다.

세상은 예측이 어려울 정도로 빠르게 변하고 있는데, 우리는 아직도 줄 세우기 방식의 평가를 통해 대학으로의 진학을 고집하고 있다. 4년의 시간을 보내고 졸업한 뒤에는 공무원 시험과 대기업 취업이라는 좁디좁은 문으로 들어가는 데 이 땅의 젊은이들이 청춘과 정열을 쏟고 있는 실정이다. 7년 뒤면 사라질 20억 개의 일자리를 위해서 말이다. 너무 희망 없는 선택이 아닌가? 나에겐 다가올 아이들의 미래가 너무도 어둡게 느껴졌다. 해법을 찾기도 쉽지 않아 보였다. 하지만 그런 와중에서도 희망이라는 불씨가 작게나마 여기저기에서 피어오르고 있었다.

나는 어린 제자들에게서 그런 희망을 본다. 이제 고등학교를 갓 졸업한 19살의 어린 나이에 과감히 취업과 창업에 뛰어드는 학생들이 있다. 그들은 선취업 후학습先就業 後學習을 통해 평생학습시대의 문을 열었다. 그리고 일과 학습을 병행하는 지혜를 발휘하며 하루하루 충실히 보내고 있다.

지방대 출신 학생들의 당당한 약진 속에서도 희망의 불씨를 본다. 그들이 보여주는 발상의 전환, 도전정신 속에서 미래가 보인다. 대학이 자신들의 미래를 보장해주지 않음을 깨닫고, 과감히 창업創業과 창직創職을 선택하고 몰입하는 젊은이들. 그들의 용기에 진심에서 우러나오는 응원의 박수를 보낸다.

반면 이들을 뒷받침해주지 못하는 우리의 교육과 사회 시스템에 대해서는 답답하고 안타까운 마음을 금할 수 없다. 대한민국의 청소년과 청년들은 전 세계 어디에 내놓아도 손색없는 인재가 아닌가? 대학이 아니어도 취업, 창업, 창직이라는 다양한 진로 출구가 있음을 우리는 이미 알고 있다. 이제는 각자의 재능에 따라 세계를 무대로 눈부신 활약을 할 수 있도록 정부가, 학교가, 그리고 부모가 아낌없이 격려하고 지원해주어야 할 때다. 그것이 대한민국이 살길이다.

연구 조사에 의하면, 학생들의 진로 결정에 영향력을 끼치는 1순위는 단연 부모였다. 다음이 인터넷, 언론 순이었다. 결국 아이들의 진로와 관련한 문제의 핵심은 부모다. 인생을 먼저 살아온 선배로서, 그리고 인생의 롤모델로서 부모의 역할이 아이의 인생에 그만큼 중요한 것이다. 그러니 먼저 부모가 달라져야 한다. 대학은 나와야 한다는 고정관념에서 벗어나야 한다. 진학이 아니라 아이들의 진로를 먼저 생각해야 한다. 대학이 아니라 직업이 중요한 시대로 변모하고 있기 때문이다. 대학을 중퇴한 스티브 잡스, 빌 게이츠, 마크 주커버그가 이미 성공적인 삶을 보여주지 않았는가?

이제는 알아야한다. 대학 진학은 필수가 아니라 선택일 뿐, 취업이나 창업 그리고 창직 등 다양한 진로의 출구가 있다는 것을! 필요를 느낄 때 대학에 진학해 학습을 이어가는 길도 있다는 것을!

토머스 프레이가 우리 머릿속에 있는 비전이 현재의 행동을 결정한다고 했던 말을 기억하자. 비전을 바꾸면 지금 우리의 결정과 행동을 바꿀 수 있다. 나부터가 그랬다. 대학 입시에 힘들어하는 제자들의 모습이 아니라 자신의 적성에 맞는 일을 찾아 행복해하는 모습을 보고 싶다는 비전이 나를 진로상담교사의 길로 이끌었기 때문이다. 오랜 시간 아이들과 함께한 경험을 책으로 녹여냈다. 이 땅의 청소년과 젊은이들이 인공지능과 함께하는 시대적 흐름에 발맞추어 미래 비전에 따라 올바르게 선택하는 계기가 되기를 간절히 소망한다.

/

단행본

2045 인터넷@인간·사회 연구회, 《2045 미래사회@인터넷》, 한국인터넷진흥원, 2016.

국제미래학회 외, 《제4차 산업혁명시대 대한민국 미래교육보고서》, 광문각, 2017.

김광한, 《백두대간(하)》, 예사랑, 1999.

김동규 외, 《한국직업전망 2017》, 한국고용정보원, 2016.

김예슬, 《오늘 나는 대학을 그만둔다, 아니 거부한다》, 느린걸음, 2010.

로버트 풀검, 《내가 정말 알아야 할 모든 것은 유치원에서 배웠다》, 삼진기획, 2004.

박영숙 외, 《세계미래보고서 2030-2050》, 교보문고, 2017.

박영숙, 《유엔미래보고서 미래일자리-메이커 시대》, 한국경제신문사, 2015.

앙투안 드 생택쥐페리, 《어린 왕자》, 열린책들, 2015.

앨빈 토플러, 《부의 미래》, 청림출판, 2006.

이주호 외, 《AI 교육 혁명》, 시원북스, 2021.

이준영, 《구글은 SKY를 모른다》, 알투스, 2014.

인사혁신추진위원회 외, 《인사비전 2045》, 지식공감, 2017.

정제영 외, 《챗GPT 교육혁명》, 포르체, 2023.

전성수 외, 《유대인 하브루타 경제교육》, 매경출판, 2014.

하워드 가드너, 《다중지능》, 웅진지식하우스, 2007.

한국교육연구네트워크 총서기획팀, 《핀란드 교육혁명》, 살림터, 2010.

신문

강동웅, 〈취업률 하락에 학생 빠져나가는 특성화고〉, 《동아일보》, 2019년 9월 2일.

강려원, 〈대학 3학년 되면 나타나는 과학·영재고 학생들의 '공부피로증'〉, 《YTN》, 2017년 7월 12일.

고민서, 〈'박사 인플레'…작년 1만 6천명 사상 최대 학위 취득했다〉, 《매일경제》, 2021년 6월 21일.

고민서, 〈취업난에…대졸 뒤 전문대 가는 '유턴 신입생'들〉, 《매일경제》, 2019년 10월 4일.

공태윤, 〈9급 국가공무원 공채 19만8110명 지원 '35대1 경쟁률'〉, 《한국경제》, 2021년 3월 14일.

곽수근, 〈유발 하라리 "학교 교육 90%, 30년 뒤엔 쓸모없어"〉, 《조선일보》, 2017년 3월 16일.

권수진, 〈2020전문대 유턴입학 '역대 최다' 1571명…경쟁률 6.5대1〉, 《베리타스 알파》, 2020년 11월 9일.

권수진, 〈전문대 '유턴입학자' 1453명..5년 연속 증가세〉, 《베리타스 알파》, 2017년 3월 29일.

김경록, 〈"음대생에서 치위생사로"…3년간 5110명 전문대 '유턴 입학'〉, 《뉴시스》, 2023년 3월 23일.

김나연, 〈코로나 이후 '희망 직업 없다'는 학생 늘어…"뭘 좋아하는지 몰라"〉, 《경향신문》, 2022년 12월 19일.

김다혜·박원희, 〈4월 취업자 35만4천명↑ …제조업은 2년 2개월 만에 최대 감소(종합)〉, 《연합뉴스》, 2023년 5월 10일.

김덕한, 〈빈부 격차·청년 실업 고통받는 한국… 해법은 혁신, 혁신〉, 《조선일보》, 2016년 4월 11일.

김동호, 〈서울대 취업률 70.9%…4년제 대학 중 '취업률 최고' 학교는?〉, 《뉴스퀘스트》, 2021년 1월 19일.

김문경, 〈육사 여생도 경쟁률 사상최고…금녀의 벽 허무는 여군〉, 《YTN》, 2015년 12월 9일.

김미란, 〈1년 1년이 생존의 기로, 창업의 민낯〉, 《더스쿠프》, 2020년 11월 11일.

김수현, 〈'코로나 여파에' 의사가 초등생 장래 희망 2위로…유튜버 4위〉, 《연합뉴스》, 2021년 2월 24일.

김영배, 〈국내 기업 신생·소멸률 모두 하락…산업의 역동성 떨어져〉, 《한겨레》, 2021년 8월 2일.

김예린, 〈1천 번 해도 안 되면 1만 번… 도전·실패 해봐야 성장〉, 《김해뉴스》, 2016년 1월 13일.

김은경, 〈高스펙 안먹힌다… 대졸자, 전문대 '유턴 입학'〉, 《조선일보》, 2022년 4월 18일.

김유영, 〈아이 낳아 대학까지 보내려면 직장인 10년치 연봉 쏟아부어야〉, 《동아일보》, 2019년 10월 10일.

김윤호, 〈[뉴스 속으로] 억대 연봉자, 도쿄대 박사 … 9급 공무원으로 인생 리셋〉, 《중앙일보》, 2015년 4월 4일.

김제림, 〈"문과라 죄송은 이제 그만"…4년제 1만4천명 전문대 지원했다〉, 《매일경제》, 2021년 4월 25일.

김창훈, 〈[투데이 窓] 기업의 '지속가능성'이 중요하다〉, 《머니투데이》, 2023년 2월 2일.

김효혜, 〈2020년 4년제大 60곳 학생 1명도 못받아…교육이 뿌리째 흔들〉, 《매일경제》, 2018년 6월 18일.

남경민, 〈[기자수첩] 블라인드 채용, 역차별 아닌 평등의 기회〉, 《이지경제》, 2017년 7월 24일.

노영애, 〈이상민 책쓰기 연구소 대표로부터 글쓰기 작업의 세계와 비전을 만난다〉, 《한국 유로저널》, 2017년 7월 11일.

류석상, 〈타율적 목표 '입시' 사라지자 무기력해진 '대2병'〉, 《한겨레》, 2017년 5월 30일.

박서윤, 〈여성 학군단 10년…성폭력 집단 오명 軍 새바람 될까〉, 《스냅타임》, 2021년 7월 28일.

박승기, 〈정부 보증, 청년 취업하기 좋은 강소기업 2만 7790개 선정〉, 《서울신문》, 2023년 5월 4일.

박지원, 〈2019년 대졸이상 취업률 67%… 2020년 더 '깜깜'〉, 《세계일보》, 2020년

12월 29일.

방윤영, 〈"韓 학생, 사라질 직업 위해 학교서 하루 15시간을 낭비하고 있다"〉, 《머니투데이》, 2015년 12월 5일.

배윤경, 〈내가 모바일 게임으로 키운 농작물이 집으로 배달됐다〉, 《매일경제》, 2017년 4월 8일.

서경원, 〈[청년 취업난 3題①] 박사 백수시대…10명중 3명이 논다〉, 《헤럴드경제》, 2015년 9월 21일.

서밀음, 〈[2019국민독서실태] 독서율↓ 독서시간↑ … 독서의 '부익부 빈익빈'〉, 《독서신문》, 2020년 3월 13일.

서승만, 〈한국, OECD국가 중 문서해석능력…'실질문맹률 최하위'〉, 《중앙뉴스》, 2014년 9월 6일.

서한샘, 〈석·박사학위자 10만1629명 '역대 최다'…박사는 20년 만에 3배로〉, 《뉴스1》, 2023년 3월 16일.

송가영, 〈[20대가 뭐길래②] 현실과 이상사이… 꿈을 찾는 청년들〉, 《시사위크》, 2020년 3월 23일.

송진호, 〈ROTC 경쟁률 뚝… "병사와 월급 차이 줄고 10개월 더 복무"〉, 《동아일보》, 2022년 5월 13일

신동우, 〈[사관학교] 2021 육군사관학교 입시 전형 및 경쟁률 톺아보기〉, 《에듀진》, 2020년 3월 20일.

신동윤, 〈명문대 나와도 백수라면…대학보다 차라리 '공딩'〉, 《코리아헤럴드》, 2016년 9월 5일.

신하은, 〈'취준생 쇼크' 절반만 뽑고 VS 이과만 선호하고…더 팍팍해진 취업시장〉, 《메트로》, 2023년 3월 8일.

안상일, 〈산업통상자원부, 세계일류상품 66개, 생산기업 81개 신규 선정〉, 《머니투데이》, 2022년 11월 18일.

안용성, 〈고령인구 46만명 늘 때… 생산인구 19만명 감소〉, 《세계일보》, 2021년 7월 29일.

유재희, 〈코로나19로 지난해 취업자 전년比 22만명 감소…98년 이후 최대치〉, 《전자신문》, 2021년 1월 13일.

윤기영, 〈[메타버스 특집] 上 메타버스가 캠퍼스에 몰려온다〉, 《한국대학신문》,
　　2021년 8월 16일.

윤근혁, 〈대통령이 '폐지' 발언한 '블라인드 채용', 국민은 71%가 찬성〉, 《오마이뉴
　　스》, 2023년 5월 2일.

윤성민, 〈사진사들 "블라인드 채용 중지를…이력서 사진 없애면 문닫아야"〉, 《국민
　　일보》, 2017년 7월 13일.

이강준, 〈취업하기 정말 힘든 한국…"OECD 평균보다 고용률 낮아"〉, 《머니투데
　　이》, 2021년 9월 9일.

이명아, 〈지방대 모집인원 줄일 때, 서울 4년제 대학 오히려 모집인원 늘렸다〉, 《대
　　학지성》, 2022년 9월 30일.

이상서 외, 〈[디지털스토리] 현실과 이상, 그 사이 고달픈 중산층이 있다〉, 《연합뉴
　　스》, 2017년 3월 12일.

이수한, 〈경총, 「지난 10년간 주요 고용지표 국제비교와 시사점」 발표〉, 《내외일
　　보》, 2021년 9월 9일.

이승진, 〈코로나19에 '2030' 치킨 창업 몰렸다…bhc, 창업자 절반 '2030'〉, 《아시아
　　경제》, 2021년 2월 9일.

이지은, 〈[2022 국감] '국민독서실태조사'서도 소외된 장애인〉, 《아시아경제》,
　　2022년 10월 5일.

이창명, 〈31년만에 처음 있는 일…9급 공무원 경쟁률 '역대 최저'〉, 《머니투데이》,
　　2023년 3월 8일.

이창우, 〈상상이 현실로…1965년에 상상한 '만화로 본' 2000년〉, 《뉴시스》, 2015년
　　10월 8일.

이철재, 〈2024년부터 잠수함에 여군 탄다〉, 《중앙일보》, 2022년 7월 29일.

이호창, 〈진로변경을 통해 새로운 꿈을 키워가요!〉, 《대전일보》, 2017년 7월 19일.

이훈철, 〈청년실업률 9.3% vs 체감실업률 22.9%…추경 탄력(종합)〉, 《뉴스1코리
　　아》, 2017년 6월 14일.

장문성, 〈2022 경찰대 사관학교 경쟁률〉, 《괜찮은뉴스》, 2021년 8월 4일.

조성진, 〈AI로 대체되는 일자리, AI로 채울 수 있다〉, 《한국경제》, 2021년 9월 16일.

조윤정, 〈변호사 3만명 시대, '불량' '부실' 변호사 넘쳐난다〉, 《주간조선》, 2023년

4월 25일.

조재한, 〈대구 일반고에서 특성화고로 진로 변경 20명〉, 대구MBC, 2022년 6월
　　20일.

조해동, 〈3년 넘게 취업 포기한채 '집콕'…'청년 니트족' 10만명 육박〉, 《문화일보》,
　　2021년 9월 14일.

차창희, 〈[단독] 여군 1만4천명… 최전방 지휘관은 0.3% 안돼〉, 《매일경제》, 2021년
　　1월 13일.

최만수, 〈올 고3 학생수 '사상 최저'… 대입 '역대급 미달' 예고〉, 《한국경제》, 2023년
　　1월 11일.

최은경, 〈2001년 이후 '최저'라는 9급 공채…올해 경쟁률 35대1, 무슨 일이〉, 《중앙
　　일보》, 2021년 3월 14일.

최중혁, 〈명문대 나오면 뭐해 절반이 백수인데〉, 《시사IN》, 2016년 6월 24일.

한상형, 〈한국직업능력연구원, 최근 5년 국내 대학 박사 취득 5만여 명 설문 진행〉,
　　《한국강사신문》, 2023년 4월 13일.

허진무, 〈"나를 찾는 길, 지도 볼 시간은 있어야죠" 서울청년의회, '갭이어' 도입 제
　　안〉, 《경향신문》, 2017년 7월 20일.

홍석호, 〈서울대 취업률 70%? 거품 빼니 45%〉, 《동아일보》, 2018년 12월 18일.

홍연우, 〈한경연 "올해 대학 졸업자 55%는 취업 못 해"〉, 《매일경제》, 2020년 10월
　　4일.

홍예지, 〈2017년 고용노동부 지정 강소기업 선정〉, 《나무신문》, 2017년 5월 29일.

황진원, 〈고졸 출신 조성진 LG전자 사장, 부회장 승진해 학력파괴 선두주자로〉,
　　《뉴스투데이》, 2016년 12월 1일.

황희경, 〈신규박사 취업률 76.4%…박사학위 근로자 40%는 비정규직〉, 《연합뉴
　　스》, 2016년 2월 10일.

누리집

1boon https://1boon.kakao.com/

21세기영어교육연구회 http://blog.daum.net/ceta21/15647357

99세대의 역습 https://brunch.co.kr/magazine/99generation

e-나라지표 http://www.index.go.kr/

Flatinum http://nstckorea.tistory.com/

JD부자연구소 https://brunch.co.kr/magazine/jordan777

KSP국어자료실 http://cafe.daum.net/dasomipsi

Wooni Box http://woonibox.tistory.com/

감기남 블로그 http://the-persimmon-tree.tistory.com/554

갭이어 http://www.koreagapyear.com/

공짜로 즐기는 세상 http://free2world.tistory.com/

교육통계서비스 http://kess.kedi.re.kr/index

국가통계포털 http://kosis.kr/index/index.jsp

나는 1인 기업가다(홍순성) https://brunch.co.kr/magazine/1company

네이버 블로그 https://www.naver.com/

대학알리미 http://www.academyinfo.go.kr/

미스타표 블로그 http://mrpyo.tistory.com/

스타트업 런웨이 https://brunch.co.kr/magazine/startuprunway

요우의 내맘대로 블로그 http://luckyyowu.tistory.com/239

위키백과 https://ko.wikipedia.org/

이상민 작가의 책쓰기 연구소 http://cafe.naver.com/lsmdosanschool

이제석광고연구소 http://www.jeski.org/index_n.php?category=main2

최효석의 리뷰 https://brunch.co.kr/magazine/sightofme

한국출판저작권연구소
　　http://blog.naver.com/PostList.nhn?blogId=parkisu007

영상물

KBS 스페셜

SBS 스페셜 (2017. 4. 2)

명견만리 (2017. 2. 17)

이슈 픽 쌤과 함께 (2023. 2. 26)

EBS 다큐프라임

글로벌인재전쟁 (2017. 3. 13~3. 21)

마더 쇼크 2부 엄마 뇌 속에 아이가 있다 (2011. 5. 31)

아이의 사생활 4부 (2008. 2. 28)

EBS 지식채널

EBS 지식채널e 핀란드의 실험 1부–탈출구 (2009. 11. 30)

EBS 지식채널e 핀란드의 실험 2부–더 많은 차별 (2009. 12. 7)

SBS 나이트라인

[초대석] 유발 하라리, 21세기 인류의 미래 전망 (2017. 7. 14)

이제는 대학이 아니라 직업이다

초판 1쇄 발행 | 2017년 11월 6일
초판 13쇄 발행 | 2020년 12월 22일
개정판 1쇄 발행 | 2021년 10월 3일
개정판 4쇄 발행 | 2022년 9월 28일
3판 1쇄 발행 | 2023년 6월 5일
3판 2쇄 발행 | 2023년 10월 25일

지은이 손영배
책임편집 손성실
편집 조성우
디자인 권월화
일러스트 신병근
펴낸곳 생각비행
등록일 2010년 3월 29일 | 등록번호 제2010-000092호
주소 서울시 마포구 월드컵북로 132, 402호
전화 02) 3141-0485
팩스 02) 3141-0486
이메일 ideas0419@hanmail.net
블로그 www.ideas0419.com

ⓒ 손영배, 2023
ISBN 979-11-92745-08-4 43370

이 책의 수익금 중 일부는 청소년과 청년들의
진로 모색에 도움을 주는 일에 사용됩니다.

책값은 뒤표지에 적혀 있습니다.
잘못된 책은 구입하신 서점에서 바꾸어드립니다.

이 책 내용의 전부 또는 일부를 재사용하려면
반드시 지은이와 출판사 양쪽의 동의를 받아야 합니다.